일러두기

1. 이 책의 기본 텍스트는 국제시사월간지 〈르몽드 디플로마티크〉가 격월간으로 출간하는 〈마니에르 드 부아Manière de voir〉 111호의 〈나쁜 장르의 문화(Culture des Mauvais Genres)〉를 번역했으며, 추가적인 텍스트는 〈르몽드 디플로마티크〉의 최근 글에서 발췌했다.
2. 외래어의 인명과 지명 표기는 국립국어원의 외래어 표기법 원칙에 따랐다.
3. 이 책의 4부에선 한국어판 원고를 추가하여 실었다.

표지 그림 안미경

LE MONDE
diplomatique **Manière de voir**

마니에르 드 부아 시리즈
002

슬라보예 지젝 외 지음

나쁜 장르의 B급 문화

Le Monde +

| 목차 |

6		추천의 글	B급 문화의 불온성	-이택광
8		서문	불법적 쾌락을 위하여	-모나 숄레, 에블린 피에예

1부 - 스크린 위의 환상

14	· 슈퍼맨과 9.11 테러	-메디 데르푸피 외
24	· 시스의 복수-스타워즈 에피소드 혹은 팝 불교의 탄생	-슬라보예 지젝
32	· 비디오 클립, 아랍 현대성의 창문	-이브 곤잘레키아노
40	· 인도 영화의 마술적인 힘	-엘리자베스 르케레
48	· 웃음을 위한 변론	-이냐시오 라모네
54	· 위기의 코미디	-이냐시오 라모네
58	· 좀비 영화의 정치학 -텅빈 눈으로 응시한 팍스 아메리카나	-실베스트르 메넹제
66	· 국가 전역을 떨게 하는 공포	-스티븐 킹
68	· 미국 드라마, 그토록 다채로운 중독성	-마르탱 뱅클레르
76	· 당신은 진보인가? 그럼 비디오게임을 즐겨라	-스티브 던컴
86	· '팬 픽션'이 뜬다	-모나 숄레

2부 - 심심풀이용 대중문화

90	· 라틴아메리카의 '니켈로 도금한 발'	-필립 비들리에
110	· 뉴욕, 거품의 도시	-필립 비들리에
122	· 이탈리아의 추리소설 '암흑의 시대'를 다시 가다	-세르주 콰드뤼파니
130	· 대중소설이 영속성을 띠는 이유	-에블린 피에예
138	· 현대 여성들이 빠지는 연애소설	-미셸 코키야
148	· 악에 맞서는 소년 구원자	-이자벨 스마자
154	· '형이상학 실험장', 공상과학의 미학	-세르주 르망
162	· 공상과학소설의 명석한 예측들	-이브 디 마노

Manière de voir

178	· 우주탐사, 달러를 삼킨 블랙홀	−노만 스핀래드
185	· 펄프잡지는 내 상상력의 원동력	−아이작 아시모프

3부 – 길들여지지 않은 자들의 음악

190	· 록, 제3의 신비주의 세계	−에블린 피에예
196	· 하드록, 생동하는 전설	−에블린 피에예
202	· 프랑스 인디 힙합, 슬럼을 향해 외치다	−토마 블롱도
213	· "모차르트, 무능한 작곡가"	−글렌 굴드
216	· 바벨탑처럼 혼란스러운 아프리카 랩의 물결	−장크리스토프 세르방
224	· 재즈와 랩에 담긴 흑인의 삶 재즈	−코넬 웨스트
232	· '정돈 된' 재즈라는 난제	−보리스 비앙
236	· 저항의 맥박을 담은 테크노	−앙투안 칼비노
246	· 사라져 버린 테크노 음악의 매력	−실뱅 데스밀
256	· 라이, 알제리 젊은이들의 억눌린 노래	−라바 무주안

4부 – 한국 대중문화의 순응성, 또는 불온성

266	· 누가 독립영화를 식민화하나	−남다은
274	· 전쟁, 퇴조하는 영화적 시선	−안시환
282	· '서태지 데뷔 20년' 문화사적 의미	−이동연
290	· 인디 음악, 창작과 행동의 불일치를 넘어	−서정민갑
296	· '연예인'이라는 이름의 민주시민	−김창남
304	· 10대들의 '팬덤', 그들만의 민주주의	−이택광
312	· 〈슈퍼스타 K〉의 오묘함: 참여하는 관객성, 친밀한 관음증	−김성윤
316	· 출처	
318	· 부록	

| **추천의 글** |

B급 문화의 불온성

이택광 | 경희대 영미문학전공 교수

 자명한 것에 대한 의심이야말로 생각이 시작되는 지점일 것이다. 이런 의미에서 'B급 문화'에 대한 기존의 관점도 새롭게 점검해야 하지 않을까. 문화에 대한 태도가 급격하게 바뀐 것은 전후 대중문화의 분출과 무관하지 않다. 기성세대에 대한 청년세대의 분노, 그리고 그에 따른 개인적 쾌락의 추구가 대중문화의 약진을 낳았다. 일방적으로 '자본주의 문화'로 취급되었던 하위문화 또는 대중문화가 당당히 자격을 획득하고 의미 있게 논의되기 시작한 것은 그 형식적 파격 때문이었다고 할 수 있다. 말 그대로 당시에 대중문화는 고급문화로 지칭되었던 전통 자체를 해체하고 재구성했다.
 오늘날 이런 대중문화의 파격은 다소 철지난 유행처럼 보인다. 파격 자체가 훌륭한 상품으로 팔리고 있는 것도 엄연한 현실이긴 하지만, 대중문화가 새로운 것을 만들어내지 못하고 과거의 형식만을 되풀이하고 있는 것도 부정할 수 없기 때문이다. 따라서 대중문화를 파격과 연결하는 사고가 어쩌면 애초에 대중문화에 내재해 있던 혁명성의 화석화를 은폐하려는 시도인지도 모를 일이다. 결과적으로 'B급 문화'라는 용어는 지금 현재 대중문화의 현실을 간접적으로 드러내는 지표에 가깝다. 과거에 고급과 저급 같은 층위의 문화가 있었다면, 이제는 A급과 B급으로 나뉘는 등급의 문화가 있는 셈이다.

따라서 다시 새삼스럽게 'B급 문화'를 논한다는 것은 때늦은 소리일지 모르겠지만, 또한 그만큼 우리의 일상을 지배하고 있는 문화코드들을 일별할 수 있는 기회이기도 할 것이다. 〈르몽드 디플로마티크〉에 실려 있는 문화에 대한 글은 당대에 펼쳐지고 있는 다양한 사물현상에 대한 개입을 통해 세상에 나온 것들이다. 포말처럼 나타났다 사라지는 문화현상의 결들을 따라 큰 그림과 작은 그림을 서로 교차시키는 분석들이 지면을 채우고 있다. 통일적인 주제에 따라 기획된 글은 아니지만, 'B급 문화'라고 불리는 일련의 문화형식에 대한 고찰이라는 점에서 현실을 꿰뚫는 일관성을 공유하고 있는 것처럼 보인다.

현재의 문화를 논한다는 것은 표피적인 현상에 집착한다기보다, 그 문화의 본질을 구성하고 있는 형식의 논리를 파악하는 것에 가깝다. 그 논리는 투명한 형식의 이데올로기로서 작동하지만, 우리가 쉽사리 알아채지 못하는 것일 테다. 'B급 문화'라는 형식은 결과적으로 사회 구조적인 문제를 드러내는 증상이기도 하다. 이 증상을 즐기는 대중의 욕망을 포착하는 글이 하나로 묶인다면, 우리는 현실을 이해할 수 있는 또 하나의 지도를 얻을 수 있지 않을까. 영국의 비평가 테리 이글턴이 말한 것처럼, 문화는 "근대성의 위기가 가장 섬세하게 등록되어 있는 장소"이다. 우리가 문화에 대한 관심을 놓지 말아야하는 이유라면 이유일 것이다. 이 장소가 위치한 등고선을 따라서 제각기 다채로운 지형도를 그릴 수 있다면, 그것으로 이 책의 쓰임새는 족할 것이라고 생각한다.

| 서문 |

불법적 쾌락을 위하여

모나 숄레, 에블린 피에예 | 〈르몽드 디플로마티크〉 기자

"당신이 아무리 '저급한' 기쁨과 '고급스러운' 기쁨을 떠들어봤자 예술은 당신에게 냉랭한 표정을 지을 것이다. 왜냐하면 예술은 상류지역에서뿐 아니라 하류지역에서도 활동하기를 원하며, 그럼으로써 사람들에게 기쁨을 안겨주는 이상 자신을 조용히 내버려두기를 바라기 때문이다." - 베르톨트 브레히트, 〈연극을 위한 작은 지침서(Petit Organon pour le théâtre)〉(L'Arche, Paris, 1970[1948])에서

"오래 전부터 나는 가능한 모든 풍경을 소유하고 있다고 으스댔고, 회화 및 현대시의 저명인사들을 가소롭게 여겼다. 나는 문 위의 장식, 배경그림, 곡예단 천막, 간판, 서민적인 채색삽화 등 하찮은 그림들을 좋아했고, 교회의 라틴어, 철자를 무시한 에로틱 서적, 우리 선조들의 소설, 요정이야기, 어린 시절의 작은 책, 오래 된 오페라, 순진한 리듬 등 유행 지난 문학을 좋아했다." - 아르튀르 랭보, 〈지옥에서 보낸 한철(Une saison en enfer)〉(Livre de poche, Paris, 1998[1873])에서.

이 책에 언급된 작품들은 저항문화와 대중문화 중 어디에 속하든 간에 공통점을 갖고 있다. 하나같이 초라하고 부적절하고 유치하다는 평가를 받으며, 적절하고 진지한 상류문화가 아닌 서민문화 혹은 천민문화로 간주된다는 사실이다. 그런데 이처럼 악명 높은 문화적 배경에서 세상에 대한 비판적 시각이 형성되고, 세상을 표현하는 새로운 방식이 탄생하는 경우가 종종 있다. TV 출연을 염두에 두지 않고 노래를 부르고, 예술적 품위의 관례에 개의치 않고 대중을 위한 영화를 찍는다는 것은 곧 공식적인 예술에 수반되는 진부함, 스타일, 목적성, 자기검열로부터 해방됨을 의미한다. 저평가되는 장르들은 형태에 대한 배반이며, 의미에 대한 배반이다. 그것들은 형태를 새롭게 하며, 의미에 질문을 제기한다.

그렇다고 이 장르들이 엘리트의 여론에 기계적으로 역행하는 건 아니다. 또 다른 형태의 속물주의를 드러내고 있을 뿐이다. 또한 이 장르들의 상업성 짙은 졸작마저도 다수의 숨겨진 욕망을 초월적으로 구현한 작품인양 간주하고, 그것을 흥행 성공의 요인으로 파악하자는 것도 아니다. 본질적으로 '상품'이라는 건 여론의 비위를 맞추고 유혹하는 데에 그 초점이 맞춰져 있다. 대중문화의 상당 부분이 조작적이고 소외적인 측면을 지니고 있음을 부정할 수 없다.[01]

그러나 대중문화가 (형식적으로나 내용적으로나) 과감성과 효율성을 겸비한다면 역설적이게도 흥미진진하면서도 시야를 밝혀주는 작품들을 탄생시킬 수 있다. 그리고 이런 작품들을 편견 때문에, 아니

---

01 '순응주의의 공장', 〈마니에르 드 부아〉 96호, 2007.12 – 2008.01 참고.

면 팬들로 이뤄진 군중과의 동화를 꺼린다는 이유로 멀리한다면 안타까운 일이다. 또한 진부하거나 평범하거나 정말 조악한 대중문화 작품도 나름대로 주목할 필요가 있다. 안토니오 그람시에서 롤랑 바르트에 이르는 위대한 전통적 비평가들도 지적했듯, 이러한 작품들에 찬사를 보내는 사회의 정신상태가 어떠한지를 알 수 있기 때문이다. 또한 엘리트들이 흔히 생각하는 것과는 달리 관객, 독자, 청자는 수동적이지 않다. 조종을 일삼는 산업이 마음대로 모양을 빚을 수 있는 진흙 같은 존재가 아니라는 말이다. 물론 작품을 조망하는 능력에는 수용자들 간의 격차, 특히 사회적 불평등이 존재하지만, 어쨌든 그들은 항상 능동적인 자세로 작품을 받아들인다. 자신의 관심사, 감수성, 당시에 품고 있던 의문에 따라 작품을 해석하고, 자신의 것으로 삼고, 변형한다.

인정받은 주류 문화의 주변부에서 멸시당하면서도 꽃을 피우는 문화가 있는데, 이 문화는 때로는 방금 언급한 대중문화를 구성하기도 하고 때로는 거기에 반기를 들기도 한다. 이른바 '마이너' 문화이다. 무시당하던 그런 형태의 문화를 높이 평가한 대표적인 이들이 초현실주의자들, 그리고 1960년대 이후 활발하게 행동한 저항문화 운동가들이다. 이들은 기존 모델과 거리를 두는 한편, 어린 시절의 추억 속 상상과 비슷한 상상세계와의 관계를 즐겼다. 그러니까 자유롭게, 아무런 강박관념도 없이, 모든 질서와 관습에서 해방된 채 오로지 쾌락에만 관심을 가졌다. 비즈니스 세계도 이러한 작품들의 매력을 간파했다. 록음악과 만화가 전복적이라고? 누군가 이렇게 주장한다면 사람들은 웃을 것이다. 물론 이러한 '나쁜 장르'를 수거한 다음 변형하고 중화하는 작업이 이루어진다. 그러나 이 작품들이 새로운 품위를 지니게 됐다고 흥미까지 사라지는 건 아니다. 뿐만 아니라, 여기에서 새롭게 탄생한 '나쁜 장르'가 문화를 다시 창조하고 전복하고 해방시키는 데에 앞장서게 된다.

문화의 위계를 따질 때 공허할 정도로 쉬운 작품들만이 흥행에 성공한다고 넘겨짚는 경향이 있지만 이는 크나큰 착오다. 윌리엄 셰익스피어의 작품들만 해도 19세기 전반 미국 서민문화 곳곳에서 찾아볼 수 있다.[02] 탄광촌에 세워진 간이극장에서, 서부에서, 당구대 두 개를 연결해 급조한 무대에서도 그의 작품이 공연됐다. 찰스 디킨스의 소설은 신문에 연재되어 수많은 독자들을 열광시키고, 눈물을 흘리도록 만들었다. 셰익스피어의 작품에는 귀족적 어투와 익살극적 요소가 공존하며, 디킨스의 소설은 멜로드라마성과 강렬한 희극성을 주저 않고 보여준다. 셰익스피어와 디킨스 두 작가만 보더라도 천박함, 장르의 혼합, 정제되지 않은 문체를 거리낌 없이 구사하고 있다. 빅토르 위고가 말했듯 고상한 취향이란 "질서 유지를 위한 대비책"[03]에 불과할지도 모른다.

---

[02] 로렌스 르바인, 〈상위문화, 하위문화. 미국에 등장한 문화적 위계질서의 등장〉, Roger Chartier, La Découverte, Paris, 2010.

[03] 빅토르 위고, 〈윌리엄 셰익스피어〉, Flammarion, Paris, 2003(1864).

| 1부 |

스크린 위의 환상

슈퍼 히어로나 좀비 같이 환상이 가득한 할리우드 블록버스터 영화는 종종 강렬한 화면을 통해 공포와 강박관념 같은 미국 사회의 본질을 드러낼 뿐 아니라, 미국이 스스로 만든 이미지를 보여준다. 미국은 자국의 문화산업을 수출하는 능력에서 타의 추종을 불허한다. 그러나 다른 나라들도 지역적으로 주목할 만한 성과를 내고 있다. 인도가 그 예로, 자국의 전설과 종교로부터 기원한 풍부한 유산에서 대중영화의 소재를 얻고 있다. 아랍 지역에서는 대담하고 수준 높은 미국 시리즈물이 인기가 많고, 위성채널 영화도 많은 젊은층을 끌어들이는 데 성공했다. 디지털 혁명에 힘입어 영화도 점점 더 쌍방형(Interaction)으로 변모하고 있다. 과도한 폭력성으로 비난을 받으면서도 점점 정교해지는 비디오게임은 큰 시장을 형성하고 있지만, 여전히 영상문화의 미운 오리 새끼로 남아 있다. 그러나 그 성공 이유에 대해 한 번쯤 생각해보는 것도 의미 있다.

슈퍼맨과 9·11 테러

세계무역센터와 펜타곤을 강타한 2001년 테러를 미국 블록버스터는 어떻게 그려내고 있을까? 돌연변이 외계인이 지구를 침략하고, 슈퍼 영웅이 이에 맞서는 영화가 제작되고 있다. 영화는 스크린에 위협을 담지만, 국가의 미래에 대해 다시 신뢰를 심어주려 애쓴다.

메디 데르푸피 | 비디오 평론가
〈르몽드 디플로마티크〉, 〈마니에르 드 부아〉, 〈카상드르〉 같은 진보매체에 건축에서부터 시작해 비디오게임까지 여러 분야에 관심을 갖고 글을 쓰고 있다.

장마크 제뉴이트 | 영상전문가
샤를드골대학교에서 인문학을 공부한데 이어 릴 3대학에서 문학과 예술을 공부했으며 영화 및 트랜스미디어 예술 분야에서 자문 역할을 맡고 있다. 특히 영화, 텔레비전 시리즈물, 사진, 회화, 비디오게임 등에서 이미지를 만드는 일과 관련해 교육자로서의 역할을 하고 있다.

지방 귀렐 | 음악사서
1997년부터 지금까지 릴3대학교의 음악기양성센터(CFMI)에서 사서를 하고 있으며, 동시에 음악 관련 문서센터의 책임자로 있다. 전통음악, 클래식, 재즈, 록, 전자음악 등 매우 다양한 음악에 조예가 깊다.

영화 〈슈퍼맨〉

미국 영화에는 9·11 테러가 망가뜨리지 못한 이데올로기가 여전히 존재한다. 표현은 예전보다 조금 완화됐지만, 테러에 대한 반작용은 더 두드러지고 있다. (냉전이 끝난) 1990년대에 들어 〈매트릭스〉가 '역사의 종언'을 선언했지만, 9·11 테러 이후 할리우드는 태도를 바꿔 이렇게 역설한다. 이제 '꿈의 끝'에 도달했으며, 미국은 다시 역사 속으로 들어가 세계의 주역이 되어야 한다고.

할리우드는 통상적인 방식으로 국가안보와 관련한 주제를 다루는 편이었다. 그러나 9·11 테러 이후로는 '반부시' 분위기에도 불구하고, 미디어를 통한 표현과 그 파급효과를 심사숙고해야 했다. 2001년 이전부터 미국은 〈문명의 충돌〉(새뮤얼 헌팅턴), 〈역사의 종말〉(프란시스 후쿠야마), 공동체귀속이론 등에 크게 영향을 받은 공상에 몰두했다. 영화 〈엑스맨〉(브라이언 싱어 감독·2000)을 보면, 유엔과 미국의 주최로 엘리스 섬에 200명 이상의 정부지도자가 모여 돌연변이 문제를 다룬다. 돌연변이는 이민자를 은유하며, 여기서 '악한 돌연변이'는 다인종사회 프로젝트가 실패로 돌아갔다는 걸 암시한다.

그런데 세계무역센터 빌딩이 붕괴하자 미국은 자신의 약점을 인식하게 된다. 또 정부가 개인보호의 임무에 실패하면서, 미국의 안보를 보장할 수 없는 다자주의와 세계주의, 그리고 '정치적 당위성'에 대한 의문이 제기됐다. 그런 논리들은 국내외에 힘을 과시하고 싶은 미국의 강한 열망을 가로막고 있었다. 영화 속에서는 이런 기조가 어떻게 해석되어 나타나고 있을까?[01]

테러 직후 할리우드의 첫 반응은 '조심스럽게' 테러와 관련된 영상을 보여주지 않는 것이었다. 영화 〈스파이더맨〉(샘 레이미 감독·2001)에서 스파이더맨이 쌍둥이 빌딩 사이에 그물을 치며 날아다니는 장면이 삭제된 것이 그 예다. 그러나 결국 테러로 인한 정신적인 충격에서 벗어나야 한다는 여론이 득세했다. 그래서 〈슈퍼맨 리턴즈〉(싱어 감독·2006)에서 슈퍼맨의 첫 활약은 민간인을 태우고 가던 미 공군 소속의 보잉기가 추락하는 걸 막는 것이었다. 그는 비행기를 야구장에 내려놓고 관중의 갈채를 받으며 승객에게 다음과 같은 말을 남긴다. "앞으로도 계속 비행기를 타고

---

01 제작이 더 수월한 TV 작품들은 즉각적으로 반응했다. 〈24시〉, 〈재그〉, 〈뉴욕 9·11〉.

다니세요. 비행기는 가장 안전한 교통수단일 테니까요."

영화 속 돌연변이는 이민자 은유

객관적인 시각을 유지해야 한다는 듯 이 행동은 테러로 인한 감정적 충격을 유머러스하게 처리함으로써 그 심각성을 완화시켜 준다. 이와는 반대로 '심각하게' 다루는 경우도 있다. 〈배트맨 비긴즈〉(크리스토퍼 놀란 감독·2005)의 경우에, 환각제를 이용해 고담시를 파멸시키려는 라즈 알굴[02]은 웨인 타워를 향해 지하철을 돌진시킨다(여기에서 환각제는 탄저병과 관련된 망상증을 희미하게 암시하고 있다). 영화 막바지에서 브루스 웨인은 파괴된 저택을 보며 '예전과 똑같이', '벽돌 한장 한장' 쌓아가며 모든 것을 다시 짓겠다는 의지를 밝힌다. 상징적인 '그라운드 제로'(9·11 테러 현장-역주)를 '순결한' 부활의 약속으로 변화시키면서 말이다.

그러나 국가기구의 실패가 가져온 충격을 극복하는 것은 또 다른 문제다. 국가기구와 제도는 부재하고, 무능하고, 이로 인해 '보호 임무'는 모든 일에 능통한 개인에게 부과된다. 정당방위라는 미국적 전통도 되살아난다. 〈엑스맨〉에서 '악한 돌연변이'들이 백악관 안에서 대통령 암살을 시도하는 장면과 〈우주전쟁〉(스티븐 스필버그 감독·2005)에서 패주하는 군대가 이를 잘 보여준다.

---

02 라즈 알굴은 '산상노인'이자 하시신(암살자)파의 창시자인 하산 이븐 알사바의 신비적 비유다. 그는 11세기 말 시아파 분파를 만들며 현재 이란 영토인 알라무트 요새에서 활동을 펼쳤다. 알굴은 1970년대 초 만화 캐릭터로 만들어진 인물이다.

9·11 테러를 소재로 다룬 최초의 영화는 〈플라이트93〉(폴 그린그랜스 감독·2006)이다. 영화는 납치된 항공기 승객이 희생당하는 걸 상세히 묘사하며 '새로운 미국'의 근본인 희생에 대해서 말하고 있다. 승객 중 유일한 유럽인이던 한 독일인을 겁쟁이로 묘사하고, 위험에 맞서 새로이 구축된 공동체 '유토피아'를 위한 희생적 시민정신을 칭송한다. 이어서 영화 〈월드 트레이드 센터〉(올리버 스톤 감독·2006)도 대중성에 초점을 맞추고 '평범한 사람들의 용기'에 가치를 부여한다. 할리우드의 '수정주의'에 속한 〈플라이트 93〉은 거의 확인되지 않은 역사적 순간을 다큐멘터리 형식으로 재구성한 것이다. 이처럼 '역사 다시 쓰기'를 통해 미국은 앞으로 믿을 것은 자신밖에 없으며 유엔이 상징하는 다자적 세계와 '멜팅 포트'(Melting Pot·인종의 용광로-역주) 사회를 향한 개방정책이 실패했음을 드러낸다.

'그라운드 제로'의 순결한 부활

어떤 영화는 개인이 숭고한 명분 앞에서 소멸하는 또 다른 종류의 희생적 시민상을 담으면서, 실상 모든 이상주의 위에서 군림을 하는 현실을 보여준다. 영화 〈시리아나〉(스티븐 개건·2005)에서는 국가적 명분의 파렴치함을 비난하면서도 이러한 국가적 명분을 피할 수 없음을 그리고 있다. 〈뮌헨〉(스티븐 스필버그·2006)에서는 팔레스타인 무장조직 '검은 9월단' 조직원들을 쫓아 제거하라는 명령을 받은 이스라엘 비밀요원이 조직의 이익이라는 제단 위에서 희생되는 이야기를 그렸다. 정치적 체념에 대한 도덕적 변명을 침울한 톤으로 그린 이런 유형의 영화에서 분명 현 체제에 대한 비판을 읽을 수 있다. 그러나 현재 지배적인 이데올로기에 대해 대안이 없는 점에서 이런 비판은 별다른 반향을 일으키지 못한다.

미국의 이익을 위협하는 서구화된 개혁 성향의 아랍 왕자를 제거하라는 임무를 부여받은 미 중앙정보국(CIA) 요원이 결국 이 사실을 왕자에게 알린다는 이야기를 담은 영화 〈시리아나〉는 미국의 후안무치에 대응하는 이슬람의 실상을 보여주려고 한다. 그러나 역사적 지평인 (미국식) 경제 및 정치적 자유주의에 대한 기대감은 끝내 포기하지 않는다.

'일어나지 않은 전쟁'[03]의 전장(戰場)에서 혼란에 휩싸인 남성상을 보여주는 영화 〈자헤드〉(샘 맨더스 감독 · 2005)처럼, 〈시리아나〉 역시 불의에 민감하고 지적인 중산층 관객에게 죄의식에서 벗어날 수 있는 기회를 준다.

믿을 건 미국 자신밖에 없다

이런 체념에서 장차 미국을 이끌 비극적 감정이 탄생한다. 〈우주전쟁〉과 〈뮌헨〉의 끝부분에서 우리의 영웅은 그에게 부여된 책임을 지고 고독에 맞선다. 영화 〈우주전쟁〉에서 히로시마와 홀로코스트에 대한 상상을 그려낸 스필버그 감독은 서구의 집단무의식에 경종을 울리며 9 · 11 사태를 전세계적 재앙 수준으로 끌어올린다. 우리에게 전하려는 메시지는 바로, 미국은 원해서가 아니라 필요에 의해 어쩔 수 없이 자신의 계획을 실행한다는 것이다.

---

03 장 보드리야르, '걸프전은 일어나지 않았다', Gallilée, Paris. 1991.

이렇게 해서 근원적 이타성에 빠지지 않는 '타자'가 나타나고, 이어서는 그러한 타자의 주장을 고려하는 데까지 이른다. 〈뮌헨〉에서 이스라엘 요원과 팔레스타인 전투조직원은 각자의 동기에 대한 논쟁을 벌인다. 〈킹덤 오브 헤븐〉(리들리 스콧 감독·2005)에서는 살라딘과 예루살렘 수호자인 발리안 간에 대화가 이뤄진다. 이 영화에서 부시를 은유하는 십자군은 기독교 보수주의에 대한 비판으로 뒤집혀 보이게 되고, 전 세계의 화해라는 환상으로 출구를 찾는다. 한편 발리안은 처음 전쟁에 뛰어든 젊은 영웅들의 모습을 상징하며 이라크에 파병된 젊은 군인들을 연상시킨다. 〈반지의 제왕〉(피터 잭슨 감독·2001~2003) 속 프로도처럼 말이다.

또한 〈우주전쟁〉에서는 외계인의 비공격적인 모습이 행동의 잔학함과 대조를 이룬다. 이는 기계적 이원론에 대한 모든 비난을 완화하고 또한 그들의 동기에 의문을 갖게 만든다. 역시 올리버 스톤 감독의 영화 〈알렉산더〉(2004)에서 대왕의 정복 기도는, 기저에 흐르는 동시에 예언자적 임무의 성격을 띤 도덕적·인간적 논리에 의해 정당화됐다. 바로 미개한 세계를 평화롭게 하고 통일한다는 것이다.[04]

9·11 테러 이후 미국인의 감정은 안팎의 이중위협에 지배받고 있다. 영화 〈굿 나잇, 앤 굿 럭〉(조지 클루니 감독·2005)은 매카시즘 관련 사건을 다루며 백악관의 정치를 비판하고 있다. 〈콜드 마운틴〉(앤서니 밍겔라 감독·2003)은 이보다 한발 더 나아간다. 이 영화에서는 남북전쟁이 비열한 학살로 묘사되며, 전쟁 기회주의자들과 애송이 독재자들이 이익을

---

04 알렉산더 대왕은 마케도니아인이 아닌 미개인과 결혼하고 그가 진압한 종족들의 문화에 열정을 가짐으로써 관용을 가진 대왕이 될 수 있었다.

챙기는 모습이 담겨 있다. 이 영화에서 비판이 가능한 것은 시대적 배경이 역사적 변동기였기 때문이다. 그러나 할리우드가 국민통합과 신뢰체제 구축이라는 사명에 초연할 수는 없다. 〈우주전쟁〉에서 외계인들이 알 수 없는 바이러스로 쓰러졌을 때, 여기에서 우리는 신의 의지, 자연 질서, (어떤 의미에서는 새로운 로마제국과도 같은) '세계제국' 건립을 목표로 하는 미국 정치의 의지 사이에서 유사성이 어떻게 형성되는지를 보아야 한다.

좋든 싫든 미국이 나설 수밖에 없다?

또 다른 큰 변화는 감시기술들과 관계된다. '빅 브러더'를 한목소리로 비난할 수 있으려면 아직 조금 더 시간이 필요할 듯하다. 9·11 테러 이후 이 기술들은 더 이상 특정 지역에만 적용되지 않고, 개개인에게까지 확대됐다. 그 목표는 각 개인이 통제사회의 규범 속에 완전히 들어오는 것이다. 〈브이 포 벤데타〉(제임스 맥테이그 감독·2005)에서는 모든 시민이 전체주의 정부가 만든 지배원칙을 지키기 위해 노력하는 사회를 그리고 있다. 이 영화가 일부 테러행위들을 정당화하고 또 'V'라는 인물을 민중봉기의 촉매로 그리며 다소 혼란스럽고도 소심하지만 실질적인 '반체제적인' 면을 보여주고 있다면, 스파이더맨과 슈퍼맨은 그들 몸 자체로 사회를 통제한다.

애국법(Patriot Act·9·11 직후 테러 및 범죄 수사의 편의를 위해 시민 자유권을 제약할 수 있게 제정한 법률-역주)을 정당화하려는 듯 슈퍼맨은 그의 집 벽을 투시해 여자친구 로이스 레인을 감시한다. 그는 지구 위를 날아다니며 모든 소리를 감지하고 구조 요청을 찾아낸다. 도움이 필요할 때 어떻게 그를 찾을 수 있을까? 슈퍼맨은 말한다. "나는 언제 어디서나 있답니다."(〈슈퍼맨 리턴즈〉) 스파이더맨은 통제사회를 옹호한다. 피터 파커가 스파이더맨 옷 입기를 거부했을 때 '범죄율은 70%나 증가한다!'. 엑스맨의 수장인 사비에 교수는 기계의 힘을 빌려 모든 인간의 정신세계로 들어갈 수가 있다.

슈퍼맨, 감시사회를 정당화하다

슈퍼영웅 영화들은 주저 없이 공동체에 대한 일탈을 범죄로 규정하면서 현 정치의 보조 역할을 수행한다. 스파이더맨은 제동장치 없이 폭주하는 지하철을 세웠지만 이내 정신을 잃고 만다(〈스파이더맨 2〉). 그러자 승객들이 슈퍼영웅의 몸을 감싸며 곧 적을 향해 대항한다. 공동체는 하늘이 내린 영웅을 통해 서로 화합하며 그가 가지고 있는 보호 능력을 깨닫는다. 그리고 관객은 거의 '마술과도 같은' 이런 힘을 믿게 된다.

이처럼 할리우드 영화는 정도의 차이가 있기는 하지만 적에 대한 '전쟁경주'란 논리에 동참한다. '왜 우리는 싸워야 하는가.' 이는 제2차세계대전 동안 프랭크 캐프라 감독에게 제작명령이 떨어진 시리즈물의 제목이었다. 바로 미국의 전쟁 참여에 대한 정당성을 미국 여론에 환기시키려는 목적이었다.

시스의 복수-
스타워즈 에피소드 혹은 팝 불교의 탄생

'현존하는 가장 위험한 사상가'로 평가받아온 슬라보예 지젝은 미국 자본주의의 현상을 비평한 글을 통해 "〈스타워즈〉 3부작 중 에피소드3 〈시스의 복수〉는 요동치는 세계 금융지배의 모순을 상징적으로 드러내고, 그 해답을 서구식 도교와 불교에서 구하고 있다"고 지적했다.

슬라보예 지젝 | 철학자
슬로베니아 출신의 철학자로, 독일 고전 철학에 대한 해박하고 깊은 지식을 지녔다. 라캉의 정신분석학을 새로이 해석한 것 또한 그의 주요한 업적이다. 이렇듯 철학과 정신분석학을 바탕으로 많은 글을 쓰고 강연을 하는 동시에, 현실 정치에도 적극적인 관심을 보여 1990년에 슬로베니아에서 대통령 후보로 나서기도 했다. 2012년 경희대 석좌교수로도 지명된 그는 오늘날 매우 중요한 철학자 중 한 사람으로 평가받고 있다. 저서로 〈폭력이란 무엇인가〉, 〈진짜 눈물의 공포〉, 〈시차적 관점〉, 〈삐딱하게 보기〉 등의 저서가 있다.

영화 〈스타워즈〉 (에피소드 3)

조지 루카스 감독은 〈스타워즈〉 일대기[01]를 통틀어 가장 결정적인 순간, 즉 '선한' 아나킨이 '악한' 다스 베이더로 변신하는 모습을 새로운 3부작 가운데 에피소드3 〈시스의 복수〉를 통해 보여줌으로써 '개인'과 '정치'를 대비해 보았다. 개인적인 차원에서 이는 일종의 '팝 불교'로 설명할 수 있다. 루카스 감독은 "그가 다스 베이더로 변신한 것은 사물에 대한 집착 때문이다"라고 말한다. "그는 자기 어머니, 연인과도 차마 헤어지지 못하며, 물건을 포기하지도 못한다. 이런 집착 때문에 그는 욕심을 내게 된다. 욕심을 낸다 함은 소유한 것을 잃을까 하는 두려움 때문에 어두운 쪽 길에 서게 된다는 뜻이다."[02] 그 반대편에는 결연한 남성 공동체의 모습으로 등장한 제다이 기사단[03]이 대원들에게 어떤 집착도 갖지 못하도록 한다. 이들은 작곡가 리하르트 바그너의 오페라 〈파르지팔〉에 등장하는 '그랄의 성배' 공동체를 현대적으로 변형한 모습을 하고 있다.

제국은 공화국의 부패에서 탄생

---

01 SF 서사영화인 〈스타워즈〉는 총 6개 작품이며 2개의 3부작으로 나누어진다. 오리지널 3부작은 〈새로운 희망〉(1977), 〈제국의 역습〉(1980), 〈제다이의 귀환〉(1983)으로 되어 있다. 이후 3부작은 〈보이지 않는 위험〉(1999), 〈클론의 습격〉(2002), 〈시스의 복수〉(2005)로 구성된다.
02 '어두운 승리', 〈타임매거진〉, 런던, 2002년 4월 22일자.
03 〈스타워즈〉에 나오는 '제다이 기사단'은 포스에 대한 믿음과 존경을 공통분모로 지닌 집단으로서 환경을 파악하고 변화시키는 일종의 초감각적 힘을 대표한다. 제다이의 숙적은 시스다.

정치적인 설명은 더 많은 것을 시사한다. "어떻게 공화국이 제국으로 변했는가? (동일 선상의 질문은 '어떻게 아나킨이 다스 베이더가 됐는가?') 어떻게 민주정치가 독재정치로 변했는가? 이는 제국이 공화국을 정복해서가 아니라, 제국이 바로 공화국이기 때문이다."[04] 제국은 공화국에 내재된 부정부패에서 탄생한다. "어느 화창한 날 레이아 공주와 친구들은 잠에서 깨어나며 이렇게 생각한다. '이제 더 이상 공화국이 아니라 제국이야. 우리는 악인들이야.'"[05]

민족국가들이 글로벌 제국으로 변모하는 과정 속에는 고대로마에 빗댄 현대적 암시가 내포되어 있음을 간과해서는 안 된다. 따라서 영화 〈스타워즈〉(공화국이 제국으로 이행하는 부분)와 민족국가가 글로벌 제국으로 이행하는 모습을 안토니오 네그리와 마이클 하트가 저서 〈제국〉[06]에서 묘사한 맥락에서 살펴볼 필요가 있다. 〈스타워즈〉에는 무수한 정치적 암시들이 있으며 서로 모순되기도 한다. 그것들은 작품에 '신화적인' 힘을 부여한다. 즉, 악의 제국에 대항하는 자유세계, 팻 뷰캐넌[07]이나 장 마리 르펜(프랑스의 극우파 지도자-역주)의 주장을 상기시키는 민족국가에 대한 토론, '민주적' 공화국을 악의 제국에서 수호하려고 애쓰는 귀족계급 인물들(공주, 제다이 기사단 단원)의 모순, 그리고 끝으로 '우리는 악인이다'라는 본질적 인식 등이 그런 힘을 구성한다. 영화가 말해주듯 악의 제국은 다른 곳에 있

---

04 〈타임매거진〉, 앞의 출처.
05 〈타임매거진〉, 앞의 출처.
06 에그질 출판, 파리, 2000.
07 패트릭 J. 뷰캐넌. 가톨릭 극보수주의 평론가, 2000년 미국 대선 후보로 출마.

지 않다. 악의 제국 출현은 우리, 바로 '선인들'이 제국을 전복시키는 방식에 따라 좌우된다. 그리고 오늘날 '테러와의 전쟁'과 관계된 질문이 하나 있다. 이 전쟁이 '우리'를 어떻게 변화시킬 것이냐는 문제다.

정치적 신화는 정해진 정치적 의미를 담은 내레이션이 아니라 모순된 수많은 의미를 담을 수 있는 빈 용기다. 〈스타워즈〉의 에피소드1 〈보이지 않는 위험〉은 결정적인 단서를 제공한다. 소년 아나킨의 '그리스도적인' 특성(그의 어머니는 '동정 임신'으로 그를 잉태했다고 주장한다)과 그가 경주에서 거둔 승리는 바로 '그리스도의 이야기'인 〈벤허〉의 유명한 전차 경주를 떠오르게 한다.

뉴에이지에 대한 충성 맹세

〈스타워즈〉의 이데올로기적 세계는 뉴에이지[08]의 이교도적 세계다. 따라서 악의 중심인물이 그리스도라는 인물과 호응함은 당연하다. 이교도적 시각에서 그리스도의 등장은 최절정의 스캔들이다. '디아볼로스'(분리·분열)는 '심볼로스'(규합·통일)와 반대라는 점에서 볼 때 그리스도 자체가 악마적인 인물이다. "평화가 아닌 양날 검"을 가져다주며 기존의 통일성을 뒤흔드니 말이다. 누가복음을 보면 "누구든지 내게로 오는 사람은, 자기 아버지나 어머니나 아내나 자식이나 형제나 자매 뿐 아니라, 심지어 자기

---

08 1980년대 캘리포니아에서 등장한 사이비 철학. 잡동사니 인생에 대한 질문들에 천사, 외계인, 비교(秘敎), 상징주의, 동양의 지혜, 전생, 심령 경험 등을 닥치는 대로 언급하며 답한다.

목숨까지 미워하지 않으면 내 제자가 될 수 없다"고 나와 있다.[09] 기독교적 입장은 이교도적 지혜에 비해 균질적이지 못하다는 사실을 명심해야 한다. 이교도적 전통에서 악의 근원으로 비난받던 것을 초기 기독교는 가장 고귀한 행위로 간주한다. 분리되고 분열하며 모두의 균형을 해치는 요소에 의지하는 것이 그런 행위다.

이는 불교(혹은 도교)의 자비와 기독교의 사랑이 다름을 보여준다. 따지고 보면 불교적 입장은 '무심함', 즉 모든 열정이 억제된 상태다. 반면 기독교의 '사랑'은 존재와의 관계에 위계질서를 도입하는 열정이다. 사랑은 폭력이다. 비단 '때리지 않는 사람은 나를 좋아하지 않는 사람이다'라는 발칸반도의 속담과 같은 의미만은 아니다. 사랑의 폭력은 존재를 맥락에서 떼어내버리고야 만다. 2005년 3월, 타르치시오 베르토네 추기경은 댄 브라운의 소설 〈다빈치 코드〉가 거짓에 기초하고 있으며 그릇된 가르침(즉, 예수가 막달라 마리아와 결혼하여 후손을 두었다는 내용 등)을 확산시킨다며 〈라디오 바티칸〉을 통해 강경하게 비난했다. 이런 행보의 우스꽝스러움은 차치하고, 그의 말이 실은 옳다는 점을 잊지 말아야 한다. 〈다빈치 코드〉는 기독교를 뉴에이지의 틀에 놓고 남성적 원칙과 여성적 원칙 간의 균형 측면에서 바라봤다. 다시 〈시스의 복수〉로 돌아가보면, 이 영화는 혼돈스러운 이데올로기와 더불어 허술한 내러티브를 바탕으로 뉴에이지의 이러한 주제들에 충성을 맹세한 셈이다. 아나킨이 다스 베이더로 변하는 장면은 〈스타워즈〉 전체를 통틀어 가장 결정적인 순간이지만 그에 걸맞은 비극적 위엄에 도달하지 못했다. 개입해 선을 행하고 사랑하는 이들(아미달라)

---

09 누가복음 14장 26절.

을 끝까지 지켜냄으로써 결국에는 어두운 곳으로 떨어진 아나킨의 오만함에 집중하는 대신에 그저 아나킨을 우유부단한 투사처럼, 힘의 유혹을 뿌리치지 못하고 악한 황제의 지배 하에 놓인 채 악으로 빠져드는 인물처럼 제시한 것이다. 다시 말해 조지 루카스는 공화국과 제국, 그리고 아나킨과 다스 베이더의 관계를 '실제적으로' 대조할 만한 힘을 갖추지 못했다. 아나킨을 괴물로 변신시킨 것은 바로 악에 대한 그의 집착 자체다.

자본주의 친구로서의 불교·도교

그렇다면 이들 관계에서 어떤 유사성을 찾아볼 수 있을까? '유럽식' 기술과 자본주의가 세계적으로 승승장구하는 지금, '이데올로기적 상층구조'로서 유대기독교적 유산은 뉴에이지의 '아시아적' 사상의 공격으로부터 위협받고 있다. 도교가 세계 자본주의의 헤게모니적 이데올로기로 떠오르고 있다. 또한 자본주의의 역동성이 주는 스트레스에 대한 치료약으로 일종의 '서구적 불교'가 대두되고 있다. 이는 우리가 내적 평화와 평정을 획득·유지하게 도와주면서 현실에서 완벽한 이데올로기적 보완물로 작용할지 모르기 때문이다. 사람들에게는 이제 기술 발전과 이에 수반되는 사회 변동 속도에 적응할 능력이 더 이상 없다. 세상은 너무나 빨리 변하고 있다. 도교나 불교에 귀의함으로써 탈출구를 제공받을 수 있다. 변화의 속도에 맞추려 들기보다 차라리 포기하고 '스스로를 방임'하는 것이 낫다. 우리 존재의 가장 깊은 핵심과는 그다지 상관도 없는 그런 가속화와 내면적 거리를 유지하면서 말이다.

이번 기회에 종교는 '민중의 아편'이며 지상의 참혹함에 대한 상상 속 대체물일 뿐이라는 마르크스의 전형적 주장을 다시 꺼내들고픈 충동을 느낄 수도 있다. 그만큼 '서구적 불교'는 얼마든 외관상 정신건강을 유지하면서 자본주의의 역동성에 온전하게 동참하는 가장 효과적인 방법이다.

〈스타워즈〉 에피소드3에 필적하는 것을 찾는다면 알렉산더 오예의 다큐멘터리 〈모래성, 불교, 글로벌 금융〉(Sandcastles, Buddhism and Global Finance · 2005)을 들 수 있다. 이 작품은 경제학자 아르누트 부츠, 사회학자 사스키아 사센, 그리고 티베트 불교를 가르치는 종사르 키엔체 린포체의 해설과 함께 우리의 이데올로기적 상황이 내포한 어려움을 놀랍도록 모호하게 보여주었다.

투기에 동참하되 마음은 저 먼 곳에?

이 다큐멘터리에서 사센과 부츠는 글로벌 금융의 규모와 위력과 영향을 논의한다. 자본시장은 단 몇 시간 만에 회사 혹은 경제 전체의 가치를 높일 수도, 소멸시킬 수도 있다는 이야기다. 반면 키엔체 린포체는 인간 감각의 본질에 대한 생각들을 내세우며 이들에게 대응한다. "한낱 감각에 불과하며 현실에 존재하지도 않는 것들에 대한 집착에서 해방돼라"고 그는 말한다. 사센은 "세계 금융은 본질적으로 연속적인 움직임의 총체로서, 이는 사라졌다가는 다시 등장하곤 한다"고 단언한다.

불교의 시각에서 볼 때 세계 금융의 넘치는 부(富)는 객관적 현실과 단절된 환상일 뿐이다. 우리 대부분에게 보이지 않는 주식거래소, 이 사회에서 이루어지는 거래들이 유발한 인간의 고통, 이것이 바로 객관적 현실이다. 몇 시간 안에 사라져버릴 수도 있는 막대한 재산보다 현실의 비본질적 특성을 더 잘 보여주는 증거가 있을까? 불교 존재론의 근본 원칙에 따르면 '객관적 현실'이란 존재하지 않는데, 선물시장 투기가 '객관적 현실과 단절' 됐음을 안타까워할 이유가 무엇이 있을까? 이 다큐멘터리는 이처럼 '시스의 복수'를 이해하는 열쇠를 제공한다. 여기에서 기억할 비판적 교훈은 바로 자본주의 놀음에 투신해서는 안 되지만 그 놀음에 투신할 수는 있다는 것이다. 내면적 거리만 유지한다면 말이다. 우리를 속박하는 원인은 (존재하지도 않는) 객관적 현실 자체가 아니라 물질적 사물에 대한 우리의 욕망, 욕심, 과도한 집착임을 우리는 자본주의와의 대면을 통해 알 수 있다. 결과적으로 우리가 해야 할 일은 욕망을 포기하고 내적 평화를 이루는 것이다.

이러한 불교와 도교가 신자유주의적 세계화에 이데올로기적 보완물로 작용할 수 있다는 건 놀라운 일이 아니다. 우리가 내적 거리를 유지하면서도 얼마든지 자유주의적 세계화에 동참할 수 있게 해주니 말이다. 자본주의자가 되어도 좋다. 그저 거리를 두고 선(禪)한 모습만 유지하면 된다.

비디오 클립,
아랍 현대성의 창문

젊은 시청자층에서 많은 호응을 얻고 있는 아랍 오락 전문채널에는 관능미 넘치는 섹시한 가수가 활개를 치고, 옆 채널에는 카리스마 넘치는 설교자가 최신식 온건 이슬람을 찬양한다. 한편 대중은 이들 사이에 뚜렷한 경계를 짓지 못하는데······.

이브 곤잘레키아노 | 리옹2대학교의 아랍문학 교수
근동프랑스협회의 연구원. 아랍 문화와 정치에 관련된 블로그를 운영중이다. www.cpa.hypotheses.org.

불과 20년 전만 해도 아랍의 TV 채널은 거의 전무하다시피 했다. 하지만 지금은 아랍 세계에 송신되는 여러 위성방송에 무려 700여 개 채널이 난립해 있다. 아랍방송연맹(ASBU)이 2010년 1월 발표한 보고서에 따르면, 〈알자지라〉를 필두로 한 뉴스 전문채널이 전체 방송에서 차지하는 비율은 고작해야 7%다. 그럼에도 이 뉴스 채널이 대부분의 연구와 논평의 주제가 되고 있다. 그만큼 뉴스 채널이 아랍 여론에 미치는 영향력은 지대하다. 그러나 최근 아랍 미디어계에 일고 있는 지각변동을 무시해서는 안 된다. 변화의 중심에는 오락 전문 채널이 있다. 정치의 '정'자도 표방하지 않지만, 광고 시간대 사이에 가족 시청자층을 타깃으로 여흥과 환상을 제공해 인기몰이를 하고 있다. 젊은 층을 겨냥한 음악 채널도 높은 호응을 얻고 있다. 대표적 예가 사우디아라비아의 〈로타나〉, 이집트의 〈마지카〉다. 최근에는 〈MTV아랍〉까지 가세했다.

탈근대와 아랍 정체성의 결합

가정에 TV가 제대로 보급되지 않던 시절, 지지직거리며 흔들리는 이집트 스타들의 영상이 남성 일색인 유명 카페 손님들의 눈을 즐겁게 해주곤 했다. 요즘은 레바논 스타들이 아랍의 TV 화면과 영화 스크린을 독점한다. 가정의 TV 수상기에서 PC에 이르기까지 매체도 다양해졌다. 레바논 스타의 독식 현상이 나타난 건 10여 년 전부터다. 당시 베이루트(고급 상점과 세련된 간판이 즐비한 베이루트의 신시가지는 디즈니랜드를 방불케했다)는 '중동식' 색채가 가미된 범세계적 현대성의 전시장으로 재부상했다.

세계적인 대형 광고회사들(사치앤사치, 레오버넷 등)은 저마다 걸프 연안국의 부유층과 지리적으로 근접해 있는 아랍에미리트를 제치고 '중동의 파리' 베이루트를 진출지로 선택했다. 베이루트에는 탈근대적 세계화의 규범을 아랍 지역의 고유한 역사 및 정체성과 잘 조화시키는 재능 있는 '크리에이터'가 많이 포진해 있었기 때문이다. 레바논 〈LBC 채널〉의 〈스타 아카데미〉 같이 음악 프로그램을 등에 업은 위성방송의 도약으로 광고 예산이 대폭 증가했다. 덕분에 재능 있는 신예들이 널리 활약할 수 있는 기틀이 마련됐다. 이들은 디지털 영상이라는 기술적 자원을 활용해 아랍 뮤직비디오의 미학에 일대 변혁을 일궈냈다.

과감하게 환상을 덧입힌 현실을 카메라에 담은 이들의 뮤직비디오에는 공통점이 있다. 당당한 여성성의 강조를 통해 (실제로 눈에 보이는 것 이상으로) 사회적 금기 영역을 드러낸다는 점이다. 이 때문에 영상이 지나치게 강렬할 수 있다. 대표적인 예가 야흐야 사아데 레바논 감독의 뮤직비디오이다. 국가통합을 상징하는 이라크 가수 샤드하 하순과 감언이설만 늘어놓는 미국 병사의 이별을 소재로 한 비디오 클립이다. 하지만 대개의 경우 아무리 도덕성을 비판해봐야 이런 해방의 시각적 메타포를 억제하기엔 역부족이다. 〈제임스 본드〉에 나오는 우르줄라 안드레스처럼 수영복 차림으로 물 밖으로 걸어나오며 요염한 관능미를 발산하는 하이파 와하비에서, 좀더 청순한 섹시미를 자랑하는 낸시 아즈람에 이르기까지, 아랍의 뮤직비디오엔 해방의 이미지가 넘쳐난다. 이제 코카콜라나 펩시콜라까지 나딘 라바키(영화 〈카라멜〉의 감독)의 손이 빚어낸 아즈람의 섹시 이미지를 아랍 지역의 광고에서 사용하는 실정이다.

젊은이들, 섹시 뮤비에 열광하다

일찍이 섹시 뮤직비디오 범람의 중요성을 지적한 이 중에 장폴 프로인트가 있다. 그는 이런 유의 이미지 범람이 단순히 성적 차원에만 머무르지 않는다고 지적한다. 그에 따르면, 이처럼 자유분방한 성격의 픽션물이 폭발적 인기를 누리는 배경에는 아랍 젊은 층을 매혹하는 스토리가 한몫하고 있다. 아랍의 전통적인 요소와 각종 외국문화로부터 차용된 부분이 서로 조화롭게 결합된 다중적 정체성 위에 환상을 덧입힌 스토리가 나이 어린 세대의 마음을 사로잡았다는 것이다. 이런 가정을 좀더 전개시키면, 새 천년에 들어선 지금, 아랍 TV의 전파를 타고 방영되는 이 뮤직비디오들이 실은 불가능한 아랍 현대성의 성배를 합성이미지라는 형식을 통해 재현하고 있는지도 모른다는 결론에 도달하게 된다. 다시 말해 전통성과 현대성, 진정성과 혼종성의 조화로운 결합을 상징한다는 말이다.

이런 유의 뮤직비디오와 거의 동시에 전성기를 맞이한 또 다른 종류의 영상물, 즉 이슬람 종교 뮤직비디오의 경우에도 유사한 해석이 가능하다. 종종 이슬람 종교 뮤직비디오 장르를 개척한 '선구자'로 아제르바이잔 출신의 영국 가수 사미 유수프가 거론되곤 한다. 그가 창안한 이슬람 뮤직비디오도 동일한 성공 비결에 근거한다. 이슬람의 종교성과 첨단기술 및 소비사회라는, 본래는 이질적인 두 세계가 놀랍고도 기적적인 융합을 이룬 것이 인기몰이 비결이라는 말이다. 어쨌든 아랍세계에서 그의 이슬람 뮤직비디오가 선풍적 인기를 끄는 데는 젊은이들 사이에 '시장 이슬람'(파트릭 에니가 분석·연구한 바 있다)[01]이 널리 전파된 덕분이기도 하다. 이 유명한 이슬람 록스타가 이집트에 소개된 배경에는 대중 설교자인 젊은 이집트인 아므르 칼레드의 역할이 컸다. 그는 '온건 이슬람'을 주창하는 명실상부한 스타급 설교자다. 그의 강연을 내보내기 위해 10년이 지난 지금까지도 여러 종교 채널이 전쟁을 벌이다시피 한다.

아므르 칼레드는 1990년대 말 포슈바브(Fshbab·'젊은이들을 위한'이란 뜻) 채널이 개국할 때에도 참여했다. 이집트 이슬람형제단과 친분이 두터운 미디어계 인물 아부 하이바는 아랍 젊은이들이 열광하는 섹시 비디오

---

01 파트리크 에니, 〈시장 이슬람, 또 다른 보수 혁명〉, 쇠유 출판사, 파리, 2005. 후삼 타맘 등, '이집트 중산계급의 최신식 이슬람', 〈르몽드 디플로마티크〉 프랑스판 2003년 9월호 참조.

의 반대급부로, 좀더 '순수한' 채널의 필요성을 설파한 바 있다. 이런 논리 덕분에 그는 어렵지 않게 걸프 지역의 도덕적인 투자자들로부터 400만 달러를 유치해, 2008년 이슬람 종교음악 전문채널인 〈포슈바브〉를 개국할 수 있었다.

종교음악 채널과의 기묘한 공존

가수 유수프의 방식은 다양한 잠재력을 품고 있었다. 금세 그의 방식은 아랍 전역에서 여러 재능 있는 이들에 의해 차용됐다. 저마다 창의성을 발휘하며 도덕적이고도 현대적인 성격의 예술을 창조해냈다. 이제 레바논의 수도가 영상 분야에서 독보적 위상을 누리던 시대는 지났다. 대신 이집트와 걸프 지역 국가를 비롯한 다른 나라의 영상제작센터가 베이루트의 자리를 대체하고 있다. 이 국가들에서는 광고산업이 발전하면서 해외 유학파 신진 영상기술자들이 초기에 경력을 쌓을 수 있는 장(場)이 마련되고 있다. 예를 들어, 사우디아라비아(공식적으로 영화산업의 기틀이 마련되지 않은 국가라는 사실을 유념하라)의 경우, 카스와라 알카티브가 회장으로 있는 풀스톱 광고회사가 2007년 상대적으로 적은 예산(몇 분 분량을 제작하는 데 10만 달러가 투입됐는데, 다른 자유분방한 스타일의 아랍 뮤직비디오의 경우 5배 이상 제작비가 든다)을 들이고도 파급효과가 큰 도덕적 성향의 캠페인 광고를 여러 편 제작했다.

아랍의 현대성을 보여주는 이러한 두 종류의 영상물은 언뜻 서로 대척점을 이루는 것으로 보이기도 한다. 한쪽에서는 외설적인 여인의 육체가 끊임없이 세속적인 사랑의 고통을 읊어대고, 다른 한쪽에서는 순수한 도덕성을 지닌 남성의 목소리가 열렬히 신에 대한 찬양을 늘어놓는다. 하지만 자세히 들여다보면 문제는 그리 단순하지 않다. 이 영상물들은 동일한 시기에 등장해 동일한 디지털 영상제작 네트워크를 기반으로 제작됐다는 공통점 이외에도, 동일한 영상시장에 속해 있기까지 하다. 그런데 각각 전문화된 채널을 갖출 만큼 방송 채널이 다양하기 때문에, 원칙적으로는 벌거벗은 여자 스타들의 뮤직비디오와 신이슬람 비디오 클립이 동일한 채널을 통해 방송되지는 않는다.

그럼에도 대형 미디어 그룹의 소유주들이 구성하는 방송 패키지에는 온갖 종류의 프로그램이 뒤섞여 있다. 와하비는 '로타나의 신부'로 등극하면서, 로타나 계열 종교 채널인 〈알리살라〉(Al-Risala: '메시지'라는 뜻)에서도 자유롭게 활동하고 있다. 다른 미디어 그룹인 아랍 라디오 텔레비전 네트워크(ART)의 사정도 마찬가지다. 이 그룹도 영화와 스포츠 채널 이외에 종교 채널 이크라(Iqra: '낭송하라'라는 뜻)를 소유하고 있다.

섹시 뮤비와 종교 뮤비에 동시 출연

더욱이 아랍의 여성 스타들은 외설적인 비디오와 거의 청교도적인 영상물을 번갈아 찍는 등 자유로이 장르를 넘나들면서 문제가 좀더 복잡한 양상을 띠게 됐다. 종교적 실천을 강화하는 라마단 기간이 되면 뮤직비디오의 여신들은 종교음악 비디오를 출시한다. 병역 기피로 징역형을 산 경력까지 눈감아줄 만큼 카이로의 젊은이들로부터 뜨거운 사랑을 받고 있는 타머 호스니도 새롭게 친분을 쌓은 아므르 칼레드의 교훈적인 설교 내용을 담아 〈천국이 목전에 있다〉라는 타이틀의 종교음악 CD를 제작했다. 더욱 놀라운 예는 사이드 알 소가야다. 다른 가수들과 행보를 같이한 그는 섹시한 매력의 디나를 대동하고 댄스를 선보이며 2006년 겨울 카이로 시내를 온통 성적 흥분의 도가니로 몰아넣은 가수다.

  정확한 연구 결과가 없지만, 우리는 아랍 젊은이들이 리모컨을 쥔 채 애절한 사랑을 노래하는 벌거벗은 스타들의 육체와 현대적인 이슬람 종교음악 가수들의 감흥에 찬 거룩한 표정 사이를 아무 거리낌 없이 오간다는 사실을 잘 알고 있다. TV 화면 앞에 앉은 이들 중엔 아마도 세계화된 현대성의 이미지들 사이에 경계를 뚜렷이 구분할 줄 아는 이도 있을 것이다. 하지만 여러 상황을 볼 때 대부분의 젊은이들은 서로 다른 종류의 이미지들을 결합하고 뒤섞음으로써 전통적 이미지가 소비산업의 거대 담론 속에 녹아 있는 자신만의 편집 앨범을 만드는 데 전혀 불편함을 느끼지 않는 것이 분명하다.

영화 〈메부브 칸〉

인도 영화의
마술적인 힘

오락성에 놀라우리만치 의미를 부여하고, 인도의 우주생성 이론과 신화에서 소재를 따오며, 이미 존재하는 모든 예술을 하나의 독창적 형태로 녹여내는 등 인도영화는 사람들로부터 굉장한 열기를 불러일으키며 '귀족문화'와 대중문화 사이의 서구적 구분을 산산조각 낸다.

엘리자베스 르케레 | 라디오프랑스인터내셔널 기자.
저서로 〈아프리카 영화: 자신만의 시각을 추구하는 대륙〉(Paris, 2003)이 있다.

인도 동남부에 위치한 첸나이의 한 서민 동네. 하나의 평범한 영화관이다. 인도의 다른 2만여 개 상영관과 다름없이 이 영화관 또한 1천 석 이상의 엄청난 규모를 자랑하며 사람들로 붐볐다. 모든 좌석이 만석이고 제일 끝줄에서는 보조의자가 삐걱거렸다. 그날 오후, 영화 〈어느 여인의 마음을 움직이다〉를 놓치고 싶은 사람은 아무도 없었다. 몇 주 전부터 타밀나두의 주도 첸나이 거리 곳곳에서 음악이 흘러나올 정도로 이 영화는 큰 성공을 거두었다. 극장 안에서는 아기 울음소리가 들려오고, 몇몇 그림자가 화면을 가린다. 남자 두 명은 앞 층계에 담배를 태우러 나간다. 인도의 일요일에 한 영화관에서 벌어지는 평범한 풍경이다.

그러나 인도 사람이 영화와 맺는 관계를 고려할 때, 단순한 일화를 넘어 이 상황이 의미하는 바는 크다. 서양인의 시각에서, 영화에 대한 인도 사람들의 열정은 다소 경박하게 보일 수도 있다. 영화관에서는 중얼거리는 소리가 들리고, 사람들은 끊임없이 움직인다. 뭄바이, 첸나이, 방갈로르에서 상영하는 영화를 본 사람은 누구나 영화관 안에서의 인상 깊은 경험을 잊지 못한다. 주인공이 헌신짝을 집어던지며 '나쁜 놈'의 말문을 막아버리는 대목에서는 관객이 완전히 몰입해버려, 수군거림이 들려와도 누구 하나 뭐라는 사람이 없다. 모욕당한 아버지가 결국 버릇없는 딸의 뺨을 후려칠 때는 박수가 터져 나오고, 춤과 노래가 흘러나오면 감정과 열기가 고조돼 사람들은 따라 부르기에 여념이 없다. 관객은 배우에게 호통을 치고, 찬사를 보내고, 질책을 하는 데 주저하지 않는다.

시끌벅적한 영화관, 몰입의 절정

영화가 인도문화 속에 자리잡게 된 것은 영화의 잡다한 속성 덕분이다. 3시간 만에 많은 것을 표현하고 이야기하며 춤과 노래, 은밀한 로맨스, 깊은 시름 등을 한데 뒤섞어 놓은 영화는 대번에 인도인에게 선택과 사랑을 받는다. 꼭두각시 인형극, 카타칼리(무용극), 슬라이드 극 등 전통예술의 지극히 자연스러운 연장으로 인식된다.

케랄라 출신의 감독 아도르 고팔라크리시난과 함께 일하는 제작자 조엘 파르주는 다음과 같이 적고 있다. "예로부터 인도는 언제나 이미지가 엄청나게 혼재하던 곳이었다. 자이나고 불화에서 괘불, 그림자극에서 바라트나트얌(인도 남부의 전통 춤)에 이르기까지, 원시시대 이후 신화적 존재의 모습이 그림으로 그려지거나 그와 관련된 이야기가 표현되는 경우가 많았다."[01]

    1894년부터 이미 슬라이드 극인 〈해질 무렵 어릿광대의 램프〉는 그림 자극과 꼭두각시 인형극에 착안한 애니메이션 영상을 선보인 바 있다. 이 작품을 만들어낸 마하데오 팟와르드한은 기계장치를 움직이고, 그의 아들 가운데 한 명이 등장인물의 행동을 내레이션과 노래로 설명했다. 그로부터 2년 후, 인도에서 가장 서구화된 도시 뭄바이에 영화라는 장르가 상륙한다. 1896년 7월 7일, 뤼미에르 형제의 촬영기사인 모리스 세스티에는 초호화 호텔인 왓슨호텔에서 첫 상영회를 연 다음, 이어 도심의 노벨티 극장에서 상영회를 조직한다. 의자는 고급스럽고 푹신했으며, 좌석 가격은 저렴했고, 남성 관객 시선에서 여성 관객을 보호하기 위한 베일도 마련됐다. 웅장한 관현악단은 이미 설치되어 있었다. 영화는 즉각 성공했다. 제작자 슈레시 진달은 다음과 같이 진단한다. "영화산업이 인도 국내의 산업과 많이 연계되어 있기 때문에, 뤼미에르 형제가 영화를 발명한 이후 100년이 지난 지금, 인도 국민은 결코 영화를 외국에서 들여온 것이라고 생각하지 않는다."[02]

우주의 불가사의가 대중화의 원천

    영화가 인도 사람이 선호하는 여가 수단으로 자리잡은 이유는 인도 우

---

01 총서, 〈인도 영화: 그 기원에서 현재까지〉, Cinémathèque française, Paris, 1997.

02 브뤼노 필리프, '영화의 세기', 〈르몽드〉 권외 특별호, 1995.

주생성 이론의 불가사의한 측면을 영화화하며, 그것을 나름의 방식대로 고치고 재구성하기 때문이다. 영화는 (상영 시간이 대개 3시간을 넘고, 2시간은 항상 넘기 때문에) 시간이 많이 드는 여행처럼 여겨진다. 관객은 신화나 전설의 내용을 주저 없이 베끼는 허구의 세계 속에 저마다 즐겁게 빠져든다. 실제로 인도 영화산업에서 맨 처음 대중적인 성공을 거둔 작품은 대부분 신화적 내용을 다루었고, 대표작은 인도 최초의 픽션 영화 〈하리샨드라 왕〉(다다사헤브 H. 팔케 · 1912)이었다.

서구에서 각광받는 시나리오의 첫 번째 덕목인 독창성은 오히려 인도 관객의 마음을 떠나게 할지도 모른다. 1917년 벵골 소설가 사랏 찬드라가 쓴 〈데브다스〉는 자민다르(지주)의 아들이 천한 신분의 여인과 나누는 비극적인 사랑 이야기인데, 문학의 고전이 된 환상의 멜로 드라마가 영화로 각색된 건 (비말 로이가 제작한 최초의 〈데브다스〉(1955년 작), 1994년 미스 월드 아이쉬와라 라이를 주연으로 기용해 산제이 릴라 반살 리가 제작한 2002년 작품 등) 모두 17편밖에 안 되나, 그 줄거리를 기본 골조로 한 작품은 셀 수 없을 정도다.

인도에서 영화는 끊임없이 전통문화에서 소재를 끌어오는 반면, 전통문화 또한 영화에서 폭넓은 영감을 얻고 있다. 지역의 전통 문화와 서구의 현대 문화가 아무렇지 않게 서로 녹아드는 융합 공간에 대해, 정신분석학자 수디르 카카르는 "신생하는 범인도적 문화의 주된 주형틀"이라고 설명한다.[03]

"많은 대중에게 영향을 주는 영화는 사회적 · 지리적 범주를 넘어선다.

---

03 수디르 카카르, 〈인도에서의 에로스와 상상력〉, Des femmes, Paris, 1980.

전통가곡 등 지역의 민속춤이나 특별한 음악적 형태가 첸나이 스튜디오 문턱을 넘어서면, 여기에 서구를 포함한 다른 지역의 음악 또는 안무적 모티브가 추가되어 영화 무용으로 변모한다. 테크니컬러 기법과 입체 음향술을 거치며 새로운 옷을 입고 다시 태어난 오리지널은 원래 형태와 완전히 달라진 모습이다. 마찬가지로 영화의 상황, 대사, 장식 등도 인도의 서민 극장을 점령하기 시작했다."

그렇다면 인도 사람에게는 영화가 일종의 아편인 것일까? 인도인들이 영화가 상영되는 동안 개인적 근심과 불행을 잊어버릴 정도로 영화 속 인물과 자신을 동일시하는 점은 분명하다. 이는 '상영'이라는 현상을 '다르샨'에 접목시키려는 이론에 어느 정도 힘을 실어주는 듯하다. 다르샨은 상호적이고 유용한 보는 행위인데, 신성성 혹은 중요한 인물의 신성한 이미지를 보는 건 그런 행위만으로도 유익한 것이다. 이런 가설로 인도 영화의 엄청난 성공이 설명되기는 하나, 인도 사람과 영화의 열정적인 관계를 설명해주기에는 역부족이다.

체제와 제도에 대한 순종을 내면화

수디르 카카르는 영화계의 '카스트제도'를 기억한다. 그가 어린 시절, 펀자브에서는 모험영화나 (쿵후의 현지 버전 같은) 액션영화를 가장 하위에 두는 반면, 신화나 역사를 다룬 영화를 최상위 작품으로 분류했다. 게다가 해피엔딩으로 끝내야 한다는 의무감 때문에, 비열한 사기꾼에 대항해 과부와 고아가 결국 승리하도록 만드는 작위적 개입이 이뤄진다. 그런데 이는 과도한 설정이라도 전통적 위계질서를 뒤집지 않는 한 모두 허용하는 굳건한 문화적 측면을 보여준다. 인도 영화가 국민에게 '아편' 같은 역할을 한다고 볼 수 있는 부분은 별로 없다. 종종 '발리우드'의 병폐로 지적받는 키치적 성향의 흔적도 찾아보기 힘들다. 그보다는 사물이든 존재든 각자에게 순종할 수밖에 없는 하나의 자리를 부여해주는 제도적 속성이 드러난다. 이러한 질서를 전복하려는 모든 것은 그만큼 '왜곡'으로 여겨진다.

'상상력과 우상'이라는 제목의 글[04]에서 바스카르 고즈는 다음과 같이 지적했다. "청렴함, 부정의, 카스트제도에서 비롯된 차별 등을 소재로 다룬 영화 가운데 큰 성공을 거둔 작품이 있다. 그러나 이 작품들이 성공을 거둔 것은 사회적 조건이나 인간관계를 연구했기 때문이 아니라, 사회적 조건을 이용해 대중의 관심을 일깨웠기 때문이다. 〈불가촉천민〉(프란츠 오스텐 · 1936)이라는 작품도 카스트제도에 대해서는 문제제기를 하지 않는다. 다만 이 제도에서 나타나는 정서적 매력만 이용할 뿐이다. 이런 영화가 관객에게 요구하는 건 오직 작품에서 나타나는 비극과 비애에 동참해달라는 것뿐이다."

여기에서 한발 더 나아가, (가난과 빈곤, 그밖의 다른 사회적 고통의 정서적 매력을 이용하는) 인도 영화가 상정하는 공정성이란 표면적인 것에 지나지 않지만, 사회적 현상의 가장 효율적인 매개 수단으로 작용한다고 볼 수 있다.

〈메부브 칸〉(1957)의 여주인공은 평생을 한 고리대금업자에게 시달리면서도 자신의 대지, 보석, 심지어 남편까지 빼앗아간 그에게 어떤 반항도 하지 않는다. 마지막 장면에서 여주인공은 자신의 아들을 죽이는데, 그 이

---

04 Indomania, op. cit.

유는 아들이 그 사기꾼을 암살하려 했기 때문이다. 즉 어떤 대가를 치르더라도 가족의 명예를 구해야 하는 것이다. 국립동양언어문화대학 올리비에 보세 교수는 "서양에서 대중영화는 순전히 오락에 불과하지만, 인도에서는 이를 종교와 결부시킨다"고 지적한다. "인도인은 현실과의 상관관계를 찾기 위해 영화관에 가지 않는다. 이들이 영화관에 가는 건 그 행위가 효율적인 방식으로 신과 소통하기 위한 하나의 의식이기 때문이다. 성지순례의 차원에서처럼 영화관을 찾는다. 영화가 가진 최고의 효율성은 세상의 질서를 재확인시킨다는 점이다. 따라서 선과 악의 대립이 중요한 게 아니라 각자 자신의 할 일을 하는 것이 중요하다." 학자인 엠마뉘엘 그리모도 다음을 확인시킨다.[05] "영화 〈사랑의 서〉(라지브 H. 카푸르 · 1996)에서 여주인공은 영화 시작 후 20분 지점에서 강간을 당한다. 여자가 당한 강간은 (그 여자에게 손을 댈 수 있는 정당한 권리를 가진 유일한 존재인) 남자 주인공을 만나기 전 시점에 발생했다. 결국 많은 관객이 이러한 행위를 용납하지 못한 채 자리를 떠버렸다."

영화와 삶의 극단적인 상호침투성

이처럼 관객은 자신이 알아서 '컷'을 한다. 영화가 자신의 문제, 자신의 딜레마와 갈등에 대해 답을 찾게 하는 만큼 개인적 관점에서 편집을 하는 것이다. 관객이 일상에서 부딪히는 상황에 과감히 맞서기 위한 이야기는

---

05 엠마뉘엘 그리모, 〈발리우드 필름 스튜디오 혹은 봄베이에서 영화가 어떻게 제작되는가?〉, CNRS Editions, Paris, 2004.

시나리오의 원천이 된다. 하지만 이처럼 개인적 삶과 영화가 상호 전이되는 상황은 비단 시나리오에만 국한되지 않는다. 영화의 의상과 장식은 물론 배우에게도 해당된다. 그리모는 차를 파는 영세상인 라캉의 이야기를 들려준다. 라캉은 스타인 살만을 광적으로 숭배했다. "살만이 보호 지역에서 불법 수렵을 하다 체포되자 라캉은 즉각 이에 대응하는 행동을 보였다. 그는 자기만의 영화 금식에 들어가기로 결심했는데, 이는 영화적 요소를 이용해 자신에게 일종의 시련을 부과하는 방식이었고, 다른 한편으로 살만이 겪을 시련에 대응하는 방식이기도 했다." 게다가 중학생 무리는 학급 친구에 대해 이야기하듯 친근하게 영화 주인공에 대해 이야기한다.

인도만큼 영화와 실제 삶 사이의 극단적인 상호 침투성을 발전시킨 나라는 어디에도 없다. 정계와 쇼비즈니스계가 뒤섞이는 타밀나두의 정치가 이를 증명해준다. 슈퍼스타 M. G. 라마찬드란[06]은 타밀나두주 총리가 됐다. 1987년 그가 세상을 떠나자 그의 미망인이 총리직을 승계하려 했으나, 고인의 젊은 정부인 배우 자야랄리타가 이를 저지했다. 이후 결국 타밀나두를 통치한 건 자야랄리타였다.

* 부록1 참조

---

06 1930년대부터 1970년대 말까지 배우로 활동한 M. G. 라마찬드란은 200편이 넘는 작품에 출연했다.

웃음을 위한 변론

익살극은 천박하다는 평가를 받기도 한다. 그렇기에 자신들의 문화적 신뢰성이 손상될 것을 우려하는 영화인이나 관객들은 거리를 두려고 한다. 하지만 나치 이데올로기를 가장 훌륭하게 고발한 것은 위대한 풍자영화들이었다. 아울러 2차세계대전 이후 30년에 걸친 부흥기 동안 프랑스 소시민들이 즐겼던 경가극도 경멸을 받기에는 부당하다.

이냐시오 라모네 | 〈르몽드 디플로마티크〉 프랑스판 전 발행인
파리 7대학 커뮤니케이션학 교수로서, 2001년 1월 브라질의 포르투 알레그르에서 신자유주의적 세계경제포럼에 맞선 세계사회포럼(WSF)의 창립을 주도해 상임고문으로 활동하며, 대안 세계화의 이론화와 실천 운동에 주력하고 있다. 또한 1998년에 투기자본의 횡포에 맞선 국제 NGO 〈시민 지원을 위한 금융거래과세를 위한 연합〉(ATTAC)을 결성해 지금까지 이끌고 있다.

웃음은 존경을 해친다. 웃음은 놀리는 감정을 제공함으로써 상황의 어색함을 깨며, 인물, 말, 주제의 권위를 오랫동안 훼손한다. 끔찍한 암시를 내포한 전쟁조차도 신랄하게 폐단을 지적하고 획일성을 비꼬며 어리석음을 비난하는 풍자나 비방의 대상이 된 적이 빈번하다.

미국에서는 소수의 영화인들이 나치 정책의 위험을 물리치기 위해 익살 영화의 전통을 활용했다. 그것도 나치가 통치하던 초기부터 말이다. 마르크스 형제는 히틀러가 바이마르 공화국 총통으로 취임한지 얼마 되지 않아 이미 그의 인종주의적 광기와 영토합병 야욕을 고발했다. 〈덕 수프〉(맥캐리 · 1933)에서 그루초 마르크스가 배역을 맡은 독재자는 난폭하고 정신착란적인 인물이다. 코믹한 광란의 공간에서 파괴적인 히스테리를 부리는 그의 모습은 마치 앞날을 예언한 듯했다. 그곳에서 난무하는 술책, 변장, 신비화는 부조리를 매개로 독일 재무장관의 위험을 보여주었다. 전쟁 발발 직전에는 찰리 채플린이 〈위대한 독재자〉(1940)에서 그야말로 편집광적인 총통의 비열함과 일탈을 묘사하기도 했다. 또한 미국으로 망명한 독일의 에른스트 루비치 감독은 〈사느냐 죽느냐〉(1942)에서 유대인 특유의 간교하고 신랄한 유머 감각을 되살려 유대인 박해의 실상을 고발했다.

이들 세 코미디 작품은 세상의 냉소적 태도에 분노한 도덕가들이 탄생시킨 작품이다. 이 영화들은 혐오감을 자양분으로 삼았다. 그런데 격분과 노여움이 원동력이 된 영화는 이들 세 작품밖에 없다. 1940년부터 1945년 사이에 군인들을 다룬 수많은 익살극들은 2차 세계대전을 배경으로 삼기는 했으나 진부한 상식과 이미 검증된 코미디 기법에 의존한 평범한 작품들이었다. 전쟁은 그저 구실에 불과했다. 그럼에도 몇몇 코미디 배우들은 이런 영화에서 연기하는 걸 자신의 전문 분야로 삼았다. 이를 테면, 버드 애보트와 루 코스텔로가 〈해군에서〉(E.C. 켄톤 · 1942)를 통해 전쟁 당시 미국에서 가장 인기 있는 코믹 배우가 됐다는 데에는 이견이 없을 것이다. 이들은 훌륭한 콤비였던 스텐 로렐과 올리버 하디를 능가했다. 로렐과 하디의 경우는 "두 멍청이를 좇아 무미건조한 전쟁모험(〈위대한 총〉, 몬티 뱅크스 · 1941, 〈공습경보 감시인〉, 에드워드 세지윅 · 1944〉)에까지 따라갔다"는 평가를 받았다.

전쟁이 끝나자 더 이상 나치에 대해 예리한 시선을 던지는 풍자영화는 등장하지 않았다. 비단 히틀러 정권의 전유물은 아니었던 불관용, 인종주의, 반(反)노동자주의를 뒤늦게나마 고발하려던 코미디 감독들은 매카시스트들의 등쌀 때문에 자중할 수밖에 없었다. 냉전의 시대가 열렸고 마녀사냥이 시작된 것이다. 웃을 때가 아니었다.

프랑스의 경우는, 코믹전쟁영화 부문에서 루비치나 채플린 같은 거장이 탄생하지 못했다. 프랑스는 미국과는 다른 방식으로 전쟁을 경험하고 있었다. 레지스탕스와 부역자들, 민주주의자들과 비시정권 추종자 간에 벌어지는 내전 같은 상황 속에서 전쟁이라는 주제는 불가피하게도 무거운 정치적 차원을 띠게 됐다. 〈여리고〉(앙리 칼레프 · 1946), 〈밤의 문〉(마르셀 카르네 · 1946), 〈위대한 약속〉(장 드레빌 · 1950) 등의 진지한 작품들은 애국과 국민화합이라는 이름으로 모든 유형의 '부역자'들을 구별하지 않고 고발했다. 감독들은 지나치게 정교한 정치적 분석은 지양했다. 이런 측점에서 〈밤의 문〉(자크 프레베르 각본)은 좀 멀리 나아갔고 결국 흥행에 실패했다. 반(反)파시즘이 과도하게 표현됐다는 이유로 에드워드 드미트릭 감독의 〈히틀러의 아이들〉(1943)에 대해 프랑스가 상영금지 처분을 내리던 시절이었다.

클로드 오탕라라 감독의 〈파리 횡단〉(1956)은 전쟁의 비극적 풍파를 웃음의 소재로 삼은 첫 작품이었다. 이 영화는 레지스탕스와 독일군 점령기에 대한 일부 고정관념을 이내 뒤흔들었다. 유명한 화가와 실직 상태의 택시운전사, 이들 두 주인공은 연극무대 같은 파리의 밤을 가로지르며 암시장에 참여한다. 그 과정에서 두려움에 휩싸인 파리 시민들의 일상적 비열함과 천박함이 드러난다. 긍정적으로 묘사되는 인물은 한 명도 없다. 비겁함 때문에 수동적인 태도를 취하는 군중을 향해 장 가뱅은 "불쌍한 망할 놈들"이라는 명대사를 외치는데, 이는 걸핏하면 정직한 시민들임을 자처하며 (전쟁을 치르고는) 이제는 침묵하는 다수를 향해 오탕라라 감독이 던지는 말이다. 제2차세계대전과 점령기에 대해 프랑스가 품고 있던 그림을 이 작품이 뒤엎어 놓았다.

그러나 희극영화에게 허용되는 전쟁의 표현은 인형극처럼 도식화된 차원에 국한됐다. 〈바베트, 전쟁에 나가다〉(크리스티앙 자크 · 1959)는 이러한 형식에 따라 전쟁의 우여곡절을 다루었다. 기본적인 틀은 단순하다. 독일인들은 독일혐오자들이 증오하던 스테레오타입에 부합한다. 즉, 거칠고 편협하고 규율을 중시하고 걸핏하면 고함을 지르는 인물들인 것이다. 다만 장교들은 예외이다. 세련되고 교양 있고 열렬한 음악애호가인 이들은 '좋은 독일인'들이다. 광기 어린 나치와 이들을 혼동하지 않도록 각별히 신경 쓴 흔적이 보인다. 프랑시스 블랑슈가 연기한 '슐츠 아빠'는 나치를 대표하는 인물로 나쁜 독일인의 전형이다. 머리는 박박 밀고 배는 불룩하고 좀스럽고 음탕하고 괴상하고 잔인하고 멍청한 것이 독일민족 심리학에 변함없이 등장하는 진부한 내용을 모두 갖추고 있다. 〈바베트〉의 상업적 성공은 전쟁을 이용해 돈을 벌 수 있으나, 단 이를 정치적 관점에서 다루지 않는다는 조건에서 그렇다는 걸 보여준다.

　지켜야 할 코드가 정해지고 애국적 감수성이 예전보다 약화되자 코미디가 잇달아 발표됐다. 〈암소와 포로〉(앙리 베르뇌유·1959), 〈탈주한 하사〉(장 르누아르·1962) 등의 작품에서는 심지어 전쟁포로를 영웅시하기도 했다.

　하지만 코믹전쟁영화의 원형을 제시하자면 두말할 나위 없이 〈파리 대탈출〉(제라르 우리·1967)이다. 이 작품은 〈파리 횡단〉에서 찾아볼 수 있는 악당의 종횡무진하는 행동, 그리고 두 배우가 이루는 콤비의 희극적 성격을 이어받았다. 평범한 프랑스인이 전쟁 중 우연히 이례적으로 위험한 상황에 처할 때가 있지만 결국 극복해낸다는 것이 기본 틀이다. 영화는 현실적 평범성과 꿈속의 영광을 결부시킨다.

　코믹전쟁영화는 이미 정치적 차원을 걷어냈기에 앞으로는 그저 향수에 젖어 역사의 한 시절을 추억하는 것으로 만족할 것이다. 그 시절의 어려움은 인정하면서도 그때가 좋았다고 단언할 것이다.

LE MONDE diplomatique

촘스키의 답변

노엄 촘스키 | 언어학자

미국의 언어학자이자 세계적 투사인 노엄 촘스키는 지난 5월 27일부터 6월 1일까지 파리에 머물며 강연장을 가득 메운 청중과 간담회를 연이어 가졌다. 그중에서 특히 <르몽드 디플로마티크>의 초청으로 이뤄진 위케땅데(Mutualité) 극장과 콜레주 드 프랑스(Collège de France)의 강연회에서 청중과의 토론을 통해 시사 현안들에 대한 깊은 의견이 교류됐다. 몇 가지 주요 내용을 소개한다.

한 참석자가 현재의 유럽 경제정책에서 사회 안전망이 부재한 점을 지적하고, 이에 대한 촘스키의 견해를 물었다. 촘스키는 현 상황에 대해 새로운 분석을 내렸다.

사실 유럽 경제정책은 사회적 계획에 따르고 있다. 그러나 다른 사회적 계획들과 마찬가지로 유럽이 도입한 것은 특정한 일부 사람들에게 이로울 뿐 나머지 사람들에게는 불리하게 돼 있다. 자유주의 경제학자인 마틴 울프(M)조차 이 사실을 추지했는데, 사회 프로그램이 은행에나 봉사하고 일반인에게는 해를 끼친다는 것이다. 순전히 경제적 측면에서 유럽의 사회 프로그램은 많은 외문을 낳는다.

경제에 대해 잘 모르지만 적어도 우리는 케인즈의 교훈은 알고 있다. 수요가 아주 적고 민간 부문에서 투자가 이뤄지지 않을 때 성장을 진작시킬 수 있는 유일한 수단은 공공 지출이다. 경제를 다시 활성화해야 하고 한시적으로 적자 지출을 수용해 사람들에게 일자리를 제공해야 한다. 이렇게 하면 사람들에게도 좋고 경제에도 좋다. 결국 초기에 적자를 만회할 수 있게 될 것이다. 그러나 은행을 최대한 힘들게 낳추기를 원한다. 인플레이션 유려가 현저하지 않은데도, 경제를 문화시키고 사람들을 고통스럽게 하는 데도 그렇다. 이 모든 것이 사회 프로그램이다.

그리스의 경우 또 다른 해결 방안은 채무이행을 거부하는 것이다. 주악한 빚이라는 말이 있다. 그 부채가 어떤 정당성도 갖고 국민과 체결한 것도 아니며, 세금도 내지 않은 최고 부자들의 이익을 위해 일부 패거리들이 빌려온 돈이라는 의미에서다. 논리적으로 이 부채를 갚아야 하는 건 바로 이들이다.

정치 투쟁에서 폭력 사용에 관한 질문을 받고 촘스키는 이같은 행위의 동기에 대해 분석하며 답변했다.

잠시 원칙을 잊고 전략에 집중해보자. 여러분은 결실을 맺을 수 있는 전략을 선택해야 한다. 그렇지 않으면 실행하는 모든 것이 시동적 그릇된다. 만일 어떤 목적을 이루기 할 전략을 찾는다면 적이 선호하는 전세를 허용해서는 안 된다. 국가 권력은 폭력을 아주 좋아한다. 폭력을 독점하고 있기 때문이다. 시위자들이 폭력 수위를 한단계 아닐 정도로 국가는 그보다 더한 폭력을 동원한다. 그리고 1960년대부터 투쟁하는 학생들에게 말할 때 시위 현장에서 '무기'를 착용하지 않도록 조언했다.

분명 경찰은 폭력적이다. 여러분이 투구를 쓰면 경찰은 한층 더 칠 것이다. 여러분이 소총을 가져온다면 그들은 탱크를 들고 올 것이다. 여러분이 탱크를 들고 오면 그들은 B52를 출격시킬 것이다. 폴란드의 이 여러분에 싸움인 것이다. 전략적 선택을 할 때마다 스스로에게 질문을 던져야 한다. '나는 누구를 도와주는 것인가?' 여러분은 자신에게 한 명분을 찾고 있는가? 아니면 사람들을 위해 무언가를 하려는가? 답이 다르면 전략의 선택도 달라질 것이다. 이스라엘 하이파대학의 보이콧 문제를 생각해보자.(2)

35면에 계속 ▶

1년 정기구독자 <르 디플로> CD(1~12호) 증정

좀비에게 조롱받는 국가

좀비 영화나 '맥스쿠메리카나'(미국이 주도하는 세계 평화)를 노골적으로 조롱하는 장르라고 생각해본 적이 있는가? 결코 코믹적이지 않은 B급으로 근엄한 엘리트주의와 시스템에 덤으로 비판다고 보는 견도 어렵다. 프랑크푸르트학파 철학자 아도르노는 현대 대중문화를 '주입된 문화'라고 비판했다. 그러나 자본주의의 장치 안에 갇혀시도, 대중문화는 '저항'이라는 본연의 역할을 지키며 제체와의 변화를 모색해왔다. '발리우드(인도 영화산업)'가 카스트 제도를 공략

하지는 못하지만, 오락성과 넓은 유통을 바탕으로 수는 있다. 아랍만에서 선풍을 일으키는 '액시 뷰지메나'는 그 사회적 업숙주의의 허위한 균열을 내고 있다. 최근 게임스타가 주인공인 미국 비디오게임을 통해 중선층 백인의 특유된 동일시할 수 있는 정부적 체험을 주는 '나쁜 장르'가 늘어나는 에게시드는 네그리 식으로 말하면 '과잉'이다. 지금이 나쁜 장르의 시대라면 변혁은 거기이 와 있는가?

관련 기사 10~18면

박근혜와 민주당, 만나야 한다

김상봉 | 전남대 교수 · 철학

세종시 수정안이 국회 본회의에 상정되었으나 부결되었다. 세종시 법안을 9·11 테러에 대한 참여의 합성 자기에 대한 공포 허위의 이란·러시아, 밀고에 있는 핵 파가위 '레드셔츠'에 대한 지원, 흔들리는 탈정 인도에서 찾는 아이티 해법 프랑스 쌍식민지 화폐 독립을 허하라

28면에 계속 ▶

Spécial 1
'나쁜 장르'의 문화

10 9·11 테러에 대한 참여의 합성
11 지혜의 스타워즈 읽기
12 좀비 영화의 미국 때리기
14 신화로 빚은 '발리우드'의 힘
15 야합 뮤비, 감동과 신성의 합성
16 폭력 비디오게임의 공진적 진보성
18 '미드'의 진화, '미드'의 진정성

4 유럽 인터넷전쟁 앞둔 불길
5 '착한 자본주의'라는 알뜰달뜰한 거짓말
8 자국 이탈리아 공포 마케팅
19 이란·러시아, 밀고에 있는 핵 파가위
20 '레드셔츠'에 대한 지원, 흔들리는 탈정
21 인도에서 찾는 아이티 해법
23 프랑스 쌍식민지 화폐 독립을 허하라

Horizon 과학과 제도 허와 숨은 함께
'녹색기술'과 '검은 황금'의 눈속임 6~9

Spécial 2 건강한 논란 뒤에는?
건강의 국가 책임과 박정희 신화 24~27

28 노무현의 선긴지역, 보수의 재구성
29 '공교육 개혁' 시험대로 된 교육감
30 서울시청 정치전략직 디자인관리과
31 '좋은 게이 시민' 댄퍼딘 동성애자들
32 TV 뉴 전문가의 진짜 미음 '꼽비스트'
34 언밀리의 진화 친구는 누구인가
37 종스키 '다향 폭력, 내 편의 것이 나쁜 폭력'
36 [서평] 철학자, 이스라엘 친구에게 고하다
37 [학술] 2010년 여름 인문학 강자
38 [서평] '평화를 상상하게 하는 동화들'
39 [독자 에세이] 네바가 투위터를 하느냐

값 8,000원

위기의 코미디

이냐시오 라모네 | 〈르몽드 디플로마티크〉 프랑스판 전 발행인
파리 7대학 커뮤니케이션학 교수로서, 2001년 1월 브라질의 포르투 알레그르에서 신자유주의적 세계경제포럼에 맞선 세계사회포럼(WSF)의 창립을 주도해 현재 상임고문으로 활동하며, 대안 세계화의 이론화와 실천 운동에 주력하고 있다. 또한 1998년에 투기자본의 횡포에 맞선 국제 NGO 〈시민 지원을 위한 금융거래 과세를 위한 연합〉(ATTAC)을 결성해 지금까지 이끌고 있다.

누가 프랑스 코미디영화를 좋아할까? 만일 통계가 나와 있지 않다면 우리는 이렇게 대답하고 싶다. 아무도 안 좋아한다고. 실제로 우리의 문화생활을 일상적으로 해설하는 모든 이들이 코미디영화에 대해 상당한 경멸을 드러내고 있다. 지식인들은 코미디영화가 (가장 큰 죄악인) 어리석음을 부추긴다고 주장하고, 부르주아들은 이들 영화가 상스럽고 천박하다고 생각하며, 좌파 관객들은 코미디영화야말로 소외적이며 반동적이라고 여긴다. 또한 공식기관들은 코미디를 아예 무시하며, 젊은 감독들은 가급적이면 코미디영화로 데뷔하지 않으려고 한다. 영화평론가들이 코미디를 전혀 안 좋아하는 걸 알기 때문이다.

하지만 코미디물은 프랑스에서 제작되는 영화 가운데 가장 큰 비중을 차지하며[01] 관객, 특히 서민층 관객들이 가장 즐겨보는 장르이다.[02]

한 가지 분명한 건 코미디영화의 코믹효과가, 실질적이며 모순되는 갈등이 있는 상황을 통해 발생하기보다는 상투적인 경가극 타입의 대사들을 통해 유발된다는 것이다. 그 원인 중 하나는 영감의 고갈이다. 매년 너무 많은 코미디영화들이 제작되다 보니 시나리오작가들의 창의력도 바닥이 나고, 결국에는 똑같은 틀을 가지고 과거의 성공을 재현하기 일쑤다. 그럼에도 우리는 여기서 코미디영화를 정치적으로 읽어낼 수 있는 몇 가지 사실을 짚어보고자 한다(코미디물에 대한 [종종 온당한] 비판에 변덕스레 딴

---

01 1975년 여름부터 1976년 봄까지 파리에서 개봉한 코미디 영화는 30여 편에 달한다. 이는 같은 기간 순수 프랑스 투자로 제작된 작품들의 약 3분의 1을 차지한다.

02 1956년에서 1973년 사이 최고의 흥행을 기록한 11편의 영화 가운데 9편이 코미디물이다: 〈파리 대탈출〉, 〈멍청이〉, 〈암소와 포로〉, 〈단추 전쟁〉, 〈생트로페 헌병〉, 〈광란의 병사들〉, 〈헌병의 결혼〉, 〈버터 요리〉, 〈여름방학〉.

죽을 걸려는 의도는 없다). 진보주의 감독들이 코미디라는 대중적 장르에 뛰어들기로 마음을 먹고 마침내 우리가 그토록 부러워하는 이탈리아식 '좌파 코미디'를 선사해주기를 기다리면서 말이다.

흔히 코미디영화를 정치색이 없는 공간 혹은 무책임한 허구로 보는 경향이 있다. 하지만 우리는 그와 반대로 코미디물이 의도적으로 (수적으로나 이념적으로나 지배적 계층인) 소시민들의 괴로움을 표현한다고 생각한다. 일상적인 문제, 현대성의 함정, 발전의 허상 등을 강조하여 드러내는 것이 그런 맥락이다.

코미디물의 대표적인 주인공들은 고지식하고 보수적인 인물들이 많다. 이들은 신기술을 경계하고 (〈모던 타임즈〉의 찰리 채플린이나 〈트래픽〉의 자크 타티) 극단적으로 비난하기도 한다. 프랑스 코미디영화의 등장인물들 역시 소비사회의 거대한 도구들을 공격하지만, 동시에 이들 도구가 유발하는 손쉬운 웃음에 기대어 근심을 물리치고, '나쁜 물건들'을 길들이고, 그것들과 친숙해지고, 관객들을 새로운 풍속 가운데 안착시킨다. 이러한 픽션들이 '시대의 흐름'을 감시하면서 반(反)군사주의(〈광란의 여단(旅團)〉(1974)에서는 익살꾼들이 군 작전에 저항하는 라르작 지방 농민들을 지원한다), 경제상황(〈상황이 심각하다…. 그러나 절망적이지는 않다〉(1976)), 인종차별주의(이른바 '변형 코미디' 영화인 〈뒤퐁 라주아〉) 등 다양한 정치적·사회적 문제들을 정면으로 다루기도 한다.

물론 더욱 공격적인, 또 다른 웃음을 통해 같은 주제들을 다룰 수도 있을 것이다. 하지만 그런 웃음의 성공을 위해서는 경멸의 태도부터 버려야 할 것이다. 귀족들이 가꾸고, 부르주아들이 숭배하고, '예의 바른 좌파'가 수용한 사회적 행동 모델을 두고 생겨난 문화적 비난들이 조소, 풍자, 무례함, 상스러움, 외설스러움이다(아울러 이런 것들은 돈의 권력과 언어의 교육을 누리는 이들을 비꼬기 위해 민중이 늘 사용해온 수사법이기도 하다).

상스러운 것을 생각하거나 때로는 강조하고, 불경스러움에 파묻히고, 정치적 긴장을 충동적으로 대하고, 계급투쟁의 소리를 듣고, 분석을 정교화하며 온몸을 바쳐보자. 그러면 프랑스 코미디는 본연의 제약과 소시민적 한계를 극복할 수 있을 것이다. 그제야 비로소 프랑스 코미디는 자신들의 몸짓과 말과 깊은 정치적 욕망과 화해한 민중들이 짓는 희망의 웃음 속에서 꽃을 피울 수 있을 것이다.

좀비 영화의 정치학,
텅빈 눈으로 응시한 팍스아메리카나

 1968년 미국의 영화감독 조지 로메오는 〈살아 있는 시체들의 밤〉을 내놓으며 좀비 시리즈를 시작하게 됐다. 그 여섯 번째 작품인 〈죽은 자들의 생존〉은 2008년 5월 말에 나온다. 그의 영화들이 언제나 깊은 정치적 성향을 띠고 있었다면, 그의 추종자들, 그러니까 그가 다룬 테마에 매혹된 영화인들은 동시대의 병적 현상에 대해서 보다 운명론자적인 시각을 제시하고 있다.

실베스트르 메닝제 | 영화 평론가.
렌느 2대학에서 영화 평론을 강의하면서, 〈르몽드 디플로마티크〉 등에 영화에 관한 글을 기고하고 있다. 특히 헐리우드 영화의 남성성 재구성에 대한 연구에 집중하고 있다.

완벽한 침묵이 흐르는 폐허의 도시, 황폐한 거리 곳곳에 자동차가 멈춰서있다. 돌연 발자국 소리가 들려온다. 세 사람이 나타난다. 먼저 공포에 질린 어린 소녀가 달려오고, 그 뒤를 경찰관과 하녀가 끈질기게 쫓아온다. 그들의 너덜너덜 찢어진 옷에는 피가 말라붙어 검게 변해 있다. 아이에게 시선을 고정한 채, 아이를 향해 탐욕스러운 손을 내뻗는다. 그들 입에서는 인간의 것이라고는 할 수 없는 괴성이 터져 나온다.

극도로 전염성이 높은 질병이 퍼진다. 감염되면 사람을 잡아먹게 되고, 희생자를 무는 순간 희생자는 전염된다. 이 장르의 아버지 조지 로메로 감독이 상상해낸 아이디어는 단순하지만 효과적이다. 최근에도 많은 감독이 이런 아이디어를 다시 활용했다. 잭 스나이더 감독이 리메이크한 〈시체들의 새벽〉·2004(〈새벽의 저주〉로 국내 개봉)과 대니 보일 감독의 〈28일 후〉(2002)는 좀비를 현대 감각에 맞게 연출한 작품인데, 관객 동원에도 상당한 성공을 거뒀다. 좀비들은 베트남전과 더불어 이제 미국이 할 수 있다고 깨닫게 된 모든 폭력과 야만을 무덤 밖으로 끄집어낸다.

로메로 감독은 항상 할리우드 주변인이었고, 시대의 화두가 되는 정치적 담론을 자신의 영화에 넘치지 않게 담아낼 줄 알았다. 그의 영화는 미국에 초점을 맞추고 확실히 좌파적이지만, 결코 교훈을 늘어놓지 않았다. 이런 의미에서 그의 영화는, 그의 영화에서 영감을 받은 1970년대와 1980년대의 수많은 아류작과 근본적으로 차이가 있다. 그의 영화가 존재하는 이유는 흔히 '고어'(goer, 피·선혈) 효과를 거침없이 보여주는 데 있다.

그의 상징적 3부작은 동일한 내러티브 원칙을 따른다. 인물은 살아 있는 시체, 즉 좀비들에게 포위돼 갇혀 있고, 생존자들 사이에서는 긴장과 갈등이 증폭된다. 결국 그들은 대립을 하면서 그들 공간으로 좀비가 침입하도록 길을 열어주게 된다. 로메로 감독의 좀비는 미국인을 잡아먹는 미국인의 모습을 변형해 반영한 것이다. 좀비는 그의 영화가 제작된 시대의 사회를 관통하는 균열을 중심으로 살아 있는 사람들을 분열시킨다.

〈살아 있는 시체들의 밤〉(1968)은 1960년대 미국의 국가적 응집력을 산산조각 부숴버리는 커다란 정신적 외상 세 가지를 심층적으로 연구한 작품이다. 노골적 이미지와 당시로서는 보기 힘들던 유례없는 폭력, 국민을 안심시키려는 당국의 부조리한 발언이 등장하는 가짜 르포를 교차시켜 만든 영화이다. 이 영화의 현실적인 배경에는 일단 베트남전쟁으로 상처 입고 억압당한 사람들이 귀환하는 상황이 있다. 베트남전의 야만성은 제2차세계대전 이후 영웅적이고 공정한 이미지를 구가해온 미국의 이미지를 퇴색시켰다. 1968년 신문과 뉴스를 장식한 끔찍한 이미지처럼, 좀비들은 그때부터 미국이 할 수 있다고 깨달은 모든 폭력과 야만을 무덤 밖으로 끄집어낸다.

이 영화가 생생하게 그려내는 또 다른 상처는 인종갈등이다. 흑인이 시민으로서 권리를 얻기 위해 투쟁하던 때, 영화의 주인공은 아프리카계 미국인 벤이다. 끔찍한 밤, 벤만이 유일하게 살아남지만 영화는 어떤 환상도 허락하지 않는다. 벤은 새벽에 그를 좀비로 생각한 백인 보안관에 의해 무참히 살해되어 시신은 장작더미 위에 내던져진다.

마지막으로, 좀비가 된 딸이 엄마를 공격하고 아버지를 잡아먹는 상황에서, 자신의 가족을 보호하지 못하는 무능한 권위적 가장이란 인물은 1960년대를 휩쓴 세대 간 갈등을 반영한다.

10년 후인 1978년의 영화 〈좀비들〉에서 주인공들은 미국 소비사회의 새로운 메카라 할 쇼핑센터를 피난처로 삼는다. 사회에서 단절돼 바리케이드를 친 그들은 거의 무한대의 자원을 마음대로 약탈하고 얻을 수 있다. 하지만 자신들 역시 과거에 이곳에 오고 싶어 했다는 사실을 떠올린 좀비들의 공허한 시선 아래, 그들의 쾌락주의는 완전히 부조리한 것으로 드러난다. '감금'의 동의어인 '광적 소비'는 의미가 사라진 기계적 제례가 되고, 서로에게서 완전히 멀어진 그들은 고독을 경험하게 된다. 도둑질하는 사람이 쇼핑센터를 공격할 때, 상품에 가장 애착을 느끼는 인물이 총을 발사하고, 약탈자와 좀비의 관심을 끌게 만들어 결국 그들이 숨어 있는 장소로 좀비가 공격해 들어오게 한다.

지하 군사기지에서 전개되는 〈살아 있는 시체들의 날〉(1985)은 전염병을 이해하지 못하는 무력한 과학자와 폭력충동을 자제하지 못하는 무능한 군인을 대치시킨다. 이번에는 여자가 주인공이다. 미친 남자 집단과 맞서는, 균형감을 갖춘 유일한 인물로 여성을 그려내면서 이 영화는 심리적 미성숙함, 총기와 남성성 숭배, 그리고 무엇보다 여성혐오증 같은 미국 남성 정체성의 결점을 연구한다. 한 독립적인 여성을 향해 군인들이 내보이는 증오심은 1980년대 미국의 여성해방에 대한 크나큰 반발[01]과 연결된다. 그녀의 남자친구가 좀비에게 물리자 여자는 그의 팔을 잘라버리고 그의 생명을 구한다. 이런 상징적 거세에 대처할 능력이 없는 남자는 결국 좀비 무리에게 기지 입구를 열어주고, 좀비는 과학자와 군인을 탐욕스럽게 먹어치운다.

자신의 미래를 잡아먹는 기계로 변한 '감염자'들은 신자유주의적 개인주의의 최종 단계를 충격적으로 재현한다.

---

01 수잔 랄푸디, 〈반발, 여성들을 향한 냉전〉, Des Femmes, 파리, 1993.

현재의 유행은 어떤가? 좀비들, 조금 더 일반적으로는 '전염'과 '식인' 테마는 2001년 이래 영미 문학과 영화에 대거 재등장했다.[02] 9·11 테러로 경악하고 뒤흔들린 서구국가는 그때부터, 예전처럼 양대 진영으로 편성돼 있지 않기에 더욱 불가해하고, 통제할 수 없는 무수히 많은 테러와 환경오염, 경제 위협으로 가득 찬 세상과 직면하게 됐다.

이 영화들과 로메로 감독 영화의 1차적 차이는, 이 영화들이 국제적 성격을 부여하며 더욱 묵시록적 어조를 담아낸다는 것이다. 로메로 감독의 후기 계열이라 할 수 있다. 미학적인 입장에서나 사회·문화적인 입장에서 다양한 성격을 띠지만, 모든 영화가 서구사회의 피할 수 없는 몰락, 우리가 아는 그대로의 세계 종말을 상상한다. 하지만 이 종말은 스티븐 스필버그 감독의 〈우주전쟁〉(2005)에서처럼 위협이 외부에서 오는 것이 아니다. 위협은 내부에서 오며, 스스로 무너지고 만다. 원초적 혼돈으로 퇴보하고 마는 멸망의 이유와 형태는 우리의 근대성을 특징짓는, 점점 더 난폭해지는 '자본주의 세계화'라는 전대미문의 현상과 연결된다.

질병과 공포를 확산시키는 것은 '교환의 다양화', '이동의 신속성', '정보의 순간적 전달'이라는 세계화의 조건이다. 여기에서 그려진 상호 연결되고, 상호 의존적이며, 규제가 완화된 '글로벌 마을'은 질병과 폭력을 포함한 모든 것이 어떤 장애물도 마주치지 않고 돌아다닐 수 있는 만큼 더욱 취약해 보인다. 재앙의 다양한 형태에 직면해서도 마찬가지다. 이런 이야

---

02 코맥 매카트니, 〈길〉, Editions de l'Olivier, 파리, 2008. 이 작품에서 후기 묵시록적 세계는 사람이 사람을 잡아먹는 단계로까지 퇴보한다. 맥스 브룩스, 〈세계대전〉, Three Rivers Press, 뉴욕, 2007. 세계화의 기능장애를 표현하기 위해 좀비를 이용하는 로메로 감독의 영화와 연결된다.

기는, 자본이 각 개인에게 규칙을 강요하고 우리와 함께 사는 시민, 심지어 우리와 가까운 사람까지 잠재적 적이 되는 상황을 보게 만드는 사회에 깊이 뿌리내린 공포에서 그 영감을 길어온다. 그래서 전염의 첫 번째 결과로 모든 사회적 관계는 파괴되고, 각 개인은 타인의 먹이가 된다. 미국인이 미국인을 게걸스럽게 잡아먹고, 부모가 아이를 잡아먹는 상황이 된다. 자기와 가까운 사람을 잡아먹는 기계로 변한 살아 있는 시체, 혹은 '감염자'들은 신자유주의적 개인주의의 궁극적 단계를 충격적으로 재현한다. 개인들 사이의 '잘 이해된 이해관계'의 폭발이 문명을 파괴하게 된다.

이런 재현은 대단히 현대적인 문명의 위기를 연출하는 장점은 있다. 그런데 이런 연출은 재앙의 불가피한 측면을 확인시킬 뿐이다. 세계 멸망 앞에서 맹목적인 공포 이외의 다른 것, 혹은 사라져버린 질서를 향한 진부한 노스탤지어 이외의 것을 표현하는 데는 이르지 못하고 있다. 로메로 감독이 사회의 모순을 표면 위로 끌어올린 바로 그곳에서, 이 이야기들은 그 사회의 파괴에 대한 매혹적인 시선을 던지는 데에 만족한다. 이렇게 하면서 그 이야기들은 종종 권위가 없으면 인류는 동물로 되돌아가고 만다는, 미국의 문화 정체성에 뿌리내린 확신 속으로 다시 빠져들고 만다.[03]

〈28일 후〉(대니 보일 감독 · 영국 · 2002)의 주인공은 슈퍼마켓을 피난처로 삼는다. 진열대에 차곡차곡 쌓여 있고 반짝반짝 빛나는 화려한 색상의 제품은 더 이상 〈좀비들〉에서처럼 '소외'의 동의어가 아니라, '위안'과 '희망'의 동의어다. 사람들이 기쁨으로 미쳐 날뛰면서 그들의 카트를 빽빽이 채우는 장면은 생존 의지와 소비 욕망을 병행해서 보여준다. 나중에

---

03 드니 뒤클로, 〈늑대인간 콤플렉스〉, 라데쿠베르트, 파리, 2004.

그들은 좀비만큼이나 위험한 것으로 드러나는 군인과 대치하게 된다. 군인은 특히 여자에게 위험하다. 그러나 적대적이고 자포자기적인 군인의 행동은 〈살아 있는 시체들의 날〉에서처럼 더 이상 (인간)정신의 군사화의 산물이 아니다. 이 영화는 사람들을 자기 마음대로 하도록 내버려둘 경우, 남자들은 그들의 손아귀에 떨어지는 모든 여자를 강간하게 된다는 사실을 확인하는 데 만족한다.

〈28주 후〉(후안 카를로스 프레스나딜로 감독 · 영국 · 2007)는 주인공들이 전염의 집단 책임자가 될 수 있는 상황 직전까지 가면서, 이런 시니컬한 논리를 밀어붙인다. 바이러스에 감염됐지만 면역성이 생긴 한 아이를 발견한 유일한 영웅적인 인물들은 그 아이의 유전자로 백신을 개발할 수 있다는 희망을 갖고 아이를 구하기 위해 최선을 다한다. 그런데 그들의 생명을 희생한 덕택에 아이는 바이러스로 초토화된 영국을 떠날 수 있게 되지만 그 자신이 바로 질병을 확산시키는 장본인이 된다. 영화의 마지막 장면은 에펠탑 앞 지하철 출구를 빠져나오는 한 무리의 감염자를 보여주는 것으로 끝난다.

〈나는 전설이다〉(프란시스 로렌스 감독 · 미국 · 2007)는 리처드 매드슨의 동명소설(1954)을 각색한 영화이다. 소설에서 주인공 로버트 네빌은 대부분의 인간을 뱀파이어로 변하게 만든 전염병에서 자신만이 유일하게 살아남았다고 믿는다. 이 재앙으로부터 세계를 구해야 한다는 생각에 빠진 그는 뱀파이어들이 낮에 잠자는 동안 그들을 죽이는 데 골몰한다. 결국 뱀파이어들에게 사로잡힌 그는 자신이 동물이라고 생각한 뱀파이어가 새로운 문명을 이룩했음을 뒤늦게 알게 된다. 소설의 마지막에서 냉혹한 아이러니가 폭로된다. 네빌 자신이 바로 순진한 사람을 공포에 몰아넣던 '전설적' 귀신이었다는 것이다.

소설과는 정반대로, 미국의 너그러운 지배를 받는 세계에 대한 향수가 느껴지는 영화 〈나는 전설이다〉는 뱀파이어들을 언어 기능을 상실한 야수들로 바꿔놓는다. 그리고 문명의 몰락을 위협하는 야만적인 무리에 맞서는 마지막 방패로 미국인 주인공을 설정한다. 뛰어난 생물학자로 변신한 네빌은 이제 현대 미국이 그 힘을 맹신하는 과학기술을 동맹군으로 삼는다. 그리고 그는 이 재앙에 맞설 수 있는 백신을 세계에 선사하기 위해 자신의 목숨을 내놓는다. 그렇게 해서 그는 인류를 구원하는 '전설'이 된다.

2005년, 로메로 감독은 자신의 3부작에 이어 4편을 개봉했다. 이전의 영화와 같은 노선을 따르는 〈랜드 오브 데드〉는 여전히 미국에 초점을 맞춘다. 이번에는 미국이 재앙에서 살아남은 사람의 피신처가 되고 성벽으로 둘러싸인 마을로 표현된다. 하지만 이번에는 이 공동체가 옛날의 질서를 그대로 재생산하기 때문에 멸망한다. 아직까지 제대로 남아 있는 유일한 고층빌딩에 안락하게 자리잡은 부자들이 가난하고 비참한 사람들을 통치하고, 호화로운 건물 안으로 올라올 수 있는 가능성을 보여주면서 그들을 조종한다. 그들은 마을의 경제생활에 필요한 상품을 얻기 위해 주변을 약탈할 계획을 세운다. 철저히 무장한 용병이 그들이 가는 길에 나타나는 좀비들을 제거하고, 가질 수 있는 모든 것을 전리품으로 챙겨 다시 출발한다.

미국의 엘리트와 그들이 지배하는 사람들 사이의 관계에 대한 투명한 은유라고 할 수 있는 〈랜드 오브 데드〉는 결국 좀비들이 고층빌딩에 난입해 그곳의 주민을 살육하는 반란을 일으키는 것으로 끝난다. 비록 흥행 수익은 저조했지만, 자기 자신에 충실한 로메로 감독은 지나간 것에 대한 향수와 냉소주의라는 함정을 피하면서 인류는 사회적 존재임을 상기시킨다.

그런데 유니버설사가 제작한 〈랜드 오브 데드〉는 할리우드의 제약에 제대로 적응하지 못한 로메로 감독의 이전 영화보다 더 상투적인 시나리오를 따르고 있다. 상투적이고 놀라움도 별로 없는 이 영화는 곳곳에 서투름이 엿보이고 예전의 좀비 3부작이 현명하게 피해갔던 교훈성 속으로 빠져들고 말았다. 아마 이런 절반의 실패를 지우기라도 하려는 듯 로메로 감독은 5번째 작품 〈다이어리 오브 데드〉를 촬영했고, 프랑스에서는 2008년에 개봉됐다. 이 영화에서 좀비들은 그들의 날카로움과 왕성함을 되찾았다.

국가 전역을 떨게 하는 공포

죽음의 무도와 관계된 진실이 하나 있다면, 그것은 바로 소설·영화·텔레비전·라디오·드라마, 심지어 만화까지 호러에 속하는 것들은 언제나 두 가지 차원에서 그 기능을 수행한다는 것이다.

첫 번째는 순전히 불쾌감의 차원이다. 〈엑소시스트〉(1973)에서 등장인물인 레건이 신부의 얼굴에 구토하거나 십자가로 자위할 때, 혹은 존 프랑켄하이머의 영화 〈프라퍼시〉(1979)에서 가죽이 다 벗겨진 모습의 끔찍한 괴물이 조종사 머리를 아작아작 씹어댈 때 느끼는 불쾌감과 혐오감. 아마 이런 전술은 예술적 섬세함의 강약을 조절하면서 다양하게 사용될 수 있지만 호러 작품에 항상 등장한다.

하지만 훨씬 더 강력한 또 다른 차원이 있다. 여기에서 호러는 춤, 다시 말해 역동적이면서 일정한 리듬을 타는 탐색에 비유할 수 있다. 이 탐색의 대상은, 독자나 관객인 당신 자신이 살고 있는, 근본적인 수준의 장소다. 호러 작품은 우리 생활 속 세련된 가구에는 관심을 갖지 않는다. 호러 작품은 우리가 정성들여 가구를 배치하고 장식해놓은 방을 춤추며 건너가 버린다. 방 안에 있는 각각의 가구나 장식은 적당히 기분 좋게 밝은 우리의 사회적 인격―최소한 그럴 것이라고 생각하자―을 표현하는 것이다. 호러 작품은 다른 장소를 찾는다. 그 장소는 때로는 빅토리아 시대 신사들의 은밀한 소굴 같기도 하고, 스페인 종교재판소의 고문실을 닮기도 하지만, 아마 가장 흔하게는 차가운 성질의 노인이 대충 만들어놓은 낡아빠진 은신처와 비슷하다.

호러 작품은 예술 작품인가? 호러가 앞서 말한 두 번째 차원에서 그 기능을 수행할 때, 호러는 결코 별개의 것이 아니다. 그때 호러는 손쉽게 예술 작품 단계에 도달한다. 왜냐하면 호러는 예술을 넘어서는 그 무엇, 예술에 앞서는 그 무엇을 추구하기 때문이다. 그것을 나는 '공포유발긴장감 지수'라고 부른다. 잘 짜인 호러 이야기는 당신을 인생의 한가운데로 인도하고, 유일하게 당신만 안다고 믿는 방의 비밀문을 찾게 해줄 것이다.

책과 영화는 매스미디어에 속한다. 그런 이유로 최근 30년간 호러 분야는 공포증보다 더 강력한 것으로 보이는 경우가 많았다. 이 시기에 호러(1960~70년대에는 그보다 더 낮은 등급의 호러)의 공포유발긴장감 지수는 국가 전역을 휩쓰는 단계까지 도달했고, 큰 성공을 거둔 책과 영화는 거의 언제나 수많은 사람이 공감하는 공포를 표현하는 것처럼 보인다. 초자연적인 것에 속하기보다는 정치·경제·심리학에 속하는 경우가 더 많은 공포는, 익살스럽게도 가장 훌륭한 호러 작품에 우화―특히 대부분의 영화감독에게 어울리는 것으로 보이는 우화―같은 느낌을 부여한다. 그들은 아주 절망적인 상황이 되기 시작하면 어둠을 가득 메우는 괴물들을 끌어낼 수 있는 가능성이 자신에게 있다는 사실을 알기 때문일 것이다.

스티브 킹(Stephen King)의 〈죽음의 무도〉(Night Shift · 1981)에서 발췌

미국 드라마, 그토록 다채로운 중독성

오랫동안 진부하거나 현실 순응적이라고 여기던 미국 TV 드라마가 최근 몇 년간 놀라운 모습을 보이고 있다. 대담한 주제를 다루며 야심에 차 있으면서도 접근하기 쉬운 미국 드라마는 정치적 성찰과 오락물의 성격을 절묘하게 결합했다.

마르탱 뱅클레르 | 의사 겸 작가.
본명 마크 자프랑. 1955년 알제리 태생의 의사 겸 작가. 필명으로 소설을 발표해오다가 아예 작가의 길로 진로를 바꿔 의학적 지식을 접목한 작품을 주로 써오고 있다. 1990년 샹베리 소설페스티발에서 소설 〈휴가〉로 수상한 뒤, 〈사스 전염병〉(미셸 드빌이 영화로 각색)(1998), 〈세 의사〉(2004), 〈보이지 않는 것들(Les Invisibles)〉(2011), 〈앙드레를 추억하며〉(2012) 등의 작품을 냈다. 또한 미국 대중문화에도 관심이 많아, 〈삶의 거울: 미국 드라마의 역사〉(2005), 〈어두운 거울: 오늘날의 위대한 미국 드라마〉(2005) 등의 글을 쓰기도 했다.

1970년대 프랑스에서 방영된 미국 드라마(이하 '미드')는 서부영화나 범죄수사물, 가벼운 코미디물이 대부분이었다. 의도했건 안 했건 간에 국영방송은 정치참여적이거나 사회 비판적인 픽션, 특히 의학 드라마 또는 법정 드라마를 은밀히 프로그램 편성에서 제외했다. 1980년대 프랑스 방송 환경이 급변하면서 이전에는 볼 수 없던 많은 드라마가 전파를 탔다. 그럼에도 2000년대 초반까지만 해도 미국 드라마는 천박하고 상상력이 부족하며, (실제로는 그렇지 않으면서) '정치적으로만 정당하다'는 인식이 팽배했다.

사회비판과 정치참여의 메시지

선구자 격으로 〈NYPD 블루〉, 〈식스 핏 언더〉, 〈소프라노스〉 등 일련의 미드를 방송한 〈카날 지미〉 같은 케이블 채널 덕분에 선입견에서 벗어난 주의 깊은 시청자들은 미드가 단순한 '오락'을 넘어서 가장 현실적이고 자유분방하게 다양한 장르를 다루며, 논란의 여지가 있는 주제도 피해가지 않는다는 점을 깨달을 수 있었다. 오늘날 민영방송사가 지나치게 홍보하는 몇몇 시리즈물(〈24〉, 〈로스트〉, 〈위기의 주부들〉)은 잡지 1면을 장식하기도 한다. 그러나 그 이면을 살펴볼 필요가 있다. 이제 프랑스에서 '사회비판'과 '정치참여'라는 주제를 담은 의미 있는 미드를 시청할 수 있게 된 것이다. 언론에서는 언급되지 않고 조용히 지나가지만 가장 흥미진진한 이야기는 바로 이런 드라마다. 미드 초보자를 위해 몇 편 추천한다. 미국 의학 드라마는 언제나 의사가 아닌 환자의 편을 들어왔다. 프랑스인은

1980년대 말이 되어서야 이런 드라마를 볼 수 있었다. 대중에게 '의학에 대한 잘못된 인식'을 심어줄까 우려하는 프랑스의사협회 때문이었을까? 이를 확인하기는 어려울 것 같다. 그러나 〈ER〉 같은 의학 드라마가 프랑스 시청자에게 어떤 영향을 미쳤는지는 확실하다. 그들은 응급의학과 의사들의 업무에 대해 정확하게 알게 됐을 뿐 아니라(파트릭 펠루 응급의사협회장도 인정한 바 있음), 치료 집착, 조력 자살, 고지된 동의(환자에게 정보를 충분히 제공하고 환자가 스스로 향후 치료법을 선택하도록 함), 강요된 의료실험 등 윤리적 문제도 생각해보게 됐다.

최근 방송되는 의학 드라마 중에 주목할 만한 시리즈 두 편은 될 수 있으면 많은 시청자가 봤으면 하는 바람이다. 〈닥터 하우스〉(TF6에서 방송)의 주인공 하우스 박사는 이상적인 의사상이 아니라 인간을 혐오하지만, 자신이 전능하다고 믿는 의학의 윤리적 문제와 거짓 사이에서 괴로워하는 의사다. 〈TF1〉에서 방송 중인 〈그레이 아나토미〉는 의학 수련(여기서는 외과 수련의)이란 감정과 역할이 뒤섞인 혼돈의 소용돌이이며, 고도의 전문성을 띤 임상전문의라고 해서 늘 이성적인 것은 아니라는 점을 보여준다.

전쟁 이전 진보주의 영화의 뒤를 잇는 초기 미드 작가들은 사회에서 개인의 위치를 탐구해 시민이 법이나 국가를 상대하는 어려움을 그렸다. 법학자이자 극작가인 레지날드 로즈는 1957년 시드니 루멧이 메가폰을 잡고 헨리 폰다가 주연한 영화 〈12명의 성난 사람들〉로 프랑스에서 이름을 알렸다. 그렇지만 사람들은 로즈가 1961~65년 매주 TV에서 방송된 변호사에 관한 시리즈물 〈디펜더〉(프랑스 미방영)에서 사형·낙태·안락사 등 까다로운 사안을 다루었다는 사실은 잘 모른다. 그때부터 미드는 점점 더 비판적인 법정 드라마를 제작했다. 한때 변호사이기도 했던 유명한 드라마 작가 데이비드 E. 켈리는 1986년부터 변호사·의사·교육자 등이 주인공인 사회 및 정치 비판적인 시리즈물(〈L.A. 법〉, 〈피켓 펜스〉, 〈시카고 메디컬〉), 최신작으로는 〈앨리의 사랑 만들기〉(M6), 〈보스턴 저스티스〉(카날 지미), 〈보스턴 퍼블릭〉(France 2), 〈저스티스〉(TF1)를 통해 미국의 풍속과 법에 대해 정확한 관찰을 했다. 켈리는 비극과 멜로와 뮤지컬을 재치 있게 섞은 독특한 스타일로 인간복제·검열·대리모·일부다처제·교회가 국가와 개인에게 미치는 영향 등 가장 논란이 되는 사회적·법률적·윤리적인 문제를 정면으로 다루었다. 진보적이면서 교훈을 주는 〈웨스트 윙〉은 2006년 종방될 때까지 7년 동안 부시 전 대통령을 상대로 맹렬한 이데올로기적 투쟁을 펼쳤다.

사형, 낙태, 안락사, 인간복제, 검열…

1990년부터 계속 방송되고 있는 〈로 앤드 오더〉(13e Rue)는 미국 형사사법 체계가 어떻게 작동하는지 검찰의 시선을 빌려 냉철하게 분석하고 있다. 경찰과 지방검사는 범죄자를 쫓고 법을 적용하면서 피해자 가족, 피의자 변호사, 언론, 정계가 얽힌 혼란스러운 상황에 끊임없이 처하게 된다. 〈로 앤드 오더〉는 제작 의도에 충실하게 대형 범죄보다는 일상생활에서 일어날 법한 범죄를 다루며, 월스트리트 기업의 화이트칼라 범죄, 군수산업 비리, 의사·판사·경찰·변호사의 범죄, 제약회사의 불법적인 신약 실험, 군부의 기만 등 모든 권력 남용을 비난한다. 아류작인 〈로 앤드 오더: 성범죄전담반〉(TF1)과 〈크리미널 인텐트〉(TF1)도 실화를 바탕으로 제작됐다. 각본가이자 프로듀서인 르네 발서(10년 간 〈로 앤드 오더〉를 제작했고 이후 5년간 〈크리미널 인텐트〉를 제작했다)는 피노체트 사건이나 장클로드 로망 사건[01] 등에서 소재를 얻거나, 9·11 테러 이후 아랍 출신 미국 시민권자에 대한 눈에 보이지 않는 정부의 억압을 이야기하는 데 주저하지 않았다. 몇 달 전 황금시간대에 방송된 〈로 앤드 오더: 성범죄전담반〉 에피소드는 충격적이었다. 관계 당국은 묵과했던 허리케인 카트리나가 가져온 다른 피해를 다루었는데, 카트리나가 휩쓸고 간 뒤 가석방 중인 변태성욕자들이 어디론가 종적을 감추었고 범죄자들이 재해 지역의 군부 연구소에 보관된 유독물질 수천톤을 빼돌렸다는 내용이었다.

진보적이면서 교훈적인 〈웨스트 윙〉

〈24〉(카날 플뤼스)는 프랑스 정기간행물과 일간지 덕분에 '중독성 있는' 액션물로 평가받았지만 부시 행정부의 편집증을 다루는 유일한 드라마는 아니다. 9·11 테러 이후 채 한 달도 되지 않아 〈웨스트 윙〉(France2)은 〈이삭과 이스마엘〉이라는 에피소드를 통해 국가안보를 외치는 정치인의 연설과 정반대 입장을 취하며 미국인들에게 증오와 두려움과 배타심을 버리도록 했다.[02] 드라마에서 민주당 대통령의 외교정책 고문은 "우리나라

---

01 엠마뉘엘 카레르의 〈적〉(갈리마르 '폴리오' 총서·파리·2002)에 자세한 이야기가 나와 있다. 장클로드 로망은 20년간 자신이 세계보건기구(WHO) 공무원이라고 사칭하며 가족을 속였고, 진실이 드러나자 부모와 아내, 자식을 모두 살해했다.
02 'TV 드라마에 등장한 백악관', 〈르몽드 디플로마티크〉 프랑스판 2002년 9월호 참조.

에도 알카에다 못지않은 극단주의 단체가 있다는 사실을 아느냐"고 묻는다. 미심쩍은 학생이 '누구냐'고 되묻자 그는 "바로 큐 클럭스 클랜"(KKK)이라고 답한다. 진보적이면서 교훈을 주는 〈웨스트 윙〉은 2006년 종방될 때까지 7년 동안 부시 전 대통령을 상대로 한 맹렬한 이데올로기적 투쟁을 보여주었다. 〈웨스트 윙〉은 미국 주요 4대 채널 중 하나인 〈NBC〉에서 황금시간대에 방송됐지만 France2는 이 드라마를 아침 시간대에 편성했다.

〈FBI 실종수사대〉(France2)는 첫 번째 시즌의 한 에피소드에서 9·11 테러 이후의 편집증을 단 3분에 개략적으로 묘사했다. 헌신적이고 믿을 수 있는 의사였던 임상전문의가 실종되자마자 테러를 모의하고 있다는 의심을 받게 된다. 단지 그가 사우디아라비아 출신이라는 이유 때문이다. 이 드라마는 대부분 평범하지만 특별한 상황에 처한 시민을 수사하는 미국 정부기관의 이면을 보여주는 것이 가장 큰 장점이다. 그 과정에서 모두에게 '동등한 기회가 주어진다'고 여겨지지만, 돈과 인종이 결정적이고도 가끔은 돌이킬 수 없는 역할을 하는 사회에서 개인의 위치는 어디에 있는가 하는 자연스러운 의문을 던지게 한다.

2006년 4월 미국에서 방송된 에피소드도 이를 입증하고 있다. 아무 연관도 없어 보이는 두 청소년인 흑인 남자아이와 백인 여자아이가 동시에 실종돼 수사가 시작된다. 언론의 압력에 밀려 미연방수사국(FBI)은 인력을 나누지만, 백인 여자아이를 찾는 데 대부분의 인력과 자원이 동원된다. 한편 기자는 백인 여자아이 어머니와의 인터뷰만 방송에 내보내고 흑인 남자아이의 어머니에겐 발언권조차 주지 않는다.

과학수사의 절차를 다룬 흥행물 〈CSI〉와 아류작 두 편 (〈CSI: 마이애미〉와 〈CSI: 뉴욕〉)은 〈TF1〉에서 방송되는 미드 중 백미라고 할 수 있다. 〈TF1〉은 다소 독특한 방식으로 〈CSI〉 시리즈 중에 가장 흥미가 떨어지는 〈CSI: 마이애미〉를 초저녁에 방송하고 다른 시리즈를 심야 시간에 편성하고 있다. 〈CSI: 마이애미〉가 가장 화려하고 잔인하며 난폭한 장면들을 보여주는 반면, 〈CSI〉는 지극히 인간주의적으로 고도의 수사 기술보다 인간 조건의 냉혹함과 악랄함을 보여준다.

이런 작품들을 보면 드라마도 영화나 문학 못지않게 풍부한 예술적 표현 수단이라는 점을 확인할 수 있다. 〈콜드케이스〉(France2, 카날 플뤼스)는 필라델피아 여성 수사관이 미제 사건을 수사하는 이야기다. 메러디스 스팀이라는 여자 프로듀서가 제작한 이 드라마는 20세기 미국의 역사를 흥미롭게 그리고 있다. 〈콜드케이스〉는 당시 분위기를 잘 살려내고 그 시대 음악을 사용하면서 매카시즘과 인종분리, 디스코와 베트남전쟁, 임신중절수술 반대운동은 물론 전후 정신병원과 관련된 사건까지 두루 다루고 있다. 또한 주 시청자의 문화를 정확히 파악해 공개적으로 〈록키호러픽처쇼〉, 〈카바레〉, 〈로라〉 등 통속적인 영화에 대해 오마주를 바치고 있다. 〈콜드케이스〉는 지금까지 제작된 미드 중에서 가장 아름다운 작품이다.

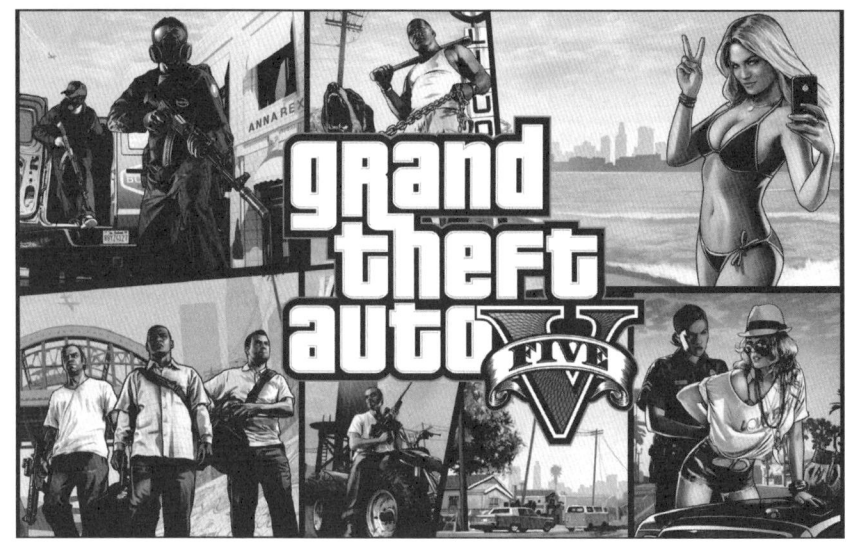

자동차대탈취게임

당신은 진보인가?
그럼 비디오게임을 즐겨라

진보주의 운동가이자 비디오게임 애호가인 스티븐 던컴은 "좌파는 게임의 폭력성에 분개하며 검열을 부르짖는 대신, 그 인기의 근저에 자리한 욕구를 읽어내고 욕구를 충족시키기 위한 좌파만의 대안을 제시해야 한다"고 말한다.

스티븐 던컴 | 뉴욕대 갤러틴 스쿨의 미디어문화 역사정치학 부교수
이 글에 인용된 〈꿈: 환타지 시대에 이미지 변신하는 진보정치〉(2006)를 저술했다.

빈티지 로 라이더[01]에 몸을 실은 당신은 시내를 유유히 누빈다. 완수해야 할 임무가 있지만, 아직은 조금 여유가 있다. 이곳은 당신의 세계다. 당신은 이 세계를 속속들이 꿰뚫고 있다. 뭐든 마음대로 할 수 있고, 어디든 자유롭게 드나들 수 있다. 당신은 상점 앞에 차를 세우고 옷가지를 구입한다. 카지노에서 운을 시험하고, 디스코테크에 들어가 몸을 신나게 흔든다. 그리고 운전대로 돌아와 다시금 거리를 유유히 배회한다. 당신은 흘끗 자신의 검은 근육질 팔뚝을 내려다본다. 셔츠 소매 밑으로 문신한 팔이 보인다. 문득 지난밤 일을 머릿속에 떠올린다. 가볍게 커피 한잔 하자며 시작된 만남이 뜨거운 밤으로 이어진다. 침대에서 근사한 몸매의 여인이 당신에게 말한다. "당신, 최고예요!" 그렇다. 당신은 최고다. 섹시한 매력에, 타인의 인정을 받는 데 전혀 부족함이 없는 당신이다. 바로 그때 낯익은 얼굴 하나가 사정권에 들어온다. 당신은 급하게 방아쇠를 당긴다. 그가 쓰러진다. 당신은 그대로 차를 몰아, 쓰러진 남자를 타넘고 지나간다. 차를 돌려 다시 한 번 시체 위를 지나간다. 어디선가 앰뷸런스 한 대가 경찰차 호송을 받으며 나타난다. 당신은 얼른 기관총을 집어들고 차 밖으로 뛰어내려 총을 난사한다. 경찰이 총을 맞고 쓰러진다. 순간 등 뒤로 당신의 차가 폭발한다. 당신은 지나가던 세단 앞으로 불쑥 뛰어든다. 운전석 여자의 머리를 가격하고, 차 밖으로 끌어낸다. 피투성이가 된 여자를 길바닥에 그대로 둔 채 여자 차를 탈취해 달아난다. 바로 그즈음, 당신은 '레드

---

01 로 라이더(Low Rider)는 서스펜션을 개조해 차체가 지면에 낮게 깔리도록 만든 차량이다. 거리를 유유히 '활보'하고 다니기에 좋다. 미국 젊은 세대, 특히 라틴계와 아프리카계 미국 청년의 도시문화를 대변한다.

불' 한 캔을 손에 쥔다. 캔을 감아쥔 엄지손가락이 꽤나 얼얼하다. 몇 시간째 게임기 버튼을 누르며 '자동차 대탈취 게임: 산안드레스 편'(GTA: SA)을 즐긴 탓이다.

비디오게임의 도덕성을 문제 삼으며 찬물을 끼얹거나, 게임의 폐해를 과대포장하며 호들갑을 떠는 것도 어찌보면 당연하다. 그들의 말은 모두 옳다. 그렇다. GTA는 지독할 정도로 폭력적인 게임이다. 게임 안에서의 만남은 대부분 살인이고, 그나마 약과인 것이 섹스이다. 여기에 지그문트 프로이트의 악몽인 이른바 에로스(생의 본능)와 타나토스(죽음의 본능)의 탈승화(Non-sublimation · 욕구와 충동을 예술과 종교 등으로 충족시키는 것을 '승화'라 하고, 그렇지 않고 직접적으로 분출하는 것을 '탈승화'라고 한다. 여기서는 타나토스의 충동에 더 초점이 맞춰 있다)가 등장한다. '억압된 것의 회귀'가 화면이라는 매체를 통해 표현되는 것이다. 학부모텔레비전협회(Parents Television Council)의 팀 윈터 회장은 GTA를 일컬어 "어떤 사회적 가치로도 폐해가 상쇄되지 않는 게임"이라고 성토한다.

에로스와 타나토스의 탈승화

만일 비디오게임이 단순히 폭력성만 있다면, 진보주의자가 비디오게임을 비난하거나 무시하는 데 하등 거리낄 이유가 없을 것이다. 하지만 비디오게임이 (GTA의 경우처럼) 도덕적으로 문제 있다는 의혹을 받는다면, 폭력성 이외의 일면에 진보주의자가 관심을 가져야 한다. 바로 비디오게임의 인기가 상당히 대중적이라는 사실 말이다.

시장조사기관 NPD에 따르면, 2004년 미국의 비디오게임 산업 매출은 99억 달러로, 할리우드 매표 수입을 훌쩍 뛰어넘었다. 같은 해 'GTA: SA'는 매출 500만 장을 달성하며, 업계 선두 자리를 차지했다. 2005년 7월에는 매출을 1,200만 장 기록했다. 뿐만 아니라 'GTA: SA'는 대여점 출시 일주일 만에 모든 기록을 갈아치웠다. 불과 일주일 만에 160만 달러 가까이 벌어들였다. 2001년 이후 GTA 시리즈('산안드레스'는 5번째 시리즈)는 매출을 2,200만 장 달성하며, 개발사인 록스타 게임스에 9억 2400만 달러의 수익을 안겨줬다. 더욱 놀라운 사실은 이 경이적인 매출액이 전부가 아니라는 것이다. 해적판까지 합치면 규모는 더욱 늘어난다. 'GTA : SA'는 출시 전 이미 인터넷에 무단복제본이 유포됐다. 비디오게임을 즐기는 친구들 사이에서 정품을 구매한 사람은 필자 혼자뿐이었다.

진보는 대중성을 직시하라

'GTA : SA' 같은 비디오게임이 갖는 매력은 어디에서 기인하는 걸까? 가상세계에서 일정 역할을 수행하며 발산되는 원초적 욕망의 회귀, 일종의 탈승화 때문일까? 이런 해석도 어느 정도 가능하다. 하지만 이것은 문제의 일면만 설명할 뿐이다. 오늘날 판매되는 대부분의 비디오게임처럼 GTA도 역할수행게임(RPG)이다. 컴퓨터 프로세서 속도가 향상되고 그래픽기술이 발전하면서, 게임 사용자는 그동안 상상력에만 의존하던 것에서 벗어나 현실에 가까운 가상세계의 풍경을 즐길 수 있게 됐다. 뿐만 아니라 사용자 자신도 완전히 조작 가능한 아바타가 되어 가상세계의 배경 속으로 들어오게 됐다.

만약 당신이 나처럼 오십줄을 바라보는 중산층 백인이라면 'GTA: SA'

게임을 하며 가장 먼저 깨닫는 사실은 이제 당신이 가난한 흑인 청년이라는 것이다. 당신은 C. J.(칼 존슨)이다. 갱단의 일원으로, 로스앤젤레스인 것으로 보이는 어느 도시에서 범죄자로 살고 있다. 당신은 캐릭터를 자유자재로 변신시킬 수 있다. 짧은 헤어스타일로 변화를 주거나 새 옷을 사서 입히거나, 그의 몸에 문신을 새길 수도 있다. 너무 자주 패스트푸드점을 애용하게 만든다면 캐릭터 엉덩이가 금세 펑퍼짐해지면서 상대에게 기동력이 떨어지는 만만한 표적이 되고 만다. 하지만 원한다면 헬스장에 데려가 예전의 근육질 몸매를 되찾게 만들 수도 있다. 당신이 손댈 수 없는 부분은 오로지 캐릭터의 피부색 뿐이다.

세계에서 가장 많이 팔린 비디오게임 주인공이 가난한 흑인 캐릭터라는 사실은 어떤 의미를 지니는가? 어쩌면 별다른 의미가 없을지도 모른다. C. J.는 진짜 흑인도 아니다. 물불 안 가리는 저돌적 인간의 전형일 뿐이다. 그는 뒷골목 인생을 예찬하는 랩 수백 편에 등장하는 전설의 갱스터다. 그룹 'NWA'(Niggaz with Attitude)의 히트곡 〈갱스터, 갱스터〉가 사처럼 "인생은 오로지 돈과 여자가 전부"라는 게 C. J.의 신조다. 갱스터 랩의 인기가 한창 절정에 달한 1990년 LA가 이 게임의 배경이 된 건 결코 우연이 아니다. C. J. 캐릭터의 인기는 갱스터 랩의 폭발적 인기를 등에 업고 있다.

왜 흑인 캐릭터가 대박을 터프릴까?

인기의 기원은 갱스터 랩보다 훨씬 오래전으로 거슬러 올라간다. 갱스터에 대한 환상은 영화 〈로빈훗의 모험〉에서 시작해, 〈내일을 향해 쏴라

〉(Butch Cassidy and the Sundance Kids)에 등장하는 무법자들을 거쳐, 현재 방영되는 미국 TV 드라마 속 마피아 토니 소프라노로 이어진다. 모두 기득권에 맞선 저항자의 매력을 보여주는 전형이다. 그런데 GTA의 주인공은 기존 갱스터 문법의 틀을 깨고 있다. 그는 흑인 갱스터다. 섹스와 폭력에 굶주린 C. J.(더 나아가 게임자까지)는 강렬한 흑인 리비도의 전형을 구현한다. GTA의 C. J.가 되는 상상은 어느 정도 루소의 '고귀한 야만인'과 동일시되는 행위가 주는 매력과 유사한 즐거움을 준다. 그 즐거움이란 사회적인 속박에서 해방되는 것이며, '헵캣'(Hepcat · 재즈광)이 되는 것이며, 노먼 메일러의 1957년 작으로 유명해진 '하얀 흑인'이 되는 즐거움이다. 도시에 사는 가난한 흑인 청년뿐 아니라 교외 지역 출신의 중산층 백인까지 GTA 게임을 즐긴다는 사실은 그다지 놀랄 일이 아니다. 전형적 이미지를 열광적으로 (욕망하거나) 받아들이는 것은 전형의 대상이 되는 사람이든, 아니면 의미 부여를 위해 그것을 이용하는 사람이든 마찬가지다.

2% 부족한 게임의 저항정신

그런데 '피부색'과 '저항'이라는 주제가 뒤얽힌 난제 속에서 우리는 진보정치의 돌파구를 찾을 수 있다. 그렇다. 저항에 대한 욕망이 널리 퍼져 있음은 자명한 사실이다. 하지만 'GTA: SA' 속 프로그램화된 저항 형태는 진보와 거리가 멀다. 그런 식의 저항은 그다지 혁신적인 것이 못 된다. 갱스터 랩에서 TV 경찰수사물에 이르기까지 대부분의 대중문화는 그런 식의 저항적 성격을 띠고, 그동안 저항에 명분과 가치를 부여해왔다. 하지만 그런 방식만이 저항을 실천하는 유일한 방법은 아니다. 이제 저항과 자유를 정치로 표현해보는 건 어떨까? 아니 진보정치를 저항의 꿈으로 표현해보는 건 어떨까?

꼭 혁명을 부르짖는 것만이 저항은 아니다. 아주 감동적이고 품위 있는 저항의 모습을 떠올려보자. 가령, 마틴 루서 킹 주도로 '남부 기독교 지도자 회의'가 주관한 시위를 상기해보자. 말쑥한 차림의 흑인 남성과 여성이 인종분리법 지지자가 풀어놓은 경찰견과 확성기에 맞서 평화적인 피켓 시위나 거리행진을 벌이던 모습을. 법을 수호하는 그들의 모습은 평화적이고 고결한 이미지다. 우리가 TV를 통해 미화된 아름다운 시민권 투쟁의 기억이 있는 것도 모두 그런 이미지 덕분이다. 하지만 1950년대 말과 1960년대 초 백인지상주의적 성격의 '백인시민평의회' 맹신자가 흑인 시위자를 극단적 공산주의 폭도로 매도했을 때, 그들은 지금 우리가 마음속으로 닮고자 이들을 간파했음이 분명하다. 바로 품위 넘치는 그 시위자들, 저항자들 말이다.

힐러리의 게임 경멸, 그녀는 기득권

오늘날 진보주의자가 보여주는 이미지는 어떤 것일까? 2005년 힐러리 클린턴 상원의원의 기자회견을 예로 들어보자. 그때 그녀는 여러 시민단체 책임자가 참여한 자리에서 'GTA: SA'를 비난하며 정부의 조사와 비디오게임 규제 강화를 요구했다. 이런 힐러리의 행보가 1980년대 낸시 레이건이 벌인 마약퇴치운동 '그냥 싫다고 말하라'(Just Say No) 때와 비교해 얼마만큼 퇴치 효과를 불러올지 묻는 일은 잠시 잊어버리자. GTA가

공식적으로 비난을 받을 때마다 동일한 원칙에 의해 금단의 열매를 구하기 위해 상점으로 달려가는 소비자는 1천 명씩 증가한다.

소위 선의의 개혁자가 가져오는 피해는 그 정도에 그치지 않는다. 말쑥한 차림에 세련된 매너를 갖추고 우리에게 '이것이 좋다, 이것은 나쁘다'라고 코치하는 게 이 엘리트들이다. 그다음 수순은 정부에 규제를 강화하라고 요구하는 것이다. 이런 모습이야말로 우파가 좌파에 품는 이미지의 전형이 아닐 수 없다. 인간 경험의 모든 영역에는 정부 도움이 필수라고 여기는 오지랖 넓은 부류, 사람에게 어떻게 살아야 하는지를 가르치려 들고, 특권과 권력 유착을 이용해 자신의 사상을 실행에 옮기기만 하는 전문가, 그것이 바로 우리 모습이다. 한마디로 우리는 기득세력인 셈이다.

저항의 이미지를 비껴가는 진보주의자와는 달리, 극우파나 좌파는 각기 저항의 이미지를 어떻게 고양하거나 이용할지 잘 이해하는 것으로 보인다. 복면 차림에 담배 파이프를 문 마르코스 부사령관은 멕시코 남부 깊은 정글에서 각종 놀라운 메시지를 전해오고, 세계무역기구의 타성에 젖은 관료를 규탄하는 시위는 문화행사의 형식을 띠며, '생명의 전사들'은 테리 시아보[02]가 입원한 병원 앞에 모여 노래하고 기도한다.

GTA와 마찬가지로 이런 형식의 정치적 표현에는 품위 있는 모습으로 권위에 저항하려는 대중의 환상이 표현되어 있다. 우리가 아닌 모습과 우리를 동일시하려는 욕망의 표상인 것이다. GTA는 C. J.라는 인종차별적 캐릭터를 연기하려는 욕망이다. 하지만 그것이 전부는 아니다. 피부색

---

02 14년 동안 식물인간 상태를 유지하다 2005년 사망한 미국인으로 안락사 논쟁에 불을 지폈다.

이나 사회계층, 정치 성향의 차이에 관계없이 타자와 동일시하는 것은 새로운 가능성을 열어준다. 가상세계에서나마 타인의 옷을 입고 그를 대신해 살아보는 것은 상호이해의 지평을 넓혀줄 뿐 아니라, 기존의 진보주의적 '연대'와는 완전히 다른 새로운 형태의 연합을 위한 밑그림이 된다. 이런 식의 동일시는 문화 다양성을 주장하는 사람이 말하는 일반적인 '차이의 존중'과 차원이 다르다. 그것은 차이를 끌어안는 행위다. 거리감이 있는 객체를 친밀한 주체로 변화시키는 걸 의미한다.

GTA는 타자와의 동일시가 죄의식으로 인한 고통이 아닌 쾌락을 줄 수 있다는 사실을 일깨워준다. 대개 진보주의 정치는 추상적인 타자의 이름으로, 추상적인 타자의 이익을 위해 전개된다. 그렇기 때문에 진보주의자는 진보정치를 다른 누군가의 운명을 개선하기 위해 스스로 감수하는 희생 정도로 여긴다(반대로 진보정치의 수혜자는 진보정치를 다른 누군가에 의해 강요되는 무엇으로 생각한다). 본래 타자는 이질적이며 불가해한 존재로, 동정이나 무시의 태도로 항상 일정한 거리를 두고 대하는 대상이다. 역할수행게임은 타자와 나 사이의 간극을 뛰어넘으려는 대중의 욕망, 타자를 '다른 누군가'가 아닌 문자 그대로 나와 동일시할 수 있는 사람으로 만들려는 욕망의 표현이다.

타자와의 동일시가 주는 급진적 쾌락

하지만 다시 한 번 강조하건대 그것은 GTA의 목적이 아니다. 게임자는 GTA 환상세계에서 타자가 되지만, 그렇게 경험하는 타자는 그저 환상에 불과하다. C. J.는 수세기에 걸친 인종차별과 건달숭배문화가 낳은 전형,

가상 모습으로 재현된 갱스터 랩의 반영웅이다. 심지어는 게임자가 자신의 저항성을 자신이 아닌 누군가에게 전이함으로써 저항성을 '타자화'하는 것이라고까지 말할 수 있다.

어쨌든 사회를 위협하는 악당 캐릭터와 동일시되는 게임이 높은 인기를 구가하는 것은 아직 개발되지 않은 어떤 잠재성을 대변한다. 그것은 인종·계층·이념을 넘어선 정치, 다시 말해 소극적 진보주의가 머무른 존중과 수용('타자의 인정')의 자세를 벗어 던지고, 타자와의 공감과 타자로서의 행동에 의거한 조금 더 급진적인 참여정치를 실현하는 것이다.

'팬 픽션'이 뜬다

모나 숄레 | 〈르몽드 디플로마티크〉기자.
여성 문제와 소외 계층에 관심이 많으며, 주요 저서로 〈현실성의 폭군(La tyrannie de la réalité)〉(2006), 〈치명적인 아름다움(Beauté fatale)〉(2012) 등이 있다.

시나리오 작가가 망쳐놓은 스토리 결말을 뜯어고치고, TV 드라마 인물을 새로운 세계로 옮겨놓는다. 서로 다른 작품에 등장하는 인물을 한자리에 모아놓거나, 작중인물의 성 정체성을 뒤바꾼다. 베드신 장면을 집어넣거나, 때로는 기상천외한 스토리를 지어낸다. 예전에는 유명한 영화나 드라마, 만화 혹은 비디오게임을 원전으로 하는 이야기를 공유하는 통로로 '팬진'(Fanzine)이 이용됐다. 하지만 요즘은 인터넷에서 팬 픽션을 호스팅하거나 분류·비평하는 사이트가 각광받는다. 비속어가 넘쳐나는 이야기일수록 원전의 인기가 높을 수 있다. 조앤 롤링의 〈해리포터〉를 기반으로 하는 이야기는 '포터 픽션'이라고 부르는데, 이와 경합하는 것이 〈버피와 뱀파이어〉, 〈트와일라잇〉이다. 특히 일본에 널리 퍼진 '팬 픽션'은 대부분 영상에 대한 문자의 반격으로 여긴다. 하지만 요즘은 디지털 도구가 발전하면서, 자신이 좋아하는 비디오게임의 패치를 사용자가 마음대로 프로그래밍하거나 다른 사용자와 공유할 수 있게 됐고, 팬 에디트(Fan Edit·팬 편집)를 통해 영화를 편집할 수도 있다. 팬 사이에서 원전(Canon)으로 통할 만큼 높은 인기를 누리는 '패논'(Fanon)도 속속 생겨나고 있다.

애교에 가까운 이런 저작권 위반에 대중은 일반적으로 관대하다. 헨리 젠킨스 매사추세츠공대(MIT) 교수는 "팬 픽션은 신화가 일반 대중이 아닌 기업의 소유가 되는 시스템 속에서 문화가 받은 피해를 보상하는 방식"이라고 지적한다.

1980년대 말, 젠킨스 교수는 이처럼 하위문화 애호가가 타인의 작품을 자신의 것으로 소화해 재생산해내는 현상에 처음으로 주목한 인물 중 하나다. 그는 어린 시절 〈영화 속 유명 괴물〉같은 잡지에 파묻혀 지냈고, 친구들과 정원에 모여 TV에서 본 장면을 연기하는 것을 즐겼다. 대학에서는 영화 〈스타워즈〉에 흠뻑 빠져 지냈다. 그런 그가 지금 팬과 대학교수라는 이중 역할을 맡고 있다. 그의 저서 〈텍스트 밀렵꾼: TV 팬과 참여문화〉는 그에게 끊임없이 "현실감각을 가져라"고 말하는 이들에 대한 일종의 조롱 성격을 띤다.

| 2부 |

심심풀이용 대중문화

상대적으로 최근에 탄생한 영화와 텔레비전은 자체의 고유 언어를 발명해 냈다. 종이는 이와 완전히 다르다. 종이는 수 세기에 걸쳐 번성한 고전예술의 흔적을 간직하고 있다. 거기에는 캔버스 위에 겹쳐진 표피를 긁어내면서 사람들이 발견하게 되는 '화가의 뉘우침' 같은 것이 있다.

종이 위에서 꽃을 피웠던 소위 '보잘 것 없는' 장르들은 이들의 '합법적' 이웃들과 끊임없이 대화하면서 형성됐고, 때로는 반목하면서 때로는 상호 영감을 주면서 만들어졌다. 초창기에 만화는 풍자적인 표현을 그려냈다. 그 후 역사가 아주 긴 크로키와 그라피티(graffiti)에 대한 연구에 착수하면서 아카데미풍의 이미지를 내던져 버렸다.

탐정소설과 공상과학소설은 규범에 어긋나고, 야심적이고, 때로는 전복적인 작품들을 생산해 냈다. 그러나 비록 대중문학이 이런 수준에 다다르지 못하고 있다 해도, 대중문학은 인간소외적이거나 해방적이든 간에, 독자를 상상적으로 자극하고 즉각적으로 유혹하는 능력을 통해 두각을 드러내고 있다.

라틴아메리카의
'니켈로 도금한 발들 (Les Pieds Nickelés)'

만화 〈탱탱(Tintin)〉에서 산테오도로스를 지배하며 성격이 까다로운 장군인 알카사르는 만화 상에서 아직도 잘 알려지지 않은 미지의 대륙을 통해 오랫동안 키워진 매력적인 인물의 본보기일 뿐이다. 흔히 남아메리카의 풍속에 대한 이미지가 환상적으로 그려지지만, 애석하게도 남아메리카의 광기어린 독재자들은 수준 이하의 행태를 보이고 있다.

필립 비들리에 | 역사가이며 프랑스국립과학연구소(CNRS) 연구원
저서로 〈신세계 선포〉(파롤 도브, 베니시외, 1995년)와 〈시네폴리스(Cinépolis)〉(라 파스뒤방, 주누이외, 2003년)가 있다.

1939년 멕시코 코요아칸의 파란 저택에서 프랑스로 되돌아 왔을 때 앙드레 브르통은 〈미노토르〉 잡지에 자신의 감상을 발표했다. "멕시코에 대한 최초 환상들 중 하나는 샹들리에 모양의 거대한 선인장과 그 뒤로 총을 가진 남자가 활활 타는 듯한 눈빛으로 등장하는 장면이다."[01] 유럽에서는 1920년대에서 1960년대까지 라틴아메리카에 대한 이런 강렬한 이미지가 만화를 지배한다. 프랑시 라카생, 알랭 레스네와 '그래픽 표현 연구-센터(Celeg, 1962-1967)'의 친구들은 만화를 9번째 예술로 간주했지만, 어른들은 〈귀여운 미키들〉이 '아이들의 이미지에서 나쁜 것들'만[02] 묘사하고 있다고 생각했다. 이런 생각에 전혀 영향을 받지 않은 청소년들은 매주 〈스피루〉(1966년 한 주에 11만 7천부가 판매됐다), 〈탱탱〉(1960년, 18만 7천부), 〈필로트〉(1965년, 18만부)를 읽느라 정신이 없었다.[03]

판초 비야(Pancho Villa, 멕시코 혁명 사령관)에서 체 게바라의 죽음까지, (당시 사람들이 사용했던 용어를 쓰자면) '그림으로 된 이야기들' 50개 이상이 라틴아메리카를 배경으로 쓰였다. 해적단 이야기들, '콘키스타('정복'이란 의미)' 혹은 콜럼버스 발견 이전의 아메리카에 대한 이야기들, 리오그란데 강을 넘는 서부극 장르를 포함하지 않고도 그렇다. 1951년 1월 만화잡지 〈스피루〉는 독자들에게 〈중앙아메리카의 티프와 통뒤〉, 〈푸

---

01 앙드레 브르통, '멕시코에 대한 회상', 〈미노토르〉, 12-13호, 파리, 1939년 5월.
02 1947년의 루이 파우웰스, 자크 사둘에 의해 인용됨, 〈만화 파노라마〉, 제뤼, 파리, 1976년. 파우웰스의 잡지 〈지구〉에 1967년 만화 컬렉션이 발표됐다는 사실을 지적해야 한다.
03 장 브뤼노 르나르, 〈만화태그〉, 세게르, 파리, 1978년. 필로트, 〈신문의 방명록〉, 다르고, 파리, 1980년.

른 매와 금지된 계곡〉, 〈멕시코의 블롱뎅과 시라주〉라는 3가지 라틴아메리카 이야기를 선보인다. 1963년 3월 똑같은 주간 만화잡지에 4명의 만화 영웅이 등장하여 카리브 해와 페루 사이에서 동시에 자신들의 모험을 수행한다. 〈벅 대니와 위성도둑〉, 〈마르크 다시에와 안데스 산맥의 가증스런 남자〉, 〈캡틴 모르간의 모험〉, 〈디에고, 카트르 방 나라에 가다〉에 등장하는 영웅들이 그들이다.

이 시기에 라틴아메리카는 다른 어떤 지역보다 더 만화의 상상력을 자극한다. "우리는 스스로 할 수 없던 것을 만화로 성취했다"[04]라고 펠릭스와 질 주르당의 창조자인 모리스 티이유가 말했다. 라틴아메리카는 먼 곳에 있고 아득히 떨어져 있어서 이국정서를 풍긴다. "그 시절의 만화에 라틴아메리카에 대한 판에 박힌 표현들이 그렇게 많은 이유는 우리가 그곳에 대한 정보를 거의 갖고 있지 않았기 때문이다. 현재는 우리가 아주 훌륭한 다큐멘터리를 얻을 수도 있고, 거기에 갈 수도 있다. 그러나 1950년 무렵에 그것은 아주 간단한 이유로 생각할 수도 없는 일이었다. 그것은 사람들이 돈을 충분히 벌지 못했기 때문이었다"라고 그가 계속해서 말한다. 서구의 정신세계에서 지구적 차원의 통합을 생각해 본다는 것은 텔레비전 영상과 여행에 대한 대량 소비와 연관된 최근 현상이다. 오늘날 우리는 축구시합을 보기 위해 멕시코에 갈 수도 있다.

'세뇨르'와 특히 '카람바!'(caramba! '어머나', '저런'의 의미) 같은 몇 마디 키워드는 남아메리카인들의 놀람, 분노, 그리고 특성을 표시한다.

---

04 〈슈트럼프- 만화연구지〉 3, 4호, 그르노블, 1977년.

만화에서 '함축적인' 언어와 그래픽 '코드'를 보게 된다는 것은, (앙드레 브르통이 말한 그 소문난 샹들리에 모양의) 거대 선인장인 '사구아로스', (멕시코풍의 챙이 넓은) 펠트 모자, 천연색 망토, 바로크식 스페인 성당, '세뇨르' 및 '카람바' 같은 몇 개의 키워드를 보는 것만으로도 라틴아메리카를 식별하게 된다는 걸 의미한다. '카람바'는 자주 등장하는 용어로 〈블롱뎅과 시라주〉에서 10번 이상, 〈부러진 귀〉에서는 23번 등장한다. 이 말은 남아메리카인들의 놀람, 분노 그리고 특성을 표시한다. 또 만화에서는 사용되는 언어(스페인어)가 어렴풋이 비슷하고, 풍경이 규격화되어 있고, 등장하는 이름들이 우스꽝스럽다. 타피오카(Tapioca) 장군, 라바발(Lababal), 판초 브리야(Pancho Brilla), '고백(Confession)' 도시 등은 유머 효과를 내기 위해 흔히 사용되는 프랑스어를 스페인어화하여 전사시킨 단어들이다. 때로는 '펠로스(Pellos, 남근이라는 의미와 비슷한 발음)', 〈두뇌 정복자들 집에 간, 니켈로 도금된 발들〉(1959)의 '랄콜릭코스(Lacolicos, 알코올중독자란 의미와 비슷한 발음)' 박사 같은 저속한 용어들을 애용한다. 그리고 라틴아메리카 사람들은 의무적으로 음악, 낮잠, 혁명을 좋아한다.

1951년 8월 30일 호의 중간 페이지쯤에서 〈스피루〉는 자코비티의 손을 빌려 새로운 영웅 피포를 탄생시킨다. "피포는 멕시코의 기묘한 관습과 실랑이를 벌이는 두려움 없고 나무랄 데 없는 어린 소년이다. 멕시코가 어떤지 아는가? 멕시코는 열기, 지속적인 혁명, 챙이 넓은 펠트 모자를 합해 놓은 곳이다. 낭만의 땅인 멕시코는, 반짝이는 태양 아래서 총격의 소음과 꽃핀 선인장 냄새를 맡으며 두근거리는 모험이 펼쳐지는 곳이다!"

루이 포르통이 생명을 불어넣은 '니켈로 도금된 발들'은, 정부의 청부살

인업자들이 두란고의 대농장에서 실제로 판초 비야를 쓰러뜨리기 5달 전인 1923년 3월 1일, 우연찮게 멕시코에 도착한다. 부주의로 '메마른 아메리카'[05] 국경을 넘은 '니켈로 도금된 발들'은 카브라데스 혁명사령관의 군인들에게 습격을 당한다. 이 장군 악당은 약간의 돈을 받고 군인들의 계급을 올려주고, 오만(五萬) 나라의 위조지폐도 만들고 있다. 크로키니올(Croquignol, '니켈로 도금된 다리들' 중의 한 명)은 "이 변변치 않은 군대는 혁명을 계속 지속시키는 것 이외에는 가치 있는 것이 아무것도 없다"고 탄식한다.

무대가 갖춰졌다. 라틴아메리카는 사람들이 분장을 하고서 혁명놀이를 하는 극장이다. 만화에 등장하는 수많은 허구의 공화국들 중에는 산테오도로스라는 공화국이 있는데, 탱탱도 이곳을 방문한다. 산테오도로스 군대는 하사가 49명이고 대령이 3,487명인 황당한 군대다(〈부러진 귀 1935년〉).[06] 타피오카 장군을 '비열한 독재자'라고 규탄하고 용감한 장군 알카사르를 환호로써 맞이한 어떤 대령이 얼마 후에는 똑같은 장군인 알카사르를 '비열한 독재자'라면서 그를 배반하고는 '용감한 장군 타피오카'에게 충성을 맹세한다. 모리스 티이유에 의해 창조된 펠릭스(1949년)는 치카라과이에서, 리카르도 대통령의 공화국 정부와 싸우고 있는 네포무세네 곤잘레스 장군의 민주주의 반군에 억지로 징집된다. 펠릭스는 반군에 참여하거나 몸에 12발의 총탄을 맞고 죽느냐 중에서 선택을 강요받는다.

이 조악한 반란에서는 총질이 난무한다. 8개의 금속판으로 만들어진

---

05 미국에서 알코올 판매가 금지됐던 시절(1919-1933)에 미국을 가리키는 표현.
06 표시된 연도는 해당 잡지의 초판 연도임.

'니켈로 도금된 발들'은 총살집행반으로부터 두 번 탈출하고, 탱탱은 산테오도로스에 상륙하는 바로 그날 사형을 선고받는다. 멕시코에서는 판초브리야가 반군을 피포에게 넘기면서 "총살형은 유용한 것이고 때론 꼭 필요한 것이야"라고 말한다. 모든 일이 천진난만한 분위기에서 벌어진다. "하여튼 이 총살형은 흘러가야 할 나쁜 순간일 뿐이야. 그렇지 않니?"라고 사형집행을 담당한 대령이 땡땡에게 말한다. 만화는 역사를 민간전승 신화 속으로 옮겨 놓는다.

혁명은 샹들리에 모양의 선인장 혹은 바로크 양식의 교회와 마찬가지로 풍경의 일부분을 형성한다. "여러분, 우리는 항상 혁명을 수행하고 있습니다. 우리는 혁명하는 것이 자랑스럽습니다. 혁명은 우리의 존재 이유입니다. 만약 혁명이 없었다면 우리가 즐거운 삶을 누릴 수 없을 것입니다"라고 카브라데스의 한 장교가 '니켈로 도금된 발들'에게 설명한다.

스피루와 판타지오가 1952년 팔롬비에의 수도인 치키토에 도착하여 이리저리 돌아다니는데 공화국 대통령궁, 국립은행 등의 건물들이 폭발한다. "또 혁명군들이구먼! 서둘러요, 어쩌면 당신들이 성당을 볼 수 있는 시간이 있을 수도 있겠어요"라고 택시 운전사가 소리친다.

1950년 윌(Will)이 그린 〈티프와 통뒤〉의 모험에서 산살바도르시(市)와 산타아나시는 끝없는 전쟁을 하고 있다. "왜 우리 두 도시가 항상 전쟁을 해야 하는지 당신에게 물어도 되겠습니까?"라고 한 도시의 통치자가 질문한다. "그것을 내가 어떻게 알겠습니까?"라고 다른 도시의 통치자가 대답한다. 혁명은 모든 이성을 초월해 있다. "완전히 미쳤구나! 어떤 고약한 악마가 나를 이 미친 나라로 몰아넣었는가?"라고 통뒤가 소리친다. 비비트리코틴과 라시부스는 비록 좀 더 절제된 용어로 표현했음에도 불구하고, 1963년 보토포지에 대해 다음과 같은 말을 한다. "보토포지에 사람들은 끊임없이 혁명을 하고 있구나! 그 이유도 모르면서 하다니! 그래서 어쩌자는 것인가! 네가 말한 대로구나!" 아무런 역사적 의미도 없는 혁명은 라틴아메리카에서 유전적인 성격을 띠고 있다. '너무 작아서 당신이 지도 위에서 찾을 수도 없는' 멕시코의 코플라밤바 지역이 역사상 한 번도 혁명을 한 적이 없다는 점이 특이한 사실이 될 정도다(버크와 두발, 〈비바 판초〉 1963년).

이런 혁명 신화에는 당연히 독재자들도 등장한다. 〈부러진 귀〉에서는 툭 튀어나온 턱을 갖고 있고 소방관 유니폼을 입은 알카사르가 등장하고, 1953년의 〈스피루, 독재자와 버섯〉에서는 팔롬비에의 과대망상 독재자로 변신한 판타지오의 사촌 산타스가, 1959년의 〈닉과 미노〉에서는 페르지에의 토르나도 르 파시피크가, 1960년의 〈뉴욕의 클리프톤〉에서는 쿠데타로 인해 산미라도르에서 쫓겨나 "내가 산미라도르에 다시 올 것이다"라는 끔찍한 복수의 말을 내뱉는 폰초장군이, 1961년의 〈아주 멋진 지옥〉에서는 호세 피구에레스에 의해 1948년 전복된 코스타리카 대통령과 이름이 똑같은 아주 현대적인 카키색 장교 복장을 한 마사카라의 칼데론이 등장한다.

만화 속의 독재자들은 변덕스럽고 화를 잘 내는 인물들이라서 가장 부조리한 욕망에서조차 논박을 받는 것을 참아내지 못한다. "나는 내가 원하는 것을 행한다! 내가 지배자다!"라고 알카사르가 부르짖는다. 그들의 괴상하고 부패한 공화국에서 그들은 자신들 특유의 종교의식을 거행하고 거대한 권력의 꿈을 꾸고 있다. 환각에 사로잡힌 눈길로 산타스 장군이 스피루와 판타지오 대령에게 많은 제스처를 써가면서 자신의 정복 계획을 말한다. "나는 구아라차 공화국 영토를 침입할 것이다! 내가 기습적으로 국경을 넘어, 별 볼일 없는 구아라차 군대를 짓밟을 것이다! 그 다음날 내 장갑차들이 수도를 점령할 것이고 곧바로 그 나라 전부를 내 손안에 넣을 것이다! 그 나라의 부(富)도! 황금, 돈… 그리고 모든 금속도! 고무도! 모든 것을 내 손안에 넣을 것이다!

"내가 창조한 독재자들은 결코 성질이 그렇게 고약하지 않다. 엘살바도르, 칠레 혹은 아르헨티나에 존재하는 독재자들과 전혀 공통점이 없다"라고 에르제가 고백했다.

반면에 이나구아라는 카리브 섬의 대통령인 라몬 장군은 눈빛에 광기를 드러내면서 남아메리카 전체를 자신의 지배하에 통일시킬 것이라고 주장한다. "남아메리카 전체가 우리에게 귀속될 것이다! 치러야 할 대가는 피다! 그러나 전 세계 4분의 1을 이 비용으로 해방시킬 수 있다면, 백 명이든 천 명이든 아니 십만 명의 죽음도 중요하지 않다."(1964년 출간된 버크 대니의 〈케네디 곶(串)의 비상령〉). "대통령이 미쳤다! 과대망상증 때문에 대통령이 돌아버렸다"라고 그의 장관들 중에 한 명이 지적한다. 이런 말은 만화에서만 볼 수 있는 멋진 문장이다.

산마타모르의 '아주 성질이 고약한' 대통령인 에르난도 라바발은 자신의 수도인 라바발릭스와 자신의 항구인 라바발리아를 통치하는 것으로 만족한다(에릭과 아르티몬, 〈크롬강 같은 독재자〉, 1962년). 그는 자신의 사무실에서 로마황제로 그려진 자신의 초상을 바라보며 탄복한다. 그리고 그는 유럽에다 아주 커다랗고 심지어 말까지 하는 자신의 조각상을 만들고 있다. "마타모르 사람들이여! 조국의 아버지가 여러분께 말합니다! 나 에르난도 라바발은 여러분 모두를 행복하게 해주기 위해 운명적으로 선택된 사람입니다! 감히 이 사실을 의심하는 사람들은 그 결과를 잘 알 것입니다! 라바발의 강철 같은 팔이 그들을 파리새끼처럼 짓밟을 것입니다."

광기의 독재자들은 공포의 악순환 같은 고리 속에 갇혀 있다. 그들은 자신의 주변 사람들과 국민을 공포에 떨게 하고, 자신들 스스로도 실재나 가상의 테러리스트들 때문에 공포에 떤다. 그래서 그들은 쉽게 모욕을 주고 엄청난 분노를 토해낸다. 테러공격의 희생자로 공포에 떨면서 나약해진 산타스는 경호책임자에게 모임에 참석한 모든 사람들, 경호원들, 100명의 외국인들과 경호책임자 자신도 체포하라고 명령한다. 토르나도 르 파시피크는 왕궁의 고관들을 협박한다. "나는 당신들을 책임자라고 생각한다. 당신들은 이 반역의 공모자들이다! 나는 여러분 모두를 사형에 처하게 할 것이다." 그는 경찰들에게 '비열한 돼지들', '계급장을 단 멍청한 년들'이라고 욕설을 퍼붓는다. 칼데론은 '끈적끈적하고 능력 없는 해충'이라고 말하며 경찰수장을 시크시크 감옥에 처넣어 버리고, 감옥소장을 낭랑한 목소리로 '침 흘리는 유충'이라고 매도한다.

그러나 독재자는 겉모습에 신경을 쓰고 쇼의 의미를 알고 있다. 칼데론은 자신이 한 멋진 말의 효과가 군중 사이에서 확실히 나타나도록 웃음가스를 사용한다. 페루지에에서 토르나도 파시피크는 원하는 순간에 국민의 환호성을 듣기 위하여 경찰을 동원한다. "우리의 모든 적들은 최후의 일인까지 제거될 것이고, 그들의 집들은 파괴될 것이며, 그들의 유골은 사방으로 흩어질 것이다!" "비앵페퇴르(Bienfaiteur, '은인'이란 의미) 만세! 각하의 국민이 열정적인 박수갈채를 보낼 것입니다"라고 같은 진영의 한 하수인이 칭찬한다. "자 여러분들 무엇을 기다립니까?"라고 경찰들이 낮고 굵은 목소리로 질책한다. 그러자 국민들이 비앵페퇴르에게 갈채를 보낸다. 치키토에서는 대통령에게 '산타스 만세!'하면서 박수갈채를 보내는 모습을 보게 된다. '헌병'이 잠든 한 참석자의 엉덩이를 걷어찬다. "국민들이 내 연설에 대해 어떻게 생각하는가?"라고 산타스가 묻는다. "장군님, 아무 생각도 못하고 있습니다. 마이크를 연결하는 것을 깜박 잊었습니다."

〈참 멋진 지옥〉에서 티이유는 해임된 경찰수장과 파리사법경찰청의 형사인 크루통 사이의 대화를 통해 라틴아메리카의 드라마를 응축해서 표현한다. "당신도 같은 분야에 있으니 이해할 것이네. 나는 해야 할 일을 했을 뿐이네!"라고 말한다. 크루통은 "여보게 그래도 적당한 방식이 있는 법이네"라고 말한다. 아르헨티나 군인들에게 딱 어울리는 대화다.

뭔가 기분이 좋지 않은 건 만화가 라틴아메리카를 사실적으로 올바르게 표현하지 못하고 있기 때문이다. 탱탱과 니켈로 도금된 발들의 유쾌한 총질은 마르틴 루이스 구스만이 자신의 멕시코 혁명 연대기에서 우리에게 보여준 '총알 축제' 때보다 더 많은 인명을 살상하지 않는다. '총알 축제'에서는 빌라의 부책임자인 피에로장군이 파스쿠알 오로스코(멕시코 혁명가)의 지지자들인 '붉은 옷을 입은' 3백 명의 죄수들을 몰살시킨다.[07] 에르제가 〈부러진 귀〉에서 총천연색 옷을 입은 미친 대령들을 생생하게 묘사하면서 그들의 특징을 잡아내고 있지만, 판초 비야의 살해자인 오브레곤의 잔인성을 제대로 묘사하지는 못하고 있다. 오브레곤은 한때 멕시코의 지배자로서, "5만 페소의 어마어마한 돈에 저항하는 사람은 아무도 없다"고 주장

---

07 마르틴 루이스 구스만, 〈판초비아와 함께〉, 그라세트, 파리, 1930년.

했다.

그럼에도 라틴아메리카에는 불행히도 만화의 등장인물들에 적합한 모델들이 많이 있다. 산마타모르가 라바발리아 항구를 갖고 있고 페루지에가 자체의 비앵페퇴르를 갖고 있는 것은, 니카라과가 푸에르토 소모사를 갖고 있었고, 도미니크 공화국이 독재자 라파엘 트루히요의 이름인 시우다드 트루히요라는 수도를 갖고 있었고, 페루지에 감옥에서보다 도미니카 공화국의 감옥에서 더 많은 사람이 죽었기 때문이다. "내가 창조한 독재자들은 결코 성질이 그렇게 고약하지 않다. 내 만화에는 엘살바도르, 칠레 혹은 아르헨티나에서 벌어지는 일들과 공통적인 것이 하나도 없다"[08]라고 에르제가 고백했다. 사실 피노체트를 풍자화하기는 어렵다. "칠레에서는 나뭇잎 하나도, 나 모르게 혹은 허가해 주지 않고는 움직일 수 없다."[09]

볼리비아에서 1821년부터 1980년까지 평균 10개월마다 쿠데타가 발생한 것은 '이스토리에타(historieta, '만화'란 의미)'가 아니라 역사적인 사실이다.

파시피카퇴르(Pacificateur, '평화중재자'란 의미)인 스트로에스네르 장군보다 더 투표를 잘 조작하고, 1976년에서 1983년 사이 자기 적들의 유골을 사방에 뿌리는 기술에서 아르헨티나 군사정권을 능가하기는 더 어렵다. 프랑수아 뒤발리에보다 돈으로 매수를 더 잘하고, 아이티의 평생 대

---

08 〈탱탱〉, 시리즈 외 별책 11호의 2, 파리, 1983년.
09 〈르몽드 디플로마티크〉 프랑스판, 1985년 10월.

통령과 장클로드주의(Jean-claudisme, 장클로드 뒤발리에를 평생 대통령으로 만들자는 단체의 독트린)를 주창하는 것보다 더 우스꽝스런 상황을 만들기는 불가능하다.

    1951년 티프와 통뒤가 활약하는 과테말라에서는 사람들이 석호(潟湖) '유령'에게 희생되어 행방불명된다. "아마 그가 흑인과 인디언들을 지배하고 싶고, 자신의 이익을 위해 나라를 착취하고 싶은가보다. 그런데 그가 좀 늦었다. 왜냐하면 독재자란 직업이 이제 유행이 지나간 직업이기 때문이다." 참 애석한 일이다! 과테말라에서 1954년 친미 쿠데타가 발생한 이후부터 정말로 사람들이 행방불명되기 시작했다. 티프와 통뒤의 만화에서 범죄는 '맹 블랑쉬(Main blanche, '하얀 손'이란 의미)'[10]의 사주에 의해 저질러졌다. 그런데 아침에 시우아드 과테말라 거리에서 사람들이 정말로 고문당한 시체들을 발견했다.

    애석한 일이었다! 라틴아메리카에서는 독재자란 직업이 여전히 건재했다. 1954년 20개 국가 중 13개 라틴아메리카 국가가 독재체제를 유지했고, 1975년에도 대륙의 반이 넘는 국가의 국민들이 독재자의 군홧발에 짓밟혀 있었다.[11] 볼리비아에서는 1821년부터 1980년까지 평균 10개월에 한 번씩 쿠데타가 발생했고, 콜롬비아에서는 '비오렌시아'라 불린 게릴라식 내전 때문에 10년 동안(1948-1958년) 적어도 3만 명이 사망했다는 사실은 이스토리에타가 아니라 역사적인 사실이다.

---

10 수수께끼 인물인 촉씨가 지배하는 국제마피아 조직 '맹 블랑쉬'를 티프와 통뒤가 박살낸다.

11 〈르몽드〉, 1978년 4월 18일.

만화는 독재자에 대한 저항을 정당화한다. "만약 공포가 쿠아바나를 지배하고 있다고 네가 확인하면, 그것은 혁명가들의 대의가 옳다는 것을 의미할 것이다."(〈바렐리와 비밀첩보원〉(1964년)) 대성공을 거둔 1959년의 쿠바 혁명 이후 몇 가지 상징물이 만들어진다. 카스트로주의자들에 대한 예를 들어보면, 닉과 미노의 항독운동가들이(1959년) 페루지에에서 토르나도의 '구역질나는 몸뚱이'가 사라질 때까지 수염을 자르지 않을 것이라고 맹세했다. 〈녹색테러에 대항하는 봅 모라네〉(1963년)에서 수염을 기르는 것은 포르피리오 대통령 체제에서 무례로 간주됐다. 왜냐하면 폭도들이 수염을 동맹의 표시로 삼았기 때문이었다. 이들이 바로 '모스타초소스(Mostachosos, '수염'을 의미하는 프랑스어 '무스타쉬'와 발음이 비슷함)'다.

그러나 롤랑바르트가 〈신화〉에서 언급한 것처럼, 만화는 '탈정치적인(dépolitisé)' 장르다. 어린이들에게 들려준 라틴아메리카는 하나의 신화다. 그리고 "그 신화는 사건들을 부정하지 않는다. 그와는 반대로, 신화의 기능은 사건들에 대해 이야기하는 것이다. 신화는 단순히 사건들을 정화(淨化)하고, 정당화하고, 자연스럽고 영속적인 방식으로 그 근거를 제공한다. 신화는 사건들에 대해 설명의 명증성이 아니라 확증의 명증성을 부여한다."[12] 그런데 라틴아메리카가 겪은 제국주의는 기이하게 만화에 등장하지 않는다. 제국주의는 단지, '차코전쟁(Chaco, 1932-1936년)'에서 영감을 받아 만든 〈부러진 귀〉에서 알카사르 장군의 '제네랄 아메리칸'과 영국 석유회사(로열 더치쉘)가 경쟁하는 형태로만 등장한다. 이 경쟁은 석유

---

12 롤랑바르트, 〈신화〉, 쇠이유, 파리, 1970년.

가 넘치는 그란차포 사막을 지배하기 위한 전쟁에서 모가도르장군의 누에 보리코(Nuevo Rico, 산테오도로스의 이웃나라)를 배경으로 펼쳐진다.

"이 얼간이들의 말에 의하면, 우리가 예전 독재자를 권좌에 다시 올리기 위해 못된 핑계를 찾고 있답니다"라고 〈벽 대니〉에서 한 미국 장교가 말한다.

그런데 영웅의 민족중심적이고 기득권적인 사회적 입장에서 유럽(혹은 북아메리카)과 라틴아메리카 사이의 불평등한 관계는 기정사실로 서술된다. "나와 내 친구들은 멕시코 혁명에 아무런 관심이 없다. 그럼에도 우리가 우연히 이런 혼란 속에 빠졌기 때문에, 우리를 이 성(城)에 가둔 독재자를 멕시코에서 없애버리려고 노력하지 않는다면 그것은 비열한 짓이다"라고 '니켈로 도금된 발들'의 한 명인 리불딘구에가 말한다. '우리'라는 표현에 주의를 집중하자. "백인들! 경찰들! 만세! 우리는 살았다"라고 페루지에에서 닉이 소리친다. 조금 후에는 "나는 당신들의 '비앵페퇴르', 당신들의 '리베르타도르(Libertador, '해방자'의 의미)', 하찮은 당신들의 페루지에 분쟁에 개의치 않는다! 나는 프랑스인이다"라고 말한다. '하찮은'이라는 말에 집중하자. 프랑스인(혹은 벨기에인)의 입장은 마치 특별히 돋보이는 자질인 것처럼 과시된다. '그들/우리'라는 이분법에서 우월감이 생겨나는데, 이 우월감은 좋은 격언(格言)에서까지 확인된다. "결말이 좋은 것이 다 좋은 것이지요. 세뇨르 바렐리 당신 덕택입니다"라고까지 말한다. 왜냐하면 프랑스인(혹은 벨기에인)이 사실은 엑스트라에 불과한 다른 사람들의 역사를 만드는 창조신으로 등장하기 때문이다. 예를 들어, 수호자 프레데리는 기독교 해방자인 브뤼노를 도와서 잉카 종교와 '사탄에 푹' 빠진 배교자 파레스코의 독재를 물리치게 해 준다. "정의와 자유의 동반자인 당신은 이 이유 있는 싸움에서 혼자가 아닐 것입니다. 프랑스 친구들이 우리에게 연방정부의 지원을 보장해 줄 것입니다."(〈수호자 프레데리의 모험 4호. 불사조의 징표〉, 1954)

역설적으로 공산당은 〈신비평〉에서 '사상의 마샬플랜'에 대항하여 전투에 돌입했다. "아주 저속한 텍스트와 이미지들이 점점 더 많이 미국에서 우리나라에 오고 있다. 이것들이 허튼 소리와 무례한 부도덕으로 젊은이들의 정신을 오염시키고, 아동도서와 신문에 심각한 타격을 주고 있다."[13] 그런데 현장에는 해방신학이 생겨나기 훨씬 전부터 가톨릭의 영감을 받아 저술된 아동용 전쟁문학이 많이 존재했다. 혁명은 스스로를 걱정했다. "혁명이었다. 그래서 돈 로베르토가 자신에게 무슨 안 좋은 일이 생기면…이라고 나에게 말했다." "다가오는 혼란의 시기에 대비하여", "혁명의 혼란 시기에"(〈멕시코의 블롱뎅과 시라주〉, 1951) "아닙니다. 여러분! 유감입니다. 우리가 보석금을 받는다해도 이 녀석을 풀어줄 수 없습니다. 이 녀석은 위험한 무정부주의자입니다…. 선생님 이런 착각을 용서해 주십시오. 그러나 우리나라 같은 상황에서는 항상 신중해야 할 수 밖에 없었습니다."(삼바구아이에서, 〈티프와 통뒤, 풍부한 가스〉, 1975)

이런 이데올로기적 합의를 넘어, 〈독재자와 버섯〉에서 독재 자체에 대한 적대감을 확실히 드러낸 만화가 앙드레 프랑켕은 예외적이다. "내가 그곳에서 하기 좋아했던 것은 서핑인데, 사람들은 그곳에서 독재자의 존재,

---

13 〈신비평〉, 32호, 파리, 1952년 3월.

지속되는 긴장, 편재된 군대를 느낀다. 이런 느낌은 독재자가 도착하는 순간으로까지 거슬러 올라간다. 독재자가 도착할 때 사람들에게는, 모든 독재자의 경우처럼, 단지 자동차만이, 즉 검정색 메르세데스 자동차만이 보일 뿐이다. 그렇다. 전차 한 대를 폭발시키면 아주 만족스럽다."[14] 몇 년 이후 프랑켕은 국제앰네스티를 위해 만화를 그리게 된다.

전쟁 전인 1937년과 1939년 사이 라본느프레스에 의해 출판된 주간지 〈바이아르〉에서는 '멕시코 거부'인 돈 후아니토 알바레스, 살충제 업계의 최대 거물이던 엄청난 부자 알메노, 프랑스와 친밀한 관계를 맺고 있는 미국의 억만장자 월터 스미스 같은 거부들의 친구인 파울로가 멕시코에서 이유 있는 전쟁을 수행했다. "뭐라고? 혁명이라고?—슬프도다! 그래 내가 조금 전에 너에게 준 권총이 아마 네가 생각한 것보다 더 유용할 것이다"(〈멕시코의 파울로〉). 조금 뒤에 "이들은 여행객들을 강탈하기 위해 작금의 혼란을 이용하고 있는 부랑아들이다. 경찰은 이미 무정부주의자들과 싸우느라 겨를이 없다" 등의 말을 한다. 이런 모든 말이 아주 자연스런 톤으로 이루어지는 것은 이미 존재하는 질서에서 영웅, 서술자, 독자가 공통된 입장을 갖고 있기 때문이다.

1960년대 초의 공통된 입장은 대서양주의의 가치와 미국의 외교정책에 당연히 찬동하는 형태로 표출된다. 그중 가장 뛰어난 예가 '벅 대니' 시리즈물이라는(1947년에서 1980년까지 9백만 부가 판매됨) 냉전 만화로, 미(美) 해군항공대 대령인 벅 대니와 두 명의 동료 트럼블러와 턱슨이 주인공이다. 이들은 장 미셸 샤를리에의 시나리오에 등장하는 주인공들인

---

14 누마 사둘, 〈그리고 프랑켕이 라가프를 창조했다〉, 디스트리BD, 브뤼셀, 1986년.

데, 샤를리에는 "나는 3백 개에서 4백 개 정도의 시나리오를 써야했다"고 말할 정도로 시나리오를 아주 빨리 쓴 작가다. 그리고 그는 심지어 자신의 영웅들을 한국에 보낼 때에도 '정치 성향을 드러내지 않았다'. "벅 대니를 한국에 보냈을 때, 그것은 정치 성향을 드러낸 것이라고 사람들이 나에게 주장했다. 이 일이 터진 이후 나는 청소년출판감시위원회의 감시대상이 됐고, 미제국주의자들에게 매수된 인종차별주의자로 분류됐다."[15]

벅 대니가 최초로 라틴아메리카 땅을 밟은 때는 1955년 '열정과 용기의 잡지'인 〈리스크-투(Risque-tout, '무모한 사람'이란 뜻)〉에서다. 여기서 벅 대니는 미국의 군산복합체의 이익을 지키기 위해 산볼리바르에 도착한다. 1962년과 1963년 사이 후안 보쉬 대통령의 짧은 민주주의 과도기가 진행되는 동안, 벅 대니는 생도밍그(Saint-Domingue, 도미니카 공화국) 영토에 몰래 숨은 '위성도둑들(동구 사람들)'을 추적한다. 도미니카 사람들이 적국의 고집 센 사람들로 간주되기 때문에 벅 대니는 국제관례를 무시한다. 벅 대니는 말한다. "이 얼간이들은 예전 독재자를 권좌에 다시 올려놓으려는 작전을 지원하기 위해, 또는 자기네 나라에 군사개입을 하기 위해 우리가 못된 핑계를 찾고 있다고 생각한다."

독자는 결국 좋은 대의를 위해 생도밍그의 주권침해에 동참하라고 요청받는다. 오늘날 누가 1965년 4월에 벌어진 미국의 군사개입을 기억하겠는가? '얼간이들'인 도미니카 사람들을 누가 기억하겠는가? 1963년 1월 3일자 주간지 〈스피루〉는 "플로리다 해협 양쪽에서 사람들이 개와 고양이처럼 서로 노려보고 있다"고 확인해 준다. 그 시절 쿠바에서는 사람들이,

---

15 〈슈트럼프-만화연구지〉, 37호, 1978년.

벅 대니처럼 비행사였던 니카라과 사람 카를로스 우요아를 기리기 위해 그를 만화로 그렸다. 그는 1961년 코숑만(灣) 상륙작전 때 쿠바 공군의 낡은 시퓨리 비행기를 조종했는데, 미군의 포탄에 맞아 추락했다.

벅 대니의 또 다른 라틴아메리카 모험들도 같은 모델로 해서, 그러나 상상의 국가들에서 이루어졌다. 1964년 벅 대니는 미사일위기를 리메이크한 작품에서, '이나구아'국(國) 독재자의 끔찍한 계획을 막아낸다. 이 독재자의 라틴아메리카 첩자들은 "자신들의 사주를 받는 민족주의 정당들의 지원을 받아, 폭동, 파업, 혁명을 연속적으로 일으키기 위한" 신호만을 기다리고 있었다.

1967년 체 게바라가 볼리비아 계곡에서 사망했을 때, 벅 대니는 '파나마운하 방어를 목표로 한' 해공군 작전에 참여한 이후에 만테구아 혁명을 저지한다(〈원자폭탄 경고. 사자(死者)의 전투비행중대〉). 같은 장르에서 경쟁주간지 〈탱탱〉은 1964년 CIA 요원인 지미 스톤을 탄생시켰다. '한국전쟁에 6개월 참여하고 부상을 입어 소환 당함. 사이공북부의 베트콩 특공대 위로 4번 낙하하고 두 번째 부상을 당한 후 메달을 수상함'이 그의 이력서다. 지미 스톤은 〈음모대책〉에서 과테말라에서 임무를 수행하면서 수많은 중앙아메리카 하부조직을 가진 중국-북한의 거대한 음모를 좌절시킨다. 신문은 "미스터리와 서스펜스가 넘치는 새로운 장르의 이미지로 구성된 이야기"라고 기술한다. 무슨 서스펜스란 말인가! 벨리즈(Belize, 멕시코 남쪽의 입헌군주국)는 바로 "난투극이나 심지어 폭동으로 변질되는 설명되지 않는 시위의 극장"일 뿐이다. 혁명은 알카사르의 혁명과 전혀 닮지 않았다. 헤르츠파에 의해 통일되었지만 강대국들에 의해 분단된 세상에서, 아동문학도 만화에서 자신의 진영을 선택했다. 그런데 만화의 사기를 진작시켜줘야 하는가? "확실히 그렇다. 경멸하고 혐오해야 할 것도 그리고 분노해야 할 것도 있었다. 그러나 그것 때문에 웃을 거리도 있었다"라고 한 영웅이 말했다.[16] 그리고 몇 년 후 1968년 5월과 더불어 또 다른 라틴아메리카가 만화에 등장했다. 휴고 프랫, 비달/클라베의 만화들처럼 사회문제가 무수히 다루어졌다.

샤를리에는 〈필로트〉가 '과도하게 정치화된 것'에 탄식한다. 예전 세대 작가들은 자기 자신들이 아닌 다른 사람들이 되어보려고 새로운 장르를 시도했었다. 그런데 티이유가 볼 때, 그 작가들이 '바보 같은 짓들'[17]을 하기 시작한 것이다. 그리하여 최고의 작가들마저도 자신들을 성공시켜주었던 마술적 재능을 갑자기 잃어버렸다. 투파마로스(Tupamaros, 우루과이 도시게릴라 이름)와 드브레 사건(Debray가 1967년 볼리비아에서 체포되어 30년 형을 받아 수감된 사건)에서 영감을 받아 〈탱탱과 피카로스〉를 쓴 에르제가 그렇다. 여기서 땡땡은 더 이상 에르제의 희미한 그림자가 아니다. "그렇다. 나는 에르제의 상투적이고 진부한 말들을 아주 좋아했었다. 그것은 아주 근사했다. 그런 말들 속에 삶이 있었기 때문이다. 사람들이 결코 겪어보지 못할 어떤 일을 경험해 보려는 욕망은 이제 장식을 위해 사라진다"라고 티이유가 덧붙였다. 본질적이었던 것, 지제가 '어린 시절의 선물'이라고 불렀던 것 역시 사라진다.

---

16 레오나르도 시아시아, 〈상황〉, 폴리오, 파리, 1978.
17 〈슈트럼프-만화연구지〉, 34호, 1977년.

〈선데이월드〉에 실린 노란 꼬마

뉴욕, 거품의 도시

20세기 초 미국에서는 거물급 언론매체 사이에 독자를 확보하기 위한 치열한 '신문 전쟁'이 벌어졌다. 여기에서 '그래픽 문학' 또는 만화가 탄생하며 아이와 어른들을 오랫동안 즐겁게 해줄 인물들이 탄생했다.

필립 비들리에 | 역사가
역사가이며 프랑스국립과학연구소(CNRS) 연구원. 대중문화, 특히 만화에 관심이 많으며, 주요 저서로 〈시네폴리스, 바람의 흐름〉(2003), 〈새로운 세계의 선언〉(1995) 등이 있다.

1896년 뉴욕의 주요 신문인 〈선데이 월드〉에 잠옷처럼 생긴 긴 노란색 셔츠 차림에 귀가 둥글고 키가 큰 어린아이가 등장했다. 도시외곽지역에 사는 이 아이의 노란 셔츠에는 래퍼들이나 내뱉을 만한 속어로 그때그때 아이의 생각이 적혀 있었다. 레몬을 연상시키는 색깔은 우연히 탄생한 것으로 보인다.

  대중은 곧 이 만화 속 인물에 열광했고, 이 아이는 '노란 꼬마'라는 별명으로 유명해졌다. 어떻게 보면 중국 아이처럼 보일 수도 있었지만, 원작자가 처음 그려낸 이 노란 꼬마는 당시 미국의 대도시 뉴욕의 빈민가에 넘쳐나던 수많은 아이들과 마찬가지로 아일랜드인이었다. 작가가 일요신문 만화 속에 담아낸 거리는 '호건의 골목길'로 불렸다. 가을이 되면서 노란 옷의 아이는 한 컷으로 등장하는 게 아니라 여러 컷의 연속화면으로 변하게 된다. 곧 만화가 탄생하게 되는 것이다.

  미국만화가연합회의 데이비드 파스칼이 스위스 그래픽아트 잡지에서 '본질적으로 미국적'이라고 규정했던 이런 현상이 생겨나기 위해선 '혁신과 신화'가 절묘하게 결합되어야 했다. "위대한 세기가 완성됐다. 혼란의 20세기는 멸망 직전의 발명품들을 주워 모아 신세계에 옮겨 심었다. 그곳에는 새로운 모든 것에 호의적이던 자본, 실용주의, 야망으로 가득한 개인주의 등 그 모든 것들로 말미암아 새로 옮겨진 것들이 열매를 맺게 될 분위기가 형성되어 있었다."[01]

  당시 뉴욕에서는 비정한 세계에서 힘을 갖기 위한 부자들의 경쟁이 맹

---

01 다비드 파스칼, '코믹스, 미국식 표현주의', 〈그래픽스〉 160호, 취리히, 1972년, p.81.

위를 떨치고 있었다. 하워드 필립 러브크래프트는 이 거대한 도시의 중심을 "사악한 위엄의 기라성"이라고 묘사했다. 이곳에서, 오손 웰스의 〈시민 케인〉 모델이 된 윌리엄 랜돌프 허스트가, 헝가리 이주민인 조셉 퓰리처(이후 권위 있는 저널리즘 상의 이름이 된다)와 제임스 고든 베네트(이후 자동차 경주의 이름이 된다)와 함께, 사람들의 마음을 얻기 위해 경쟁하고 있었다. 존 도스 패소스는 현대 미국의 연대기라 할 수 있는 그의 작품 〈빅 머니〉의 한 장(章)을 언론계의 거물 허스트에게 할애하면서, 그를 운 좋게 캘리포니아 금광을 찾아낸 탐광자의 아들로 뉴욕에 와서 출판제국을 건설한 "너무나도 부유하지만 불쌍한 아이"라고 표현했다. 아버지가 물려준 애너콘다(Anaconda Co)의 돈으로 그는 〈모닝 저널〉을 사들였다. "그리고 대중의 감정을 겨냥해 누가 돈을 더 많이 벌어들이는지 알아보려고 퓰리처와 경주를 시작했다."[02]

만화가 먼저 이 열띤 경쟁의 무기가 됐다. 한 선전 플래카드에는 "웃고 싶습니까? 정보를 얻고 싶습니까? 놀라고 싶습니까? 최신 소식을 알고 싶으십니까? 그러면 비교할 수 없을 만큼 새로운 편집 형식을 띠고 8페이지에 달하는 화려한 만화부록이 들어있는 〈선데이 월드〉를 읽으십시오"라는 문구가 적혀 있었다.

허스트는 퓰리처의 〈월드〉를 위해서 '노란 꼬마'를 만든 리처드 펠튼 아웃콜트를 엄청난 금액에 스카우트했다. 긴 앞니를 가진 새 인물은 이렇게 말했다. "기억하세요. 다음 주 일요일, 우리의 신문 〈저널〉에 주간만화가 등장합니다. 8페이지짜리 채색만화입니다. 4페이지는 채색, 나머지 4페

---

02 존 도스 패소스, 〈빅 머니〉, 포슈, 파리, 1971, 2권, p.301.

이지는 흑백이지만 총 8페이지입니다. 무지개 같이 아름다운 천연색입니다."03 그러나 허스트의 관행에 실망한 아웃콜트는 베네트의 〈헤럴드〉로 옮겨가 〈푸어 릴 모스(Pore Li'l Mose)〉에 등장하는 흑인 어린아이 캐릭터를 만들어내고, 나중에는 유명한 '버스터 브라운(Buster Brown)'을 만들었다.

"웃고 싶습니까? 정보를 얻고 싶습니까? 놀라고 싶습니까? 최신 소식을 알고 싶으십니까? 그러면 대단한 〈선데이 월드〉를 읽으십시오!"

일요판 신문의 패권을 확고하게 하기 위해 허스트는 독일 슐레스비히홀슈타인주(州) 출신으로 시카고에 자리 잡은 만화가 루돌프 덕스에게 도움을 청했다. 덕스는 1865년 독일에서 빌헬름 부슈가 펴낸 그림동화 〈막스와 모리츠〉를 모델로 유쾌한 악동 커플을 만들어낼 생각을 했다. 그는 자신이 만들어 낸 인물들에 '카젠야머네 아이들'이라는 독일 느낌의 이름을 붙였다. 각각 금발과 갈색 머리인 한스와 프리츠는 역시 같은 만화에 등장하는 엄마, 선장, 선생님과 함께 전 세계의 어린이들을 즐겁게 해준다.

덕스의 만화는 1897년 12월 12일에 허스트의 〈뉴욕 저널〉에 처음 등장했다. 그 만화들이 프랑스에 도입되면서부터 〈꼬마 샤페르셰의 장난〉, 〈꼬끼오 선장〉, 〈푸슈트로프 선장〉, 그리고 가장 유명한 〈핌팜폼〉 등 여러 다른 제목이 붙었다. 베네트의 〈헤럴드〉는 당시 노동자 주급의 6배에 달하는 주급 60달러에 오하이오 출신의 일러스트레이터 윈저 맥케이를 고

---

03 리처드 마샬, 〈위대한 미국 만화가〉, Abbeville Press, 뉴욕, 1989년, p.29.

용했다. "당신의 재능에 가장 잘 어울리는 뉴욕이라는 도시와 신문에 관심이 있다면, 당신이 작업한 몇 가지 샘플을 서신으로 보내주시기 바랍니다."[04] 당시에는 이런 식으로 계약이 진행됐다. 맥케이는 폭식증을 보이는 소녀 '헝그리 헨리에타', 폭풍이 불듯 재채기를 하는 '리틀 새미 스니즈' 같은 어린이 캐릭터에 애착을 가지고 있었다. 그러나 무엇보다도 맥케이는 1905년에 아르누보 스타일로 놀라운 세계 〈슬럼버랜드의 리틀 네모〉를 만들어냈다. 이듬해 〈리틀 네모〉는 7개 국어로 번역됐다. 아웃콜트와 마찬가지로 맥케이는 주급 500달러를 받고 연극계로 진출했다. 〈리틀 네모〉는 브로드웨이 뮤지컬로 상연됐고 보스톤, 피츠버그, 시카고 등지에서도 공연됐다. 맥케이는 부자가 됐고, 저택을 사들였으며, 운전기사와 경호원을 고용했고, 자신의 소중한 창작도구인 손과 눈에 엄청난 액수의 보험을 들었다.

1905년 맥케이는 아르누보 스타일로 놀라운 세계 〈슬럼버랜드의 리틀 네모〉를 만들어냈다.

성공과 경쟁을 위해서, 대중의 취향과 독자 확보를 위해서 기상천외한 자리바꿈과 이동이 이루어졌다. 작가와 신문 소유주는 세상을 떠들썩하게 만드는 소송을 벌이며 소유권과 캐릭터 사용권을 두고 싸웠다. 작가는 제목이 변경되더라도 자기가 만들어낸 캐릭터들의 모험을 계속해서 그릴 수 있는 권리를 얻어냈다. 그리고 신문 소유주에게는 원래의 만화 제목으로

---

04 그로엔스테, 〈원저 맥케이 나라의 리틀 네모〉, 툴루즈, 1990, p.14.

다른 만화가가 계속 시리즈를 그려나갈 수 있는 가능성이 열렸다. 결국 맥케이는 허스트를 위해서 〈멋진 꿈나라의 리틀 네모〉를 그리게 됐고, 덕스는 퓰리처를 위해서 〈선장과 아이들〉을 그리게 됐다. 허스트가 소유권을 가진 〈카젠야머네 아이들〉은 독일 출신 이주민의 아들인 해럴드 H. 크너에게 맡겨졌다. 그리고 약 70여 년 동안 같은 인물들이 등장하는 두 시리즈가 나란히 계속됐다.

미국에서 지적재산권을 규제하는 카피라이트는 저작물을 이용하는 사람에 유리하게 저작자의 권리를 축소하고 있었다. 전 세계적으로, 신문 판매부수를 엄청나게 늘려 준 그래픽 작품들은 협회가 관리했다. 허스트의 주도로 1912년 창설된 최초의 협회 인터내셔널 뉴스서비스는 이후 킹 피쳐스 협회로 이름이 바뀌었다. 그 뒤를 이어 1919년에 '캡틴' 조셉 M. 패터슨이 창설한 시카고 트리뷴 & 뉴욕 뉴스 협회, 그리고 월드, 벨 맥클루, 메트로폴리탄 뉴스페이퍼 서비스가 통합된 유나이티드 피쳐스 협회 등이 있었다.

맥케이가 베네트의 신문을 그만둘 생각을 하고 있던 즈음인 1910년 5월 1일부터 연재한 〈화성의 리틀 네모〉에서의 상징적 여행에는 힘 있는 사업가들에 대한 그의 생각이 드러난다. 어린 몽상가는 사람들이 들이마시는 공기와 발음하는 단어까지 구입해야 하는 세계를 발견한다. 한 화성인은 "그래, 부자들은 연설을 할 수 있지. 가난한 사람들은 그저 침묵할 뿐이야"라고 말하고, 동시에 몇 마디 말로 '화성의 위대한 주인'인 G. 고슈라는 엄청난 부자가 소유한 부의 비밀과 아메리칸드림이라는 만능열쇠를 알려준다. "모든 게 그의 소유야. 8천 년 전에는 그도 가난한 소년이었을 뿐이었는데…", "늙은 고슈가 도둑놈이라는 걸 너희들도 모르진 않겠지….

그렇지 않다면 그가 여기서 모든 걸 소유하지 못할 거야."

미국에서 만화는 '코믹' 또는 '퍼니(funnies)'로 불린다. 순전히 흥미 위주로 만들어졌기 때문이다. 1924년에 캔자스주와 미주리주에서 진행된 조사에 따르면, 만화가 도시 청소년들의 제1오락거리로 나타났다. 하지만 대중을 위해서 만들어진 만화는 미국에 거울을 들이댔고, 필요한 경우 사회적 비판도 잊지 않았다. 노란 꼬마는 빈민굴에 사는 아일랜드 어린이였고, 캐치(카젠야머네 아이들)는 독일 출신임을 드러내는 억양을 가지고 있었으며, 조지 맥매너스의 〈브링 업 파더〉 주인공들은 아일랜드 출신의 벽돌공과 복권에 당첨돼 부자가 된 세탁부 가족이었다. 세탁부였던 아내는 오로지 사교계에 들어갈 생각만 하고, 남편은 카페에서 예전 동료들과 카드게임을 하기 원하는 사람이다.

일요판 신문이 아닌 일간지에 등장한 최초의 만화 〈머트 앤 제프〉는 1907년 샌프란시스코 〈크로니클〉에 연재됐는데, 경마장에 자주 드나드는 인물과 예전에 정신병원에 입원했던 인물을 등장시킨다. 1920년대와 30년대에는 '고아 리틀 애니', '리틀 애니 루니', '떠돌이 피트' 등 고아나 부랑자 캐릭터가 대중의 인기를 얻었다. 그럼에도 불구하고 가난과 세계의 불행을 보여주는 것이 반드시 저항의 동의어만은 아니라는 사실은 '샤를로(Charlot)'(찰리 채플린이 연기한 캐릭터-역주)를 통해서도, 또 '포파이(Popeye)'의 작가 E.C. 세거가 이미지로 보여주었던 세계에서도 알 수 있다.

1920년대 말 극심한 불경기를 맞으며 만화는 근본적으로 변화한다. 그때까지 생각하지 못했던 공간에서 벌어지는 모험 이야기, 즉 별나라 탐험, 이국적인 나라, 탐정물 등으로 전개되면서 일상적인 것에서 멀어지게 된다. 에드거 라이스 버로스의 소설을 만화로 각색한 〈타잔〉과, 레이 브래드버리의 유년시절의 친구로서 혹성여행 로켓과 광선총을 가진 〈25세기의 벅 로저스〉가 1929년 1월 같은 날 출간됐다.

알 카포네의 도시 시카고에서는 1931년 체스터 굴드가 정의감에 불타는 형사 딕 트레이시를 탄생시켰다. 이 시리즈가 얼마나 대단한 성공을 거두었던지 허스트는 대응책을 마련할 수밖에 없었다. 그는 〈몰타의 매〉의 작가이자 샘 스페이드라는 형사 캐릭터를 만들어낸 가장 훌륭한 탐정소설 작가 대실 해밋에게 도움을 청했다. 광고의 덕을 톡톡히 보며 〈비밀요원 X-9〉가 시장에 나왔다. "이토록 강렬하고 조마조마한 서스펜스, 그리고 새롭고 위대한 연재만화의 감동을 만들어낼 수 있는 사람은 대실 해밋밖에 없다." 〈비밀요원 X-9〉로 해밋은 미 연방수사국(FBI)의 조사를 받게 된다. FBI는 존경할 만한 경찰제도가 만화에 등장하는 것을 우려했던 것이다. 연방수사국은 샌프란시스코 지부에 해밋에 대한 보고서를 제출하도록 명령했다. 보고서는 다음과 같은 결론으로 끝을 맺는다. "수집한 정보들에 따르면 해밋은 자신의 전문분야에서 아주 자리를 잘 잡았다. 이 지역 기자들은 그를 잘 알고 있고, 그들의 말을 빌리면, 해밋은 이 탐정 이야기로 많은 돈을 벌어들였다고 한다."[05] 정보를 제공한 한 여성은 해밋의 고용주가 어쩌면 '빨갱이'일 수도 있다고 귀띔했다고 한다.

〈비밀요원 X-9〉는 1934년 1월 22일에 처음 출간됐다. 선발대회를 거쳐 선발된 만화가는 알렉스 레이먼드였다. 다작 작가였던 그는 〈타잔〉에 대응해 〈정글 짐〉을 제작했고, 세계 종말과 함께 시작되는 〈플래시 고

---

05 디안 존슨, 〈대실 해밋. 생애〉, 갈리마르, 파리, 1992, p.205.

든(Flash Gordon)〉으로 〈벅 로저스〉에 웅대한 도전장을 내밀었다. 같은 해 프랑스에서는 폴 윙클러가 KFS를 모델로 삼아 오페라 문디 대행사를 세우고, 청소년을 위한 새로운 형태의 만화잡지 〈주르날 드 미키〉를 창간했다.

〈비밀요원 X-9〉으로 해밋은 미 연방수사국(FBI)의 조사를 받는다. FBI는 존경할 만한 경찰제도가 만화에 등장하는 것을 우려했다.

'현대 청소년의 주간지' 〈주르날 드 미키〉는 월트디즈니의 동물캐릭터 이외에도 〈정글 짐〉, 〈리틀 애니〉, 〈핌팜품〉(〈프티 파리지엥〉의 부록으로 1911년 최초로 프랑스에 등장), 〈용감한 왕자〉, 그리고 수많은 다른 캐릭터들을 소개했다. 이후 4년 동안, 약 15개의 유사한 정기간행물들이 탄생하며 성공을 거듭했다. 윙클러, 에디시옹 몽디알, 리브레리 모데른 그리고 잡지 〈레파탕〉과 함께, 1908년부터는 그 유명한 〈니켈로 도금된 발들(Pieds Nickelés)〉을 출간한 오펜스타트출판그룹이 만화잡지를 정기 간행했다. '모든 연령층의 청소년 주간지' 〈로빈슨〉, '현대 청소년 주간지' 〈오프라〉, '모든 청소년을 위한 모험 주간지' 〈만세!〉, '청소년과 가족을 위한 만화잡지' 〈에이스〉, 〈모험가〉, 〈점보〉, 〈주니어〉 등의 잡지는 경쟁을 했다. 곧 〈디망슈 일뤼스트레〉(1925)에서 '지그와 퓌스'가 거둔 성공, 〈프티 일뤼스트레〉(1924)에서 '비비 프리코탱'이 거둔 성공을 얻기 위해, 그리고 〈소련의 탱탱〉, 〈콩고의 탱탱〉, 〈미국의 탱탱〉의 모험에 열광하는 대중의 인기를 얻기 위해 경쟁한 것이다. 1930년부터는 가톨릭 저널 〈용감한 마음〉이 대중의 인기를 한 몸에 받았다.

〈로빈슨〉은 인민전선이 총선에서 승리를 거둔 1936년 4월 26일 일요일에 출간됐다. 몽고행성으로 가는 유명한 우주로켓이 출발하면서 지구 종말이 임박했음을 알리는 〈플래시 고든〉의 프랑스 이름인 〈번개 기〉(Guy l'Eclair)가 표지를 장식했다. 영어 이름을 사용하든 프랑스 이름으로 바꾸든 간에 대서양 저편에서 수입된 주인공들은 청소년들에게 즐거움을 선사했다. 브릭 브래드포드는 뤽 브라드페르로, 포파이는 마튀랭으로, 론 레인저는 가면의 기사로, 테리와 해적들은 프랑수아의 모험으로, 팀 타일러스 럭은 경솔한 리샤르 또는 라울과 가스통으로 이름을 바꾸었다.

프랑스 공산당은 전후에 미국식 모델에서 영감을 얻어 '가장 매혹적인 저널'인 〈바이양〉을 성공적으로 출간한다.

1938년에 〈주르날 드 미키〉는 40만 부, 〈로빈슨〉은 45만 부, 〈만세!〉는 25만 부를 발행했다. 모든 사람들이 이러한 성공을 기뻐한 건 아니다. "1936년 10월에 인민전선이 후원하는 행정구역에서 진행된 여론조사를 보면 많은 반파시스트 청소년들이 〈만세!〉를 보고 있었다. 1938년 1월에 파리의 반(半)서민지구 학교에서 진행된 또 다른 여론조사를 보면 아이들이 보는 잡지 중에서 〈만세!〉가 1위를 차지했는데 그 아이들 부모의 반 이상이 반파시스트 신문을 보는 것으로 나타났다."[06] 공산주의 작가 조르주 사둘은 이런 사실을 확인하며 "〈만세!〉에서 단 한 줄이라도 외국에서 가져온 것이 아닌 것이 있다면 그것은 출판사와 관리자의 이름뿐"이라면서 청

---

06 조르주 사둘, 〈당신의 아이들이 읽는 것〉, 뷔로 데디시옹, 파리, 1938, p.31.

소년 잡지가 '프랑스적'이 아니라고 신랄하게 비난했다. 그것이 그 시대의 상황이었다. 그렇지만 공산당은 전후에 '가장 매혹적인 잡지'인 〈바이양〉을 성공적으로 창간했는데, 그 화풍은 프랑스-벨기에 잡지인 〈스피루〉와 〈탱탱〉보다 훨씬 더 미국식 모델에서 영감을 얻은 것이었다.

프랑스에서는 이탈리아의 반파시스트 이주자들이 청소년 잡지 출판에 큰 역할을 했다. 키노 델 두카와 에디시옹 몽디알, 에토레 카로초의 리브레리 모데른은 망명자(때로는 신분증조차 없는 불법 망명자)들의 피난처가 됐다. 나중에 영화인으로 명성을 얻은 페데리코 펠리니는 당시 젊은 기자로 일하고 있었는데, 이탈리아 파시즘에 동조한 이유로 블랙리스트에 오른 알렉스 레몽이라는 만화작가를 대신해달라는 출판사 측의 요청으로 만화작가가 됐고 〈플래시 고든〉의 에피소드를 마치게 된다. 펠리니는 "마법사 만드라케, 정글 짐, 벵골의 유령, 몽고 행성의 번개 기"가 있었다고 당시를 회상했다. "네르비니는 상당히 어려움을 겪고 있었다. 시작한 지 얼마 되지 않은 몇몇 에피소드에 대한 독자들의 호기심은 폭발 일보 직전이었다. 그대로 내버려 둘 수 없는 상황에서, 출판사의 만화가들이 에피소드를 이어갈 임무를 맡게 됐다. 당시 〈번개 기〉의 만화를 그린 사람은 지오브 토피라는 사람이었고, 그 시나리오를 쓴 사람은 바로 나였다. 나는 이 시리즈에 정말 흥미를 느끼고 있어 거기에 에피소드를 덧붙이고 싶었다. 결국 이탈리아에서 출간된 〈번개 기〉의 마지막 모험은 전부 내가 시나리오를 썼다."[07]

---

07 프랑시스 라카생, 〈제9의 예술, 만화를 위하여〉, 슬라트킨, 제네바, 1982, p.452.

비슷한 이유로 〈블레이크와 모르티메르〉의 작가 에드가 P. 제이콥스는 벨기에가 독일에 점령돼 있는 동안 〈용감한 (플래시) 고든〉의 에피소드를 완성했고, 곧이어 그의 첫 번째 작품 〈U 광선〉을 만들었다. 모험은 계속됐다. 에르제가 창조해 낸 용감한 어린이 탐방기자 탱탱은 전 세계에서 1억 5천만 부가 팔리며 정상에 올랐다. 드골 장군이 앙드레 말로에게 "세계에서 나의 유일한 진짜 경쟁자는 탱탱"[08]이라고 털어놓았을 정도였다. 영광의 시대, 대규모 대중저널과 저렴한 만화잡지의 시대는 지나갔다. 구텐베르크 은하계 이래 이미지의 세계는 전파와 스크린으로 자리를 옮겼다. 그렇지만 '활자인'이 완전히 사라진 것은 아니다. 윤전기와 매스커뮤니케이션 시대에 노란색 긴 셔츠를 입은 도시외곽의 꼬마를 중심으로 서사예술이 탄생한 지 100년이 지난 지금, 이 지구상의 모든 어른-아이들은 만화에 대한 추억을, 그들의 세상과는 달리 언제나 선이 승리하는 이야기를 기억 한 구석에 간직하고 있다.

---

08 앙드레 말로, 〈우리가 쓰러트리는 떡갈나무〉, 갈리마르, 파리, 1971, p.52.

이탈리아의 추리소설
'암흑의 시대'를 다시 가다

이탈리아에서 '일반' 문학은 아직도 기억이 생생한 68혁명 이후의 시기에 대해 침묵하고 있는 반면 강한 정치의식을 가진 추리소설은 대담하게 그 시대의 모습을 보여주고 있다. 하지만 주제가 가진 잠재성에 비춰 봤을 때 아직 갈 길이 멀어 보인다.

세르주 콰드뤼파니 | 작가, 번역가
파리 메타이에 출판사의 이탈리아 컬렉션 책임자. 최신작으로 〈공포의 정치학〉(쇠유·파리·2011)이 있다.

이탈리아 추리소설은 판매나 새로움을 제시하는 능력에서 출판계의 가장 역동적인 장르로 자리매김하고 있다. 프랑스 추리소설과 마찬가지로 이탈리아 추리소설도 다른 어느 장르보다 사회비판적인 성격이 강하다. 그래서 독자들은 당연히 1960년대 말부터 70년대 말까지 이탈리아 전역을 휩쓸었던 '혁명적, 창의적, 정치적, 존재론적 거대한 물결'[01]을 추리소설에서 만나기를 기대한다. 하지만 이탈리아 언론은 68혁명 후 10년을 '암흑의 시대'라고 불렀다. 망각의 시대로 만들기 위해서였다.

무차별 테러에 정보기관과 권력이 관련됐고 테러를 사주한 자들은 말할 것도 없고 실행한 자들조차 대부분 처벌받지 않았다는 것을 잊어버리게 하고,[02] 극좌파에 대한 무자비한 사법 탄압을 잊어버리게 하고,[03] 무엇보다도 수천 아니 수백만의 이탈리아 국민이 10년 동안 '낡은 나라'에 저항했다는 것을 잊어버리게 하기 위해서이다.

68혁명 이후의 사회운동은 규모, 기간, 강도 면에서 논란의 여지없이 2차대전 이후 가장 거대한 반자본주의 운동이었다. 그럼에도 불구하고 나

---

01 Nanni Balestrini, Primo Moroni, 〈L'Orda d'oro. 1968~77. La grande ondata rivouzionaria e creaiva, politica ed esistenziale〉 Sergio Bianchi. 펠트리넬리Feltrinelli의 감독 하에 인쇄부수를 늘려가며 지속적으로 출간되고 있다. 밀라노, 2003년(가장 최근판).

02 발레리오 에반젤리스티, '극우파와 공상과학 소설', 〈르몽드 디플로마티크〉 프랑스판, 2001년 10월호.

03 70년대에 수천 명이 체포되고 만 명이 넘게 고발됐으며, 신문과 잡지가 압류 당하고, 변호사, 기자, 교수, 지식인 등이 경찰조사를 받았다. '80년대: 비상사태 "대 테러 전쟁"과 재건', 볼로냐, 1989년 여름호.

니 발레스트리니와 에리 데 루카[04]의 작품을 제외하면, '일반' 소설에서 이 시기의 이탈리아 사회는 찾아볼 수 없었다. 추리소설이라고 나을 것은 없었다. 무솔리니 시대 파시즘의 잔재가 남아있는 1968년 '지알로(Giallo)[05]는 여전히 하위문학 취급을 받았다. 이탈리아인은 범죄자가 될 수 없으며 나라의 현실은 소설의 주제가 될 수 없었다.

하지만 1968년 작은 변화가 감지됐다. 지오르지오 쉐르바넨코의 추리소설 〈배신자들〉[06]이 국제추리문학상을 받으며 국제적으로 인정받았다. 쉐르바넨코는 밀라노 서민층의 실제적인 삶을 이야기로 끌어들이면서 추리소설 장르를 한 단계 발전시키는 데 결정적인 역할을 했다. 그는 인간의 모호성과 도덕적 딜레마를 경제적 급성장에 짓밟힌 약자에 대한 깊은 공감과 섬세하게 연결시켰다.

현대 추리소설 비평가인 루카 크로비[07]는 1968년에 출간된 쉐르바넨코의 〈학살자들〉을 '시대에 대한 비유'라고 평가하고 '쉐르바넨코가 당시 청

---

04 1935년생인 나니 발레스트리니는 이탈리아의 가장 대표적인 실험문학의 선구자이다. 전위문학 그룹인 Gruppo63과 네오아방가르디아neoavanguardia의 창시자이며 철학자 토니 네그리와 함께 노동자 자율 운동에 참여했다. 그 대가로 잠시 프랑스에서 망명생활을 하기도 했다. 에리 데 루카(1950년생)는 Lotta Continua에서 활동했고 프랑스에서 책을 출간한 이탈리아 작가 중 가장 잘 알려진 작가 중 한 명이다.

05 범죄와 미스터리를 다룬 20세기 이탈리아 문학과 영화 장르를 가리키는 말로 특히 영화에서는 살육과 에로티즘이 특징인 공포영화를 말한다. 이탈리아어로 노란색이라는 뜻으로 저급 페이퍼백의 표지가 노란색인 데서 유래했다.

06 쉐르바넨코 소설의 프랑스어판은 모두 10/18 출판사에서 출간됐다.

07 이 인용문을 포함해 이후 특별한 참조 없이 인용한 문장은 작가의 인터뷰에서 발췌한 것이다.

년들의 고통을 그들의 시각에서 이야기하고 있다'라고 말했다. 저녁 수업 도중 대부분 감화원 출신인 학생들이 여자 선생님을 살해하는 사건이 일어났다. 두카 람베르티 형사는 '이상한' 아이와 '내성적인' 아이를 집중적으로 조사했지만 이렇게 충격적인 범죄를 남자 아이가 계획할 리 없고 '히스테리에 걸린 여자'나 계획할 수 있는 사건이라고 생각했다. 같은 해, 노동운동 잡지인 〈로소〉[08]는 공장 노동자들의 투쟁에 관한 기사에 여성과 동성애자의 투쟁을 같이 다루었다. 한 도시에 두 개의 세계가 존재했지만 아직 만나기 전이었다.

쉐르바넨코는 볼셰비키에게 총살당한 우크라이나인 아버지에게서 태어났다. 그의 딸은 쉐르바넨코를 '19세기 지식인'이라고 묘사했다. 그리고 '독재체제에 깊은 혐오감을 지닌 동시에 당시 시작된 소비지상주의와 돈이 지배하는 세상에 대해서도 반감을 가진 개인주의자'라고 했다. 1968년 이탈리아의 대표적인 추리소설에 등장하는 동성애와 여성혐오 용어는 작가가 아직은 당시 주류의 사고방식에 갇혀있고 추리소설 장르에 곧 불어닥칠 큰 파도를 눈치채지 못했다는 것을 보여준다. 그렇다면 쉐르바넨코 이후의 작가들은 파도를 보았을까? 실제로 '황금의 10년'에 깊게 영향 받은 작가들이 나타나기 시작했다.

안드레아 카밀레리의 놀라운 성공은 오늘날 추리소설이 이탈리아 문학에서 차지하고 있는 위상을 가능케 하는 데 큰 몫을 했다. 그는 개인적으로

---

08 Tommaso De Lorenzis, Valerio Guizzardi, Massimilian Mita, 〈Avete pagato caro, non avete pago tutto. La rivista 'Rosso'〉(1973~79), DeriveApprodi, 로마, 2008년.

좌파원리주의[09]와 결별했으면서도 70년대의 사회상 묘사는 좌파 지도자들이 우파로 변절해서 신문사나 방송국의 사장이 되고 국회의원이 되는 기회주의를 고발하는 것으로 만족했다.[10] 물론 그것만 해도 환영받을 만한 것이었다.

로리아노 마키아벨리는 1968년에 34세였다. 당시 그는 볼로냐에서 사회운동을 하는 극단을 이끌며 논쟁적인 문제작을 많이 올렸다. 그는 1970년대 말에는 그룹13이라는 추리문학 단체를 조직했고, 단체의 작가들은 정치사회적 문제를 주제로 작품을 써서 이탈리아 추리소설의 부흥을 주도했다. 마키아벨리의 소설에 자주 등장하는 사르티 안토니오 형사는 68혁명 세대의 운동가인 로사스와 짝을 이루어 사건을 해결하는데 작가는 이를 '우연'이 아니라고 분명히 했다. 〈볼로냐를 팝니다〉[11]는 1970~80년대를 배경으로 극좌파들이 공산당 소속의 볼로냐 시장에 반대하는 시위를 벌이는 이야기로 평소에 냉소적이던 안토니오 형사는 그 사건을 통해 개인적인 성장을 경험하게 된다. 안토니오라는 인물은 작가 자신과 많이 닮았다. 작가도 '고장난 스쿠터를 타고 시위현장을 누비며 최루탄의 매운 연기도 아랑곳하지 않고 포신을 세운 탱크들을 주의 깊게 살폈다'고 당시의 자신을 묘사하기도 했다.

마시모 카를로토는 인기 있는 추리소설 작가가 되기 전에 1976년 친구

---

09 "내가 잘못 본 것은 붉은 여단도 아니고 국가도 아니었다. 항상 동지들이었다. 국가는 원래부터 그랬다."(카밀레리 인터뷰 중)

10 〈틴다리에서의 피크닉〉의 첫 부분 참조. Fleuve noir, 파리, 2002년

11 〈메타이에(Métailié)〉, 2004년, 로랑 롱바르 번역. 마키아벨리와 마시모 카를로토의 소설은 모두 메타이에에서 출간됐다.

를 살해한 혐의로 구속된 적이 있었다. 그가 극좌조직인 '로타 콘티누아'(투쟁은 계속된다)의 조직원이라는 이유로밖에 설명될 수 없을 정도로 그 사건에 대한 사법처리는 누가 봐도 가혹했다. 그는 15년 동안의 수감생활과 망명생활 이후 1993년에 사면됐는데 잔혹미가 특징인 그의 소설에서 변화하는 사회상을 바라보는 작가 개인의 고통스러운 경험이 담긴 시선을 느낄 수 있다.

 1969년 12월 12일 밀라노 폰타나 광장에서 폭탄이 터져 19명이 사망하고 80여 명이 부상당한 사건이 발생했다. 경찰은 극우파와 정보기관이 연루됐다는 증거가 있었는데도 이를 무시했다(지금은 그 관련성이 밝혀졌다). 무정부주의자 쥬세페 피넬리는 조사를 받는 도중 경찰서 창문으로 뛰어내렸고 같은 무정부주의자인 무용수 피에트로 발프레다는 언론에 의해 테러를 저지른 '괴물'로 알려지게 됐다. 피넬리는 3년 동안 투옥된 후 무죄선고를 받고 출소했다.

동지들이여, 짭새들이 왔다. 우리는 곧 죽을 것이다. 그래도 한바탕 재밌게 놀지 않았는가!

 2002년 세상을 떠난 발프레다는 기자인 피에로 콜라프리코와 공저로 세 편의 추리소설을 출간했다. 안타깝게도 그의 소설은 아직 프랑스어로 번역된 것이 없는데 〈죽은 자의 봄〉에는 불법점거, 시위, 그라피티 등 1969년 밀라노의 분위기가 상세히 묘사되어 있다. 그의 수감생활 경험은 이탈리아 역사상 가장 규모가 큰 교도소 폭동인 산비토레 폭동의 환각을 보는 것으로 표현됐다. 경찰이 폭동을 진압하려는 순간 폭동자 중 한 명이 소리를 질렀다. 68혁명 이후 저항세대의 부르짖음이었다. "동지들이여, 짭새들이 왔다. 우리는 곧 죽을 것이다. 그래도 한바탕 재밌게 놀지 않았는가!"[12]

체사레 바티스티의 〈마지막 총알〉[13]도 전기적인 성격이 강하다. 한 비행소년이 무정부주의자 그룹과 만나 정치화되는 과정을 유쾌하면서도 절망적으로 그려내고 있다. 사상투쟁과 무장저항 활동의 실패 등 소용돌이치는 역사와 한시 앞도 내다볼 수 없는 불안한 현실을 제대로 묘사한 보기 드문 작품이다.

"당신들 몇 명이나 있어요? 아니, 우리 말이에요. 우리 그룹 말이에요."
"어떻게 알겠어? 어느 날은 두 명이었다가, 어느 날은 스무 명이었다가 또 어느 날은 십만 명이나 되지."

바티스티의 전 작품을 관통하는 증오심이 가치가 있는 것은 아직도 살아 숨쉬고 있는 68년 이후 억압된 기억과의 싸움이 있기 때문이다. 여기에서 인용한 작가들과 다른 몇 명의 작가를 제외하고 대부분의 이탈리아 추리작가들은 집단적인 기억상실증에서 벗어나지 못했다. 68혁명을 향수어린 시선으로 바라보거나 흥밋거리로 묘사했고, 혁명의 복잡한 의미와 '일상으로

---

12 Piero Colaprico, Pietro Valpreda, 〈La Primavera dei maimorti, Il Saggiatore〉, 밀라노, 2006년.

13 Cesare Battisti, 〈Dernières Cartouches〉, Joëlle Losfeld, 파리, 1998년(원제: L'Ultimo sparo, Gérard Lecas 번역).

돌아가기'가 만들어낸 고통을 외면했다. 하지만 몇몇 작가들은 주류언론이 주도한 반바티스티 운동에 반대의 목소리를 냈고 최근에는 일부 같은 사람들이지만 민주당 지도자인 왈테르 벨트로니[14]의 무책임한 발언으로 촉발된 2007년 10월 루마니아인 추방이라는 부끄러운 사건에 대해 반대 입장을 취하기도 있다. 의기양양한 베를루스코니주의에 반대하는 소수의 지식인들은 carmillaonine.com 사이트에서 목소리를 내고 있다. 장르문학(추리소설, 공상과학 등)과 '저항문화'의 공간인 그곳에서 추리소설의 사회비판적 책임을 다할 수 있기 때문이다.

판사이며 다작 작가인 50대의 지안카를로 데 카탈도는 1980년대 이탈리아 정치인들과 마피아의 유착관계를 소재로 한 〈범죄소설〉을 썼다. 30대의 시모네 사라소는 〈국경〉에서 1970년대 정치인들의 범죄행위를 다루었고 집단창작그룹 '우밍'은 〈54〉에서 현대 이탈리아가 탄생했던 때를 상기했다. 40세인 쥬세페 제나(〈납빛 하늘 아래〉)와 지아니 비온딜로(〈왜 우리는 살인을 하는 걸까?〉)는 밀라노의 서민지역에서 보낸 어린 시절을 소설화했다. 이들 작가는 추리소설이 이탈리아의 사회적·정치적 상황을 깊이 있게 그리고 다양한 음색으로 재현할 수 있다는 것을 증명하고 있다.

하지만 '암흑의 시대'와 관련해서 우리는 사회비판의 책임과 예술의 힘을 결합해 끔찍한 늙은 유령 뒤로 새로운 세상을 꿈꾸는 영원한 젊음을 보여줄 작가를 아직도 기다리고 있다. 곧 그날이 올 것이라고 희망해본다.

---

14 루마니아인이 이탈리아 여성을 살해한 사건이 발생했는데 로마 시장이 소수민족인 롬족(집시)과 루마니아인들 전체를 비난하며 롬족이 모여 사는 빈민촌을 철거했다. 이후 많은 도시에서 같은 일이 벌어졌다. 청원문인 '블랙 트라이앵글'을 프랑스어로 http://quadruppani.samizdat.net(2007년 12월 11일)에서 확인할 수 있다.

대중소설이 영속성을 띠는 이유

'대중'에 대해서 말하는 현대 작가들은 거의 없다. 하층의 사람들을 그려내어 사회를 깜짝 놀라게 했던 〈파리의 미스터리〉와 같은 소설의 시대는 아닌 것 같다. 그렇지만 그런 소설이야말로 대중과 작가와의 만남을 통해서 그토록 경쾌하게 시대를 관철해 온 작품들인 것이다.

에블린 피에예 | 〈르몽드 디플로마티크〉 기자
작가이자 배우로도 왕성하게 활동하고 있다. 사회성이 강한 〈딕, 세계를 조종하는 리모컨〉(2004), 〈반역자들의 예언〉(2002) 등을 포함해, 연극평론집 〈오데옹의 극장〉(1991), 희곡 〈왕비들의 그림자〉(2002), 〈밤의 학교〉(1996) 등이 있다. 또한 그녀는 〈스트라스부르의 무명인물〉(1998), 〈그녀〉(1995) 등을 직접 쓰고, 배우로 출연하기도 했다.

우리의 문학 유산에서 이론의 여지가 없는 대중적인 작품을 자발적으로 언급한다면, 우선 빅토르 위고의 〈레 미제라블〉을 떠올릴 것이다. 한 시대를 풍미했으며 또 그 시대를 뛰어넘어 성공을 거둔 작품이다. 저명한 소설가 플로베르가 "이견이 있을 수 있나?"라고 빈정거릴 정도였다. 분명 그렇다. 이 이야기는 하나의 국가적 전설이 됐으며, 특히 외국인에게는 프랑스 자체를 대변하는 것으로 인지된다는 점 말고도 매우 매력적이며 어쩌면 충격적인 현상이 자리 잡고 있다. 도대체 무엇이 관건이며 또 무엇이 여전히 의미가 있기에 프랑스 민속 문화의 한 부분이 될 정도인가? 〈레 미제라블〉에서 펼쳐지는 것, 곧 이 작품을 하나의 대표적 유형으로 만든 것을 이해하기 위해서는 먼저 위대한 선구자라 할 수 있는 〈파리의 미스터리〉(이하 〈미스터리〉)가 있다.[01] 연재소설이라는 하나의 장르를 개척했을 뿐 아니라 '사회문제'라는 하나의 주제를 설정한 작품이기 때문이다.

〈미스터리〉가 1842년 6월 19일부터 1843년 10월 15일까지 〈데바〉지에 연재됐을 때는 이미 '연재소설'이라는 장르가 "다음 호에 계속됨"이라는 상투어로 유행할 만큼 자리 잡고 있었다. 그런데 바로 이 〈미스터리〉와 더불어 연재소설이 그야말로 왕의 위상에 올랐다. 테오필 고티에가 기록했듯이 "병자들도 〈미스터리〉의 다음 호를 보기 위해서 죽음도 미룰 정도였다"고 했다. 이건 심취 정도가 아니라 열정이었다. 이 소설의 구조는 기상천외하고 파란만장하다. 그 섬세함 앞에서 심리적 분석을 들먹이면서 잡담을 늘어놓을 여지가 없을 정도이다. 그러나 그것이 중요한 건 아니다. 정

---

01 1842년 6월 19일부터 1843년 10월 15일까지 〈르 주르날 드 데바〉지에 연재된 으젠느 수(Eugène Sue)의 장편소설이다.

작 본질적인 것은 진정한 주인공이 전혀 예기치 않았던 사람이었으며, 그가 또 당시의 지배적인 가치를 문제시하고 있었다는 점이다.

주인공은 사실 사회적 최하층인 대중과 바로 그들의 왕국이었다. 평판이 좋지 않은 불량배들이 자주 모이는 센 강변과 어두운 소굴의 파리가 무대였다. 이들의 절반쯤은 이방인들로 서로 매우 친숙했다. 프랑스어를 할 줄 알지만 이해하기 힘든 은어를 사용했다. 부르주아들과 같은 도시에 살고 같은 곳을 드나들었지만 주로 밤에 활동했다. 여기에서 첫 번째 동요가 발생했다. 하층민 불량배들이 전면에 등장해 한 사회적 계층으로 나타난 것이다. 계층 간의 구별은 기대했던 바대로가 아니었다. 오히려 그 이상이었다. 〈미스터리〉는 사회적 위계를 따져 선한 자와 악한 자들을 구별하지 않았다.

〈파리의 미스터리〉에서 자신의 모습 찾아

하층민 가운데에도 관대한 의인이 있었고, 유명 인사들 중에도 끔찍한 인물이 있었다. 작가인 으젠느 수는 사회적인 관계를 기계적으로 뒤집지는 않았다. 그는 사람이 가난하면 미덕을 간직하기가 어렵고, 부자일 때는 악을 감추기가 상대적으로 쉽다는 것을 강조하는 것으로 만족했다. 장-루이 보리의 말에 의하면, '멋쟁이 사회주의자' 으젠느 수는 생생한 표현이나 눈물을 자아내는 표현에도 인색하지 않았다. 그럼에도 불구하고 이 책이 대성공을 거둔 이유는 대귀족의 딸이면서도 창녀인 플레르 드 마리의 가녀린 모습 때문이라기보다는 "힘 있는 자"들의 거짓과 범죄를 밝혀내고, 고귀하거나 미천하거나 간에 "비열한 자"들도 고귀한 인간성을 회복하면 속죄 받을 권리가 있다는 확고한 신념, 악당들의 이국적이면서도 대중적인 말투와 가난하지만 정직한 자들의 개방적인 말투를 풍부하게 사용한 활력 있는 문체에 기인했다.

가령, 피플레 부부가 구체적으로 구상한 '대중'은 아무리 고달프다 해도 결코 닳지 않는 '수다쟁이'라는 표현을 부가어로 달고 다니는데, 삐딱하지만 분명 놀라운 달변가로서의 천재성을 여실히 보여주는 예가 된다. 그러나 〈미스터리〉의 성공을 단순히 투사들의 박애주의나 도둑집단에 대한 자료 정도로 축소 해석할 수는 없다. 이 책의 매력은 아마도 공식적인 것과 불법적인 것, 상류사회와 하류사회가 뒤섞인 것에 있을 것이다. 말하자면 마침내 대중도 자신을 대변할 입을 찾은 것이다.

이로부터 20년 후 위고는 〈레 미제라블〉을 완성했다. 장편소설이 찬양되기 시작한 것이다. 게다가 위고는 〈레 미제라블〉에서 〈미스터리〉를 칭송한 바 있고 스스로가 수의 접근방식을 근본화해 자신의 작품에서 표현하게 된다.

수에게서는 '합법적인' 노동의 세계가 무엇보다 장인들에 의해서 드러나는데, 미래에는 부자들이 선한 사람이 될 때 그 세계를 칭송할 것이다. 위고는 "사회적 문제"에 대한 분석을 훨씬 더 심도 있게 넓혀서 이를 역사적인 대사건들과 연결시켜 어떤 해결책을 모색하려 했다. 역시 위고는 대문호다웠다.

몽테스키외의 표현을 따른다면, 참으로 오랫동안 사람들은 "가난한 자는 가진 것이 없기 때문에 가난한 것이 아니라 일하지 않기 때문에 가난하다"고 생각했다. 이는 18세기적 개념 속에서 잉태된 흔적을 간직한 철학적 교훈으로서 19세기 초반까지 위력을 발휘한 관념이었다. 그런데 산업화의 산물인 "만성적 빈곤" 문제가 다가왔다. 루이 나폴레옹이 이를 끝장내자고 선동한 것은 1844년이었다. 근면한 자들의 불행이 도래한 것이다. 경악할 상황이었다.

"〈미스터리〉의 성공은 고귀하거나 미천하거나 간에 '비열한 자'들도 고귀한 인간성을 회복하면 속죄 받을 권리가 있다는 확고한 신념에 기인했다."

산업혁명, 철도, 주식회사, 보험회사, 은행, 신용회사와 함께 찾아온 현대성에 대해 어떻게 생각해야 할까? 이른바 '진보'가 야기한 비극적인 궁핍을 어떻게 이해하고 어떻게 퇴치해야 할까? 1828년 당시 릴르 시에서는 총 8만 명의 시민 중 2만 명이 빈곤층이었다. 엄마, 아빠, 아이들이 모두 함께 하루 13시간에서 15시간 동안 섬유공장에서 일했다. 어린 아이 중 3/4은 성인이 되지 못하고 죽었다. 대규모 공장의 노동자에게는 당시의 철학자인 앙즈 궤펭이 말한 대로, "산다는 것은 곧 죽지 않는다는 것"이었다. 파업은 금지됐다. 당국이 노동자들을 통제하는 강력한 수단이던 노동자 장부는 의무적이었다. 유기되는 아이들의 숫자는 늘어났고, 유아 살해는 현기증이 날 만큼 증가했다. 가난한 자는 패덕한 자가 되고, 난폭자가 되고, 위험한 인물이 됐다. "사회를 위협하는 야만인은 더 이상 코카서스인들도 아니고, 티티르의 초원에 사는 이들도 아니다. 야만인들은 바로 우리가 살고 있는, 대규모 공장이 있는 성 안에 살고 있는 자들이다"라고 1831년 〈데바〉지는 통곡했다. 이 〈데바〉지가 바로 〈미스터리〉를 연재한 잡지였다.

그렇다. 공화국이 발포 명령을 내렸던 1848년 6월 노동자들의 폭동처럼, 〈레 미제라블〉에서는 세 사람이 처형되는 폭동을 언급하는데, 1847년 일어난 뷔장세의 '기아 폭동'과 "자유롭게 일하면서 살거나 아니면 싸우다가 죽기"를 선택한 리용시의 견직물 공작 직공들의 경우가 그렇다. '야만인'들이 폭동을 일으킨 것이다. 그리고 야만인의 수가 너무 많아졌다. 바보가 되거나 절망해서 너무나 빨리 법을 벗어나 버렸다. 그들은 두려움을 안겨 주었다. 그러나 가진 자들이 휘두르는 공포에 '사회주의'의 대도약이 응답했다. 1834년 피에르 르루가 '사회주의'라는 표현을 언급한 것이다. 곧바로 이 단어는 일상의 언어로 자리 잡았다. 라므네, 생-시몽, 푸리에, 푸르동 등이 '사회적 정의'를 문제시했고, 로베스피에르, 마라, 바뵈프 등은 1848년 혁명의 선도자들이 됐다.

〈레 미제라블〉이 〈미스터리〉보다 더 대중적이 된 이유는 두 개의 소설 사이에 유사성이 많지만 위고에게서는 '사회적 정의'라는 주제가 역사적 대사건이라는 맥락 속에 분명하게 자리 잡고 있었기 때문이다. 이 사회적 정의가 성가대의 고독한 합창처럼 독특하고 집합적이고 구체적이며, 과거와 현재와 미래가 함께 있었기 때문이다. 그래서 그가 혁명이라 명명한 하나의 이상과 연결됐기 때문인 것이다.

같은 도약이라는 맥락 속에서 '대중'이란, 라틴어로는 '서민'과 '인민'을 동시에 지칭한다. 그들이야말로 존엄성을 박탈당해 버려진 자들이다. 그런데 "존엄성"이란 이미 인간으로 존재하는 한 자명한 것이다. 바로 거기에 아름다움이 있다. '대중'이란 젊은이이고, 늙은이이며, 구시대의 혁명군이며, 초등학교의 어린 동료들이기도 했다. 많은 이들이 1832년 바리케이드 위에서 죽어갔다. 그들은 스스로 대중이란 것을 알지도 못했지만, 그것은 고통 받는 모든 이들을 지칭하는 말이었다. 왜냐하면 일부의 불행은 세계 전체를 고통스럽게 하기 때문이다. 역사라는 것은 모든 사람들, 특히 말없는 다수의 것이기 때문이다. 그렇기에 '대중'이란 군중도 아니고 다수의 무리도 아니고 모두가 특별하고 신비스러운 이야기를 간직한 수많은 개인과 인간성의 집합체인 것이다. '대중'이란 19세기를 만들었던 꿈과 환멸이 서로 교차하는 서사의 찬가이며 우스꽝스러운 농담이다. 우리는 모두 그 19세기의 후손일 뿐이다. 결론적으로, '대중'이란 여전히 가득 채워야 할 인간성 자체인 셈이다. 그 소설들이 거대하고 황폐하고 어둡다 할지라도 '대중의 것'이 되고, '대중의 것'으로 남는 것은 하나도 놀라운 일이 아니다. 그 속에서 대중이 역사의 의미이며, 그 역사로부터 작가의 상상력이 진실을 밝혀내기 때문이다.

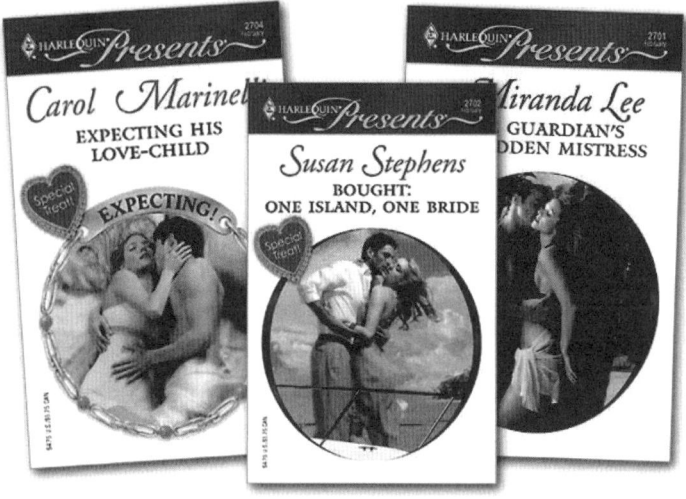

할로퀸 문고 시리즈

현대 여성들이 빠지는 연애소설

수십 년 전부터 〈우리 둘〉이라는 주간지와 통속적인 대중소설들이 수천 만 명의 여성과 때로는 남성들까지 꿈꾸게 만들었다. 그렇긴 해도 아직은 확고한 장르로서 군림하지는 못한 감성적 연애소설은 대중과 더불어 변화를 거듭해왔다. 이런 작품들은 사회의 변화에 적응하고 성관계라든가, 커플생활, 행복, 사랑과 같은 주제처럼, 독자들이 삶에 대해서 품는 의문에 응답하려고 노력해왔다. 그러나 이런 작품들이 제시하는 방법에 독자들이 쉽게 속아 넘어간다는 증거는 보이지 않는다.

미셸 코키야 | 문학박사
저서로 〈남성의 시학〉(1982), 〈그녀들은 누구인가?〉(1984), 〈사랑의 소설들〉(1988)이 있다.

대중소설 시장은 출판본부를 영국과 캐나다와 미국에 두고 있는 영국계 기업 할리퀸이 독점하다시피 하고 있다. 할리퀸의 발행부수는 놀라울 정도다. 가장 대표적인 시리즈 〈푸르름〉을 포함한 10개의 컬렉션이 프랑스에서만 매년 2,400만 부가 발행된다. 매달 45개에서 50여 개에 달하는 타이틀이 출판된다. 즉 하루에 하나 이상의 타이틀이 발행되고 있다는 이야기다. 이 출판 기업은 대부분이 여성이며 거의 모두가 앵글로 색슨계인

700~800명의 작가들을 먹여 살리고 있다.

각각의 컬렉션은 고유한 의미를 가지고 있다. 예컨대, 가장 인기가 있는 〈푸르름〉이라는 컬렉션은 사회적 사실주의를 포기하고 시대착오적인 열정을 깊이 있게 탐색하고 있다. 심지어는 제목에서까지 이 같은 경향을 굳이 감추려하지 않는다. 〈미녀와 모험가〉나 〈천국의 연인들〉, 〈욕망의 유희〉, 〈길들여지지 않는 여인〉 등…. 그 이외에도 프랑스에서 매우 인기가 좋은, 의료계에서 겪어야 하는 압박감 속에서 발생하는 사랑 사건을 다루는 메디컬 로맨스를 주 소재로 한 〈하양〉 시리즈, 1994년 시작된 〈서스펜스〉 시리즈, 어린 소녀와 젊은 여성들에게 특히 인기가 있는 〈제6감〉 시리즈, 350쪽 정도로 다른 시리즈보다는 분량이 더 많은 〈역사물〉 시리즈, 보다 현대적이고 덜 감상적이라고 표방하는 〈베스트셀러〉 시리즈, 조직이식이나 뉴에이지식의 꿈 또는 초자연적 심리현상을 다루는 〈오늘날의 사랑〉 시리즈도 있다.[01]

〈푸르름〉과 〈하양〉이라는 두 개의 시리즈에서 할리퀸은 기존의 독자층을 혁신하려고 시도한다. 할리퀸 독자 중 25%는 대졸 여성인 것으로 추정된다. 진부한 연애담도 판에 박힌 구조로 지루하게 늘어진 이야기도 교육

---

01 이 파노라마는 1998년 작성된 것이다. 2010년에 컬렉션은 그 스펙트럼이 약간 변했다. 소위 〈섹시〉, 〈대담함〉, 〈열정〉, 〈스파이시〉 시리즈, 비정상적 심령 현상을 다룬 〈야행성〉, 환상을 다룬 〈달빛〉도 있다. 헬렌 필딩의 〈브리짓 존스의 일기〉의 성공에 힘입어 2000년 프랑스에 상륙한, 보다 도시적이고 접속자 수가 많은 소위 어린 소녀들의 소설도 〈레드 드레스 잉크〉에 소개됐다. 2007년 프랑스에서 할리퀸 출판사는 800여 건 이상을 발행해 천만 부 이상의 판매 실적을 올렸다. 2007년 백만 부 이상이 나간 〈푸르름〉 시리즈가 가장 인기가 많았다.(출전 Harlequin.fr)

을 받은 여성들을 질리게 하지는 않는다. 전체적으로 볼 때 독자층은 매우 젊으며 특히 프랑스에서는 영국과는 달리 어린 소녀들이 남들이 보는 데서 연애소설을 버젓이 구매할 때 느끼는 수치심 같은 것은 전혀 없다. 프랑스에서는 그 누구도, 어린 소녀들이 플로베르가 〈마담 보바리〉에서 이미 밝혀낸 효과가 있는 문학을 맘껏 누리는 것을 놀랍다고 생각하지 않는다.(*)

가장 최근의 할리퀸 소설 시리즈들이 변한 것은 분명하나 대중적으로 가장 인기가 좋은, 특히 상대적으로 값싸고 길이가 짧은 컬렉션들은 여전히 판에 박힌 상투적인 이야기들을 보급하고 있다. 예를 들어 〈푸르름〉과 〈하양〉에서 여자들은 (그녀들이 생각하기에는 유일하게 추구할 가치가 있는 것으로 보이는) 행복한 사랑이란 자신들을 손에 쥐고 좌우지하는 전제적인 남성에 복종함으로써 찾는다. 그 남성은 그녀들이 궁극적으로 원하는 것이 무엇인지를 그녀들보다 더 잘 알고 있다. 그녀들은 그 남성에게서 자신에게는 없었던 한 전지적인 가부장을 찾는 것이다.

그녀를 사랑하게 되고 그녀로부터 사랑받게 될 남자의 전지전능함이 명백히 드러나는 것이 인기 대중소설의 한 조건이다. 〈하양〉 컬렉션에 속하는 마리옹 레녹스의 〈예기치 않았던 손님〉은 4쪽부터 여주인공 펜은 자기가 왜 이 낯선 이방인에게 그처럼 끌리는지를 자문한다. 그리고 그녀는 사랑에 빠진 여자의 직관으로 스스로에게 답을 내린다. "분명 꿰뚫어보는 듯한 그 남자의 시선 때문이었다. 그 남자는 그녀가 하얀색 옷을 걸친 여인이 아니라 커플게임에서 신부 놀이를 하려는 조그만 여자애라는 것을 이미 다 알고 있다는 듯 약간은 빈정거리는 투로 그녀를 이리저리 탐색해보았던 것이다. 그렇다, 그는 진짜 그녀를 꿰뚫어 본 것이었다." 싸구려 대중소설의 진면목을 이것보다 더 적나라하게 드러내주는 예를 찾을 수는 없을 것이다. 모든 것이 거기에 있다. 팬을 현혹하면서도 동시에 분개하게 만드는 것은 외관을 꿰뚫고 단번에 그녀가 정말로 원하는 것을 알아보는 타오르는 듯한 그 시선이 갖는 통찰력이다. 진정한 남자란 여자를 상대로 책임감 있는 성인에게 보호받고 싶어 하는 유아기적인 본성을 갖도록 자극시키는 남성이다. 이와 같은 의식으로 남자는 일종의 우월감을 갖게 된다. 남자는 이 우월감을 아이러니하게 발산한다. 그녀 앞에서 그는 언제나 '즐기는 듯' 때로는 '동정하는 듯' 비웃으며 나타난다.

그가 그녀를 측은히 여기는 모습으로 등장하지 않을 때는 그녀를 꾸짖는 모습으로 나타난다. "그렇게 겁에 질려 놀란 어린 신부처럼 행동하지 말고 당신의 실제 직업인 의사처럼 굴어요." 물론 그녀를 비판하는 그의 태도나 전제적이고 냉랭한 그의 말투가 강조되는 것은 아니다. 이 성인-아이의 관계가 사랑이라는 감정과 대립하는 것이 아닌게 분명한 만큼 그녀는 오히려 그 관계의 표식이 된다. 결국 남자는 거의 통상적인 아버지처럼 부드럽게 행동하며 그녀의 볼을 쓰다듬고 머리칼을 쓸어 올리거나 어깨를 안아 준다. 마치 그녀를 가르치기라도 하는 양 사랑의 제스처를 시작하는 것은 언제나 남자며 보통 그녀는 놀라거나 당황해 한다.

왜냐하면 (그녀의 분석능력이 미미하기 때문에) 그녀는 언제나 그의 의도를 제대로 판단하지 못하기 때문이다. 예컨대 (〈하양〉 시리즈에 속하는 조시 멧칼프의 〈꿈속의 며칠〉에서처럼) 그녀는 그가 단지 남자들이 대충 그러듯이 평범하게 섹스 상대를 구하거나 그녀가 그에게는 무관심의 대상이라고 혼자 마음대로 생각한다. 그녀는 진짜와 가짜를 식별하는 능력이 부족하기 때문에 자기에게 운명 지어진 남자를 단번에 알아보지 못한다. 〈푸름〉 시리즈의 로버트 라이히의 〈길들여지지 않는 신부〉에 등장하는 팀과 로버트에 대해서도, 둘 중 하나는 진정한 남자이고 다른 하나는 마초이며 거칠고 직관도 없는 남자인데 린제이는 판단하는 데 매우 애를 먹는다. 다행스럽게도 때늦지 않게 간신히, 그다지 추천할 만한 상대가 아닌 남자로부터 등을 돌린다.

그러나 권위적이고 전지적인 유형의 남자 주인공은 사랑을 마치 찬물과 더운물을 번갈아 가며 끼얹는 스코틀랜드식 샤워 정도로 간주한다. 〈예기치 않았던 손님〉에서처럼 그런 주인공은 자기가 사랑하는 여자에게 거친 언사를 남긴 다음 부드러운 어조로 그래도 언제까지나 그녀 곁에 머물고 싶다고 한다. 이야기가 진행되면서 교훈을 남기는 이 투덜거리는 남자는 여성 독자들에게 두 가지 교훈을 남긴다. 왜냐면 여성 독자들이 자신과 동일시하는 여주인공은 그런 남자를 사랑하는데 그것은 그녀가 푸대접받는 것을 스스로 좋아하기 때문이다. 소설 속에 그려진 여자는 남성으로부터 받는 거친 대접을 일종의 여성성의 표식으로 감내한다. 그래서 복종하는 것이다. 남자는 남자대로 여주인공을 사랑하고 그리고 그 여자가 진실로 바라는 것을 알고 있기 때문에 이처럼 우월하고 빈정거리는 행동을 마치 의무인 양 서슴지 않는 것이다. 그는 사랑받기 위해서 그리고 진짜 남자가 되기 위해서 지배적이고 약간은 경멸하는 듯한 행동도 마다하지 않는다는 것이다.

최근의 사회적 진보도 이 같은 상투적 행동을 그다지 변화시키지 못했다. 실제로 대중 소설에서 사랑은 여성성과 남성성(차라리 수컷성이라고 하는 것이 더 적절할 것이다)의 대립으로서 드러난다. 후자는 보편성과 우월성의 상징으로 드러나며 전자는 여주인공을 지배하여 그 주인을 향하게 하는 복종의 상징이다. "원초적이며 비합리적인 어떤 힘이 그녀를 그 남자에게 이끌리게 하며 그의 키스에 응답하도록 한다." 남자는 그녀에 대한 완전한 지배권을 획득한다. 반면 여자는 언제나 "오락가락"하며, "일관성도 없고", "당황해 하며", "혼동스러워하고", 설명하기 힘들 만큼 "죄의식에 젖어있다."

  소설의 초반에 여주인공은 남자가 그녀에 대해 취하는 태도에 충격을 받지만 곧 그 정도는 "참을 만하다"고 생각하게 된다. 그러나 우리는 그녀가 어떻게 거기에 길들여져 가는지를 목격하게 된다.

  여자들을 어린애처럼 대한다는 것은 그녀들을 억압하고 꾸짖고 심지어는 육체적으로 교정하는 구실이 된다. 그렇지만 이와 같은 교육이 가해지는 방법에는 미묘한 뉘앙스가 있다. 여주인공은 반항하기도 한다. 조금씩 그녀는 그가 절대적으로 옳다는 것을 깨닫는다. 사건이 진행되어 가는 동안 그녀는 자신이 틀렸으며 겉으로 보이는 것 이상은 보지 못했다는 것을 알게 된다. 이렇게 해서 여성 독자들은 부드럽게도 남자 주인공의 전지성이 명백하다는 것을 인지하게 된다. "당신에게 나쁜 일은 아무것도 일어나지 않을 것이라는 느낌을 주는 강한 팔에 몸을 웅크리고 안기는 것 말고, 부드럽고도 보호자 같은 남자의 어깨에 머리를 기댈 수 있는 것 말고 삶에 있어서 무엇을 더 바란단 말인가?"라고 조시 멧칼프의 〈꿈속의 며칠〉에서 여주인공 게일은 중얼거린다.

  그러나 가장 인기가 많은 시리즈에서조차 여주인공들의 모습은 변하고 있다. 남자는 분명 자연스러운 우월감과 직관적인 자신의 지식의 자명함을 뽐내서 여자로부터 존경받고 복종을 얻어내고 있다. 그러나 예전의 소설, 특히 할리퀸 소설에서 그랬던 것처럼, 때로는 신체적 폭력과 난폭함까지 마다하지 않던 여성 혐오주의자는 아니다. 특히 분량이 좀 더 많고 플롯이 좀 더 복잡하고 내용이 급변하고 부수적인 인물이 더 많이 등장하는, 당연히 인기가 좀 덜하고 값도 비싼 시리즈에서는 이 같은 경향이 두드러짐을 알 수 있다. 샤롯테 반 알렌의 〈여자의 비밀〉과 〈베스트셀러〉 시리즈에 속하는 페니 조던의 〈상처받은 사랑〉에서는 남성의 공격성을 고발하기도 한다.

〈여자의 비밀〉에서 남자는 여자가 자신에게 소속되어 있다고 판단하기 때문에 여자들, 특히 자신의 여자들에게 가하는 육체적 폭력이 다루어진다. 다소 무거운 방법으로 다루어지지만 이런 소설의 교육적 효과의 효율성은 실질적이다. 희생자인 여자가 반항하고 폭력적인 남자로부터 도망친다. 그 남자는 자신의 여성 혐오주의로 인해 가치가 떨어지고 해당 여성들이 거의 모두가 일을 하는 직업인이기에 남자는 더욱 사회 전체에서 경원시된다. 이것이 최근 대중소설에 자주 등장하는 새로운 주제 중 하나이다. 여성이 일하는 것이 당연시된다는 의미이다. 오직 나쁜 남성들, 반영웅주의적 남성들만이 자신의 배우자가 일을 포기하고 자기에게만 몰두해주기를 바란다. 그러나 커플들의 트러블은 거기에서 시작한다. 실제로 여성이 사회적, 직업적으로 성공하고자 하는 야망이 크면 그만큼 남녀 관계가 위험해지는 건 명백하다. 물론 이것은 절대 남성에게는 해당되지 않는 경우다. 〈길들여지지 않는 신부〉의 린제이는 자신의 경력에 대한 야망 때문에 남편을 잃는다. 그녀는 TV 방송국의 리포터 역할에 충실하기 위해서 집을 자주 비우는데 이는 피할 수 없는 일이다. 어느 날, 예정에 없이 일찍 집으로 돌아 왔을 때 남편은 침대에서 다른 여자를 껴안고 있었다. 분명히 경력과 사랑의 일상 사이에서 균형은 유지되기 어렵다.

그런데 할리퀸의 다른 여주인공들처럼 린제이는 친구도 가족도 없다.

이해를 제대로 한다면 그녀에게는 직업이 곧 잃어버린 가족을 대신한다. 영국으로 돌아온 그녀는 찬란한 위상은 포기하나 일은 계속한다. 그녀에게 금지된 것은 경력을 쌓는 것이다. 처음에는 자유롭고 야망에 찬 젊은 여성의 사회적 성공은 감정상 결핍에 대한 보상이라고 인지한다. 그러나 그것은 젊음의 착각이었다. 나이가 들어가면서 그녀는 자신에게 합당한 것은 행복한 사랑이 있는 삶이라는 것을 깨닫게 된다. 분명 한 남자와 처음 시작한 사랑을 대가로 알게 된 것이었다. 그 남자는 그녀에게 재산을 안겨주고 삶의 여러 가지 편의를 제공해주었지만 폭력적이고 공개적으로 여성 혐오주의적이었다. 그녀는 공격성을 배척하고 그를 거부해 버린다. 몇몇 남성들의 성적 착취나 폭력에 반대하는 여성운동 성격이 강하고 현저하게 드러난다.

그러므로 점점 더 사랑받는 남자의 새로운 유형이 등장한다. 이 유형은 완벽한 것은 아니지만 거의 그 수준에 달하면서도 놀라운 점도 많다. 이러한 변화는 모든 소설에 드러나는 것은 아니고 아직은 일회성에 불과하다. 그러나 일단 등장한 이상 매우 목가적인 새로운 남성상이다. 〈길들여지지 않는 신부〉의 린제이의 남편인 팀은 많은 장점으로 미화되어 있다. 너무 바쁜 어린 부인을 도와주려고 설거지를 하려고 한다. 그렇지만 물론 성공하지 못하고 냄비만 불태우기 일쑤다. 결국 그는 설거지는 자기의 임무가 아니라는 것을 깨닫는다. 어떤 의미에서 그는 리포트를 하기 위해 쉬지 않고 떠나야 하는 배우자에 대한 남성들의 인내심이 부족하다는 것을 증명하는 것이다. 그는 비록 아내가 일하는 것을 막지는 않지만 그녀가 자기 곁에 머물기를 바란다. 그런데 그녀는 자유롭다. 그녀가 귀가하면 그는 용서하고 첫날처럼 사랑스럽게 굴어준다. 팀은 (멀어진) 아내를 다시 유혹하여

'회수'하기 위해서 약간의 단호함 내지는 '혹독함'의 증거를 보여주어야만 한다. 그래서 그녀에게 일부러 '침울하고', '신경질적이고', '빈정거리는 투로' 군다. 예전의 상투적인 패턴이 부활한 것이다. 왜냐면 현대적인 남성들이 변한 것이 사실이지만 '진짜' 여성은 여전히 지배당하는 것을 갈망하기 때문이다. 그렇기 때문에 남성은 어떤 의미로는 자신의 권위를 행사하도록 강요당하는 것이다.

여주인공은 항상 남자 곁에서 안정감을 느끼게 되는데, 이는 일반적으로 여자의 사회적 지위가 남자보다 열등해 여자가 남자에게 의존하고 있기 때문이다. 〈꿈속의 며칠〉에서는 남자 의사와 여자 간호사, 〈예기치 않았던 손님〉에서는 외과 전문의와 젊은 일반 여의사, 〈상처받은 사랑〉에서는 회장과 사무직 직원 여자 등등….

이 목가적인 새로운 남성상에 있어서 약간의 사실성이 있다면 긍정적일 수도 있다. 실제로 할리퀸은 그다지 신빙성이 없는 이상적인 남성상을 유포하려고 시도한다. 여성 독자들은 그녀가 기존에 설정된 코드를 따르기만 하면 일종의 〈약속의 땅〉처럼 꿈의 남자가 자기에게 다가올 것이라고 믿는 것이다.

사실상, 대중 소설은 여성 독자들이 자유의지로 선택하는 소설이 아니다. 무엇보다 완전히 도식화된 단편 이야기이며, 목적 또한 그 소설을 읽는 여자들의 호기심을 끄집어내거나 이를 플롯으로 구성하기 위한 것이라기보다는 여자들이 이성과의 관계, 삶에서 중대한 의미를 갖는 사건들, 즉 삶 자체에 대해서 의문을 갖는 데 있다. 이런 내용들은 학교나 정식 교육 과정에서는 답을 구할 수 없는 질문에 하나의 상투적인 판박이 유형으로 응답하는 것이다. 이런 문학에는 문학의 본질적인 힘 중의 하나라고 할 수 있는 유연한 흐릿함이 없다. 개인적인 경험을 통해서 풀어야 할 의문이나 어려움을 인식하거나 해결해야 할, 심각한 개인적 고민을 불러일으킬 만한 여지도 없다. 대중소설이란 행복을 찾기 위해서 지시를 그대로 따르기만 하면 되는 요리법과 닮았다. 스스로 종속되어서 이야기가 끝날 때까지 이끌려가기만을 바라는 여성 독자들과 닮은 것이다.

(*) 주인공 엠마는 유복한 데다가 보수적인 농민의 딸로 태어나 소녀시기를 수녀원의 부속학교에서 엄격한 교육을 받으며 자라나야만 했다. 독서라고는 당시에 유행했던 낭만주의 시와 소설이 전부였다. 그래서 엠마는 결국 삶 자체가 낭만적이라는 일종의 환상 속에서 성장한다. 작품은 결국 이상과 그에 대한 환멸로 절망에 빠지는 비극으로 마감된다.

'보바리즘'이란 현실적인 자아가 이상적인 자아를 제어하지 못하고 오히려 이상적인 자아가 현실적인 자아의 덫에 걸려서 숙명적으로 난파하고 마는 인간의 모습을 말한다.(역주)

악에 맞서는 소년 구원자

〈해리포터〉시리즈의 해리포터와 〈반지의 제왕〉의 프로도는 악의 세력과 맞서 싸우기에는 너무 연약해 보인다. 하지만 이 두 영웅의 어깨에 공동체의 운명이 달려있다. 왜 우리는 현대판 다윗과 골리앗의 이야기에 열광하는 것일까?

이자벨 스마자 | 문학평론가
저서로 〈해리포터의 성공의 이유〉, 〈반지의 제왕 혹은 악의 유혹〉이 있다.

JK 롤링의 〈해리포터〉 시리즈는 원래 아동서적으로 출간됐다. 하지만 출간과 동시에 부모들에게도 열광적인 환영을 받았고 그 후에도 어른들 사이에서 〈해리포터〉의 인기는 식을 줄 몰랐다. 〈해리포터〉는 전쟁의 위기에 처한 세상을 구하기 위해 악의 세력과 싸우는 소년의 이야기다. 1940년 출간된 JRR 톨킨의 〈반지의 제왕〉도 같은 구조를 띠고 있다. '악의 화신'인 사우론에 맞서 세상을 구해야 하는 거의 불가능한 임무가 여기서도 소년에게 주어졌다. 더 정확히 말해 키가 90cm가 안 되며 마법사 간달프의 보호가 필요한 순진한 호빗족 청년이다.

물론 구원자의 주제는 오래된 주제이다. 그리고 메시아는 태어날 때부터 자신의 남다른 운명을 깨닫고 그에 헌신하기 때문에 소년 구원자의 주제는 새로울 것이 없다. 하지만 여기에 아주 작은 차이가 있다. 매우 중요한 차이다. 예수와 모세 같은 구원자들은 어른이 된 후에 자신의 임무를 완수했다. 하지만 오늘날의 소설은 구원자가 어른이 될 때까지 기다리지 않는다. 해리포터를 비롯해 다른 소년 영웅들은 어렸을 때-아니 어리기 때문에-세상을 구해야 하는 임무를 부여받았다.[01]

왜일까? 어른들이 가지고 있지 않은 어떤 마법을, 어떤 자질을 아이들이 가지고 있기에 악으로부터 우리를 보호하라는 엄청난 임무를 그들에게 맡긴 걸까? 단순히 젊음이 부러워서일까? 아니면 경멸? 어떠한 관대함도 이타성도 보여주지 못한 어른들의 세계를 믿지 못하기 때문은 아닐까?

소년을 영웅으로 선택한 것은 악과의 투쟁이 개인은 말할 것도 없고 국가의 의지를 벗어난다는 어른들의 생각이 간접적으로 표현된 것이다. 어른들은 TV 화면에 범람하는 재앙의 거대한 규모 앞에서 그 어느 때보다 아이처럼 느끼고 있다. 아이들처럼 놀래고, 무서워하고, 통제당하고 있다. 그래서 보잘 것 없고, 겁이 많고, 카리스마도 없는 호빗이 막강한 힘을 가진 암흑의 군주 사우론과 싸워 이기고, 힘없는 고아 소년이 사악한 독재자 볼드모트와 용감하게 싸워 이기는 소설이 등장하게 된 것이다. 곧 우리는 현실에서 애타게 보고 싶어 하는 다윗과 골리앗의 싸움, 거인과 싸워 이기는 난쟁이를 보게 되는 것이다.

이것이 〈해리포터〉와 〈반지의 제왕〉의 엄청난 성공을 설명하는 충분한

---

01 롤링과 톨킨의 소설 이외에도 로이스 로우리의 〈기억전달자〉, 〈파랑 채집가〉와 어린 소녀가 혼자서 사악한 힘의 상징인 자신의 아버지 아스리엘 경과 싸우면서 지구를 구하는 이야기인 필립 풀먼의 3부작 〈황금나침반〉이 있다.

이유일까? 아니면 다른 이유가 있는 것은 아닐까?

〈반지의 제왕〉은 세계 정복의 야심을 가진 무자비하고 잔혹한 사우론과 이에 대항하는 정치연합과의 대립이 주된 내용으로, 전쟁의 혼란을 겪고 있는 인물들의 배신과 비겁함, 용기와 의지가 잘 묘사되어 있다. 해골 같지만 아직 죽지 않은 사우론의 부하괴물들이 살고 있고 사우론의 본거지이며 악의 근원지인 모르도르는 죽음의 수용소를 연상시킨다. 톨킨은 적극적으로 부인했지만 2차대전에 대한 암시를 부정할 수 없다. 예를 들어 사우론의 공포스러운 부하 나즈굴의 이름은 '나치'와 동쪽을 연상시킨다.

해리포터에서도 2차세계대전의 상흔을 찾을 수 있다. 어린 해리포터가 고아가 된 것은 독재자 때문이었다. 독재자는 공포정치에 저항하는 용기 있는 해리의 부모를 살해하고 동시에 자신의 정적도 제거했다. 몸에 순수한 '마법사'의 피가 흐르지 않는 '오염된 피'를 증오하는 볼드모트는 권력을 잡자마자 오염된 피를 가진 자들을 말살하겠다고 약속했다. 확실하게 표현된 것은 아니지만 나치에 대한 암시인 것이 확실하다(많은 해리포터 독자는 이를 인지하지 못했다). 볼드모트의 영적 아버지 살라자르 슬리데린의 이니셜이 SS인 것만 봐도 알 수 있다.

JK 롤링은 용기 있는 사람들 덕분에 거의 육체를 잃게 된 볼드모트가 어떻게 동물의 털로 육체를 다시 되찾게 됐는지 그리고 어떻게 자신의 주위로 추종자들을 결집시켰는지 보여준다. 4권의 마지막에는 해리포터의 수호자인 덤블도어로 대변되는 선과 볼드모트로 대변되는 악 사이에 전쟁이 임박했음이 예고된다. 선의 세력은 사형제도 거부, 압제에 대한 강한 혐오, 문화와 교육 장려 등의 민주주의와 휴머니즘 가치를 수호하기 위해 전쟁을 불사할 각오를 한다.

2차세계대전 이후 세계는 이원론적 세계관에 갇히게 됐다. 히틀러 정권 아래서 한편에는 증오와 파괴를 상징하는 악과 다른 편에는 용기와 도덕적 가치를 우선하는 선으로 나뉘었다. 20세기 인류의 거대한 트라우마인 나치의 야만행위에 대해 우리는 어떻게 그런 일이 가능했을까라는 의문을 멈추지 않고 있다. 폴 리쾨르는 상상력의 기본 기능을 삶을 탐구하고 이해하기 위해 빠짐없이 삶의 이곳저곳을 찔러 보는 것이라 했다.[02] 이것이 바로 〈해리포터〉와 〈반지의 제왕〉이 한 일이다. 세계를 축소시켜 우리가 이해할 수 있는 크기로 만든 것이다.

어른들이 이 두 소설을 재밌게 읽는 것은 어린 시절을 반복하거나 어린 시절과 작별을 고하려는 반응이 아니다. 위협적인 미래에 뛰어들어 통제권을 회복하고 위협을 몰아내기 위한 것이다. 이것이 클로드 레비-스트로스가 설명한 축소된 모델의 기능이다. '크기가 작아지면 사물 전체가 덜 위험해 보인다. 사물이 양적으로 축소되면 우리 눈에 질적으로 단순해 보이기 때문이다. 미니어처 세상은 현실 전체를 보여주고, 손에 올려놓고 가늠해볼 수 있고, 한눈에 이해할 수 있다.'[03] 이렇게 세상을 자신에게 복종시키고 붙잡아 경계선을 그을 수 있다는 것, 그래서 덜 두려울 수 있다는 것, 이것이 하나의 세계를 만들어 한곳에 인생을 가둬놓는 〈해리포터〉나 〈반지의 제왕〉 같은 소설이 가지고 있는 덕목이다.

〈해리포터〉의 경우 아직 끝나지 않았기 때문에 현실이 될 수 있는 장점이 있다. 다른 소설은 출간되면 모든 것이 끝나고 종결된다. 그래서 소설

---

02 폴 리쾨르, 〈해석의 충돌〉, Seuil, 파리, 1969년.
03 〈야생의 사고〉, Plon, 파리, 1962년, p.38.

밖 현실과는 상관이 없는 현실이 된다. 반대로 〈해리포터〉는 다음 편이 어떻게 될지 모르는 불확실성 때문에 현재에 강하게 뿌리를 내리고 있다. 어떻게 끝날지 모르기 때문이다. 미완성과 불확실성은 실제 세계의 특성이지 픽션의 특성은 아니다. 특히 전쟁이 일어나면 볼드모트와 덤블도어 모두가 가지고 있는 힘이 믿을 만한 것인지 의문스러운 것은 우리 미래가 불확실하다는 사실과 유사하다.

우리는 우리 앞에 무엇이 기다리고 있는지 모른다. 하지만 〈해리포터〉와 관련해 최소한 한 가지는 알고 있다. 매우 중요한 것이다. 어린 소년은 승리할 것이다. 선이 악을 이길 것이다. 이것만은 확실하다. 볼드모트가 해리를 이기는 것으로 끝나는 〈해리포터〉 시리즈는 상상할 수조차 없다. 이것이 바로 〈해리포터〉 시리즈의 성공의 열쇠가 아닌가 한다. 소설이 아직 끝나지 않았다는 점, 그리고 소설이 만들어낸 기대와 의문은 허구와 실재 사이에 작은 공간을 만들어서 소설이 현실로 들어갈 수 있게 한다. 그래서 소설처럼 현실에서도 전지전능한 작가가 자신의 창조물을 잘 조종해서 어떤 악의 위협에도 불구하고 돌이킬 수 없는 재앙은 일어나지 않을 것이라는 환상을 심어준다.

독자들이 나치주의를 상기시키는 소설을 계속 선택하는 이유는 히틀러와의 전쟁 구도가 여전히 유효하다는 것을 무의식적으로 자신에게 납득시키려는 것은 아닐까?

성공한 소설과 영화는 악을 상징하는 인물을 보여주면서 우리를 안심시키고 죄책감에서 벗어나게 해주려는 것은 아닐까? 악과 파괴를 열망하는 힘이 존재한다고 믿게 해서 '문명의 충돌'(전쟁)을 예고하는 사람들이 양심의 가책을 느끼지 않도록 하려는 것은 아닐까?

이들 소설에서 염려스러운 것이 그것이다. 마치 전쟁의 가능성도 이미 확실해졌고 전투에 나갈 준비도 마쳤으니, 우리가 최종 결정을 내리기 전에 전쟁을 하는 것이 악의 세력에 맞서 도덕과 휴머니즘을 수호하는 것이라고 우리를 설득하는 마지막 단계가 있다는 것처럼 착각하게 하는 것이다. 그래서 이 소설들의 성공은 우리가 전쟁이 임박했다는 것을 받아들이고 이제 전쟁의 정당성을 찾으려 한다는 것의 첫 신호일 수 있다. 전쟁을 일으키는 것뿐 아니라 우리의 아이들을 전장에 내보내기 위해서는 철저하게 파괴해야 할 절대악을 상징하는 누군가가 필요하다. 하지만 의식 속에 분명하게 떠오르는 것이 없기 때문에 우리는 호빗 프로도와 마법사 해리에게 절대악을 찾아달라고 부탁을 했다.

전장에 나가는 임무를 왜 해리포터와 프로도 같은 아이들에게 맡겼는가 라는 질문에 대한 답을 찾은 것 같다. 갑자기 전몰용사 추모비에 새겨진 글이 떠오른다. '조국을 위해 목숨을 바친 아들딸들에게', '나가자. 조국의 아들딸들이여…'.

'형이상학 실험장',
공상과학의 미학

하나의 가설을 확실한 이론이라고 상정하고는 그에 따른 결과를 상상하는 것, 이것이 무엇보다도 프랑스에서 'SF'라고 명명된 장르의 원칙이다. 이런 장르에서는 서로 관계가 매우 먼 것으로 보이는 픽션과 현실, 환영과 확실성이 이따금씩 일치되고는 한다.

세르주 르망 | SF 작가
〈저 높은 곳과 사람이 살 수 없는 우주공간〉(2008), 〈수평선으로의 귀환〉(2009), 〈공상 속의 여단〉(2010) 등의 작품들이 있다.

정확하게 한 세기 전, 〈르스펙타퇴르〉에 작가 모리스 르나르의 '과학적 경이와 그것이 지식의 진보에 끼치는 영향에 관하여'라는 논문이 실렸다. 이 논문은 제1·2차대전 사이의 프랑스 공상과학(SF) 작가들의 주목을 받았다가 잊혀졌으나, 1990년대 초 재조명되면서 오늘날 공상과학에 대한 최초 이론으로 간주되고 있다.

SF라는 신생 장르의 미학을 분석하면서 르나르는 이렇게 말한다. "공상과학은 딱히 정의하기 힘든 이상한 한 가지 요인, 혹은 여러 가지 요인들을 의도적으로 끄집어내 경이로운 존재, 물체 혹은 사건을 보여준다. 예를 들어, 우리는 과학적 가설들을 확실한 것으로 인정할 수도 있고, 그 가설에서 결과를 추론할 수도 있다. H. G. 웰스의 〈우주전쟁〉도 화성에 우주 생명체가 산다는 전제 아래 연구를 통해 우리가 알게 된 것과 예상할 수 있는 것들에 의존해 만들어진 셈이다."[01]

협소한 장르라는 인상 고착화

과학 연구의 가설로서 외계인이 존재한다는 건 얼마든지 가능한 일이다. 하지만 20세기 내내 그랬던 것은 아니다. 과학자들 사이에서 태양계 밖 행성에 생명체의 존재 가능성이 제기됐고, 이미 확보된 자료들을 토대로 외계인의 존재를 충분히 상상할 수 있었음에도 SF 작품들은 조롱의 대상이 되거나, 과학이나 문학에서 설 자리가 없는 망상쯤으로 여겨졌다.

---

01 모리스 르나르, 〈르스펙타퇴르〉 6호, 1909년 10월. 〈모리스 르나르, 소설과 환상 콩트〉, '부켕(Bouquin)' 시리즈, 1990년판에 다시 실림.

SF 장르의 협소한 이미지는 잘 알려져 있다. 20세기 초만 해도 SF 장르의 작품은 영국·프랑스·독일·러시아·미국 등 5개국에서 에드거 앨런 포, 쥘 베른, J. H. 로니, 아서 코넌 도일, 쿠르트 라스비츠, 허버트 조지 웰스, 콘스탄틴 치올콥스키, 에드거 라이스 버로스 등 극소수 작가들을 중심으로 제한적으로 발표됐다. 이후 영국인들은 웰스를 중심으로 '과학적 로맨스' 학파를 형성했다. 프랑스에서는 르나르가 1909년 '과학적 경이'라는 이름으로 그에 필적하는 학파를 창립했다. 그로부터 17년 뒤 미국에서 휴고 건즈백이 최초의 상업적 SF 전문지를 창간했고, 1926~29년에 걸쳐 잡지 제목이 '사이언티픽 픽션'에서 '사이언티픽션'으로 바뀌고, 이후 '사이언스 픽션'에 이르게 된다. 2차세계대전 뒤 미국에서는 대중문화의 확산과 함께 외계인을 소재로 한 '펄프 매거진'[02]들이 등장했으며, 아이작 아시모프, A. E. 반 보그트, 레이 브래드버리의 작품들(모두 1939~45년에 발행된다)이 번역돼 유럽에 소개되면서 유럽 학파의 그늘에서 벗어났다.[03] 휴고 건즈백은 SF계의 세계적 반열에 오르기도 했다.

실험 장르로 시작된 SF는 다양한 영역으로 확대되면서 점차 일관성을

---

02 20세기 초 미국에서 발행된 싸구려 잡지들은 특히 환상적인 이야기들이나 SF를 게재했다.

03 쥘 베른의 〈환상여행〉 시리즈가 시작된 해인 1863년부터 미국 작품의 번역이 시작된 1950년 사이 프랑스에서 간행된 SF 작품 수는 3천 편 정도로 추정된다. 존 앙투안 노의 〈에너미 포스〉는 환상문학 작품 중 최초로 2003년 공쿠르상을 받았다. 최초의 SF 시리즈 역시 프랑스에서 시작됐다(레지 메삭의 하이퍼월드 시리즈). 탐정소설 영역에 걸쳐 있는 SF의 전통은 팡토마, 룰타비유, 아르센 뤼팽, 매그레 경감 등으로 이어진다. '프랑스의 잃어버린 세계', 〈르몽드 디플로마티크〉 프랑스판, 1999년 7월호 참조.

확보했다. 하지만 SF는 작가 모리스 르나르가 부여하고 싶어 하던 문학적 위상을 얻지는 못했다. 특히 프랑스 문단은 SF를 경멸하거나 부인하는 태도를 보였다.

가설을 끝까지 끌고 가는 미학

SF는 사실 위주의 신문 사설과 완전히 다른 것이다. 일반적으로 SF는 그 출발부터 픽션을 넘어서서 도시공학·철학·종교 등 다양한 분야에서, 그리고 그 진위 여부와 무관하게 나타날 수 있는 모든 문화적 현상을 표현한다.

몇 가지 최근 사례만 보더라도 미래 지향적인 '그랜드 파리' 프로젝트, 유전자조작에 의한 인간복제, 1997년 화성탐사선 호이겐스호 발사, 또는 외계인 숭배 단체인 '라엘리안 운동'의 인간복제 지지 등이 바로 그러하다. SF는 이런 모든 현상들의 정당성 여부를 떠나, 이를 조금 더 발전된 형태로 확대 적용해 이 현상들에 대한 과학적 가설을 확실한 것으로 인정하면서 그에 따른 결과를 도출하는 것이다. 이런 절차야말로 SF의 능동적 원칙이다. SF에서는 상당한 지식과 사색, 그리고 작가 모리스 르나르가 '경이로움의 단계'라고 표현했던 '과학적 가설을 끝까지 밀고 나가는 능력'이 필요하다.

그러나 오늘날에는 몇몇의 경우 미진한 부분이 있지만 상황이 완전히 달라졌다. SF 초창기 선구자들을 제외하고는 어느 누구도 인간을 우주에 보내려고 시도하지 않는다. 잠정적이기는 하지만, 창의적인 가설과 단순한 몽상 사이에서 역사적인 선별 작업이 이뤄진 것이다.

대중에게 SF는 비주류 버라이어티로, 때로는 '그로테스크'나 '몽상'과 동의어로 간주된다. SF가 나온 지 한 세기가 지났지만, 탐정소설이나 만화와 달리 문학사 교과서에 단 한 줄도 언급되지 않고 있다. 하지만 조금 더 일반적인 형태로 SF는 현대문화의 중요 부분에 혈액을 공급하고, 지속적인 믿음을 만들어내고, 문명의 단계에서 계획들을 만들어내며 그것들의 시행에 기여한다. 이렇게 완전히 상반된 모순을 어떻게 유기적으로 연결시킬 것인가?

철학이 포기한 형이상학 추구

철학자 기 라르드로는 〈철학적 픽션과 과학적 픽션〉(1990)이라는 에세이에서 SF가 20세기 형이상학을 독점하고 있다고 말했다. 형이상학은 서구 사상에서 최고의 권위를 갖는 학문이다. 예전에는 과학과 철학, 종교와 예술이 교차하는 영역에 있었지만 니체와 프로이트 이후 불가해한 주제로 치부됐다. 실제로 SF는 100년 동안 공간·시간·실재의 속성에 대한 새로운 가설을 제시해야 한다는 강박관념을 가지고 불멸성의 문제에 몰두했고 거대한 실체로서의 초인을 양산해냈다. 또 어디에서나 구닥다리로 간주되는 형이상학적 문제들을 제기하는 유일한 존재였다. SF 특유의 미학을 제시하면서, 그리고 언젠가는 기술과학이 그것을 재활성화하리라는 점을 확신하면서, 구체적으로 그 역할을 수행해왔다.

현재 SF가 다루는 문제는 포스트휴먼, 사이버 세계, 외계문화와의 접촉이다. 이것이야말로 아주 옛날의 문제를 다시 다루는 것이 아닌가? 르나르는 일찍이 1909년부터 그 점을 느끼고 있었다. "과학적 경이로 말미

않아 우리는 우리의 즉각적인 평온함을 넘어서 탐험해야 할 무한한 우주 공간이 있음을 발견하게 된다. 이는 과학의 이념으로부터 일상의 관습 밑에 숨은 저의와 인간 중심주의적 감정들을 무자비하리만치 낱낱이 끄집어 낸다. 그것은 우리의 습관을 깨부수고 우리 스스로를 넘어선 또 다른 관점 위로 옮겨놓는다."

라르드로의 분석이 정확하다면 왜 고급문화가 SF를 통해 발전된 극단적인 가설들에 관심을 기울이기를 거부했는지 설명해줄 수 있다. 고급문화에서 그런 가설들은 퇴보이거나 거짓 추리, 심하면 과학성이라는 허울을 뒤집어쓴 실속 없는 주제로 여겨졌던 것이다. 서구의 후기 형이상학 사상가, 후기 가톨릭 사상가들의 눈에 거의 80여 년간 SF 장르의 소중한 주제였던 외계 생명체는 천사와 악마의 귀환으로 여겨졌을 것임이 틀림없다. 결국 이 주제가 과학적으로 그 자질을 인정받고, 수많은 연구자들이 이에 대한 연구에 매진하게 된 것은 역사의 아이러니가 아닌가. '이상한 것'이 절대 이상한 것이 아니었고, 바로 이 점에서 SF는 '본의 아닌 과학'이 되는 것이다.

이런 방향 전환은 주제에서 환상적 부분을 상실하게 하고, 작가들도 흥미를 상실하는 두 가지 결과를 초래했다. 한 세기 동안 중요한 영역을 차지했던 미래 세계에 얽힌 주제 또한 마찬가지다.

그러나 SF 장르는 곧 이런 장애를 두 가지 대책으로 보완했다. 앞날이 보이지 않게 되자 과거를 공략하는 쪽으로 방향을 바꾼 것이다. 다시 말해 "만일 이러이러했다면 이런 일이 일어났을 것"이라는 점을 탐색하는 대체 이야기들을 만들어내는 것이다. 이 이야기들은 예전 황금시대의 장인들이 꿈꾸던 우주의 미래만큼이나 풍요로운, 무수히 많은 상상의 세계들을 만들어내고 있다. 2차대전 이후 안드로이드들이 지구를 지배한다는 가상의 세계를 그린 필립 K. 딕의 〈높은 성의 사나이〉(영화 〈블레이드 러너〉의 원작 소설)와 로버트 실버버그의 〈해골의 서〉가 성공한 사례다.

과거를 재창조, 미래를 예고

두 번째 대책은 더 눈부시다. 미래의 획일성을 새로운 약속의 원천으로 삼기 때문이다. 이에 대해서는 작가이자 수학자인 버너 빈지가 많은 것을 설명한다. 향후 몇십 년 동안 현재의 모든 기술들이 결집된 교차 지점에서 슈퍼 인공지능이 출현해 미래를 예측하는 모든 생각을 없앤다는 것이다. 언젠가는 죽을 운명, 개체성, 환경에 종속되는 유한한 존재 등 우리가 아는 인류의 근본 바탕이 문제시될 때, 그 이후의 세계를 예측하는 것은 헛수고다. 하지만, 이런 이유로 환멸에 의해 '미래를 죽이는' 대신 과학과 기술은 예전에 없었던 규모의 형이상학적 사건의 동력이 되고, 인류의 새로운 모험의 가능성을 열어주는 것이다. 프랑스에서는 미셸 우엘벡이 〈소립자〉라는 작품을 통해 이런 예언의 이미지를 보여주었다.

종말론의 부활인가 아니면 다시 한 번 실현될 과학인가? 상상 속 과거의 확장과 향후 반세기에 도래할 중요한 변화의 예고 사이에서 우리시대는 새로운 사상의 밑그림을 힘들게 그려가는 중인지도 모른다.

* 부록2 참조

영화 〈스페이스 오페라〉

공상과학소설의
명석한 예측들

서구세력으로 한정된 정복자 인류가 거칠고 야만적인 외계생명체에 맞서 싸운다. 이러한 단순한 시각에서 출발한 공상과학소설은 다양한 형태의 독재권력을 효과적으로 비난하고, 더욱 성숙하고 비판적인 세계를 재현하는 방향으로 점차 발전했다.

이브 디 마노 | 작가, 시인 겸 번역가.
〈누가 헨리 무어를 죽였는가?〉(1977), 〈자오선〉(1987), 〈제식(祭式)의 산〉(1998) 등의 작품이 있다.

'대중적'이기를 자처하는 모든 문학처럼 공상과학소설 역시 당대의 거대한 이데올로기들 중에서 어느 한 가지를 선택했다는 사실을 반영한다. 공상과학소설의 이야기는 특정한 주장이나 견해의 배경이 되고 등장인물은 현 시대의 인물을 대변하며 소설 속 미래는 현재를 재현한다. 한 시대의 두려움, 욕망, 의문들이 공상과학소설에서 표현될 때, 그 표현되는 방식은 정신세계로 명명되는 어떠한 것의 현실을 해독하는 법칙에 따른다. 그리하여 공상과학소설은 특히 국가에 사로잡혀 있는 모습을 보이는데, 처음에는 확실성을 가지고 임하다가 시간이 지남에 따라 조금 더 자세히 분석을 하게 되고 마침내 현재에 이르러서는 다분히 비판적이면서도 모호한 반박을 하는 형태로 국가에 집중된 관심을 표출한다. 우리는 세계를 지배하는 국가에 속한 작가들의 견해를 짚고 넘어가지 않을 수 없다. 그 견해가 권력을 주제로 다루고 있다면 더욱 그렇다.

이 자리를 통해 북미 공상과학소설에 담긴 모든 정치적 함의를 철저하게 정리해보자는 것은 아니지만, 작가들이 사회로부터 취한 주요 선택을 몇몇 작품으로부터 이끌어내 보고자 한다. 이 작품들이야말로 공상과학소설 독자들에게 현재를 가장 잘 재해석하여 보여주는 매개체이기 때문이다.

공상과학소설하면 가장 먼저 떠오르는 것은 기계주의의 신화와 행성정복의 꿈을 대중화시킨 1940~1950년대의 〈스페이스 오페라(space opera)〉이다. 미국은 세계대전의 승리자였던 만큼, 문학 속에서 신화화된 미국의 미래가 전쟁을 향한 충동을 끝없이 추구해나가는 형태를 띠는 것은 당연한 일이었다.

문학적 가치에 있어서는 서로 큰 격차를 보이지만 당대의 소설 대부분은 지구의 우주 지배, 그리고 지구의 패권을 잡거나 되찾기 위한 전쟁을 주제로 했다. 덧붙이자면 여기서 미래의 지구란 전적으로 미국인이라는 인종에만, 사회적으로는 미국의 과학기술에만 한정되는 모습을 보여준다. 그리고 과학기술은 자동화와 신기한 제품으로 점철된 일상이라는 기술의 사회적 승리를 보장할 뿐 아니라, 정복 사업을 잘 진행할 수 있게 해주는 역할을 한다.

이러한 과학소설들이 우리에게 보여주는 국가의 모습, 즉 우리에게 제시하는 미래에 대한 비전은 염려스럽기 그지없다. 이들이 선호하는 국가란 단일 독재국가, 곧 절대권력을 지닌 수장 혹은 고위관리로 구성된 의회가 지휘하는 '제국적 공화국'을 모델로 하고 있기 때문이다. SF작가 에드먼드 해밀턴은 "우리는 우리자신을 통치하는 자들에게 귀족 작위를 주며 군주제 사회에서처럼 경의를 표한다. 이는 엄청나게 멀리 떨어져 있는 행성 간의, 그리고 지구인과 행성 원주민 출신들 간의 연계를 유지하기에 최상의 시스템이다"라고 대수롭지 않은 듯 적고 있다.

이처럼 미래의 국가는 대다수 군중과 이들을 지배하며 (종종 여러 세대에 걸쳐 대물림되는) 권력을 독점하는 소수 엘리트가 존재한다. 가장 고전적인 예는 아이작 아시모프의 그 유명한 〈파운데이션(Foundation)〉 시리즈[01]로, 여기서 지구는 (땅과 바다가 강철 아래로 사라진) 거대한 도시에 불과하다. 권력은 폐쇄적인 집단 내에서 영원히 대물림되며 사회의 미래는 역사가 시작되는 순간부터 이후 천 년까지 계획된다. 대부분의 공상과

---

01 아이작 아시모프, 〈파운데이션 시리즈〉, 전 5권, Gallimard, Paris, 2000~2009.

학소설 작품에서 권력은 늘 극단적일 정도로 소수에게 집중되어 있는데, 독자를 좀 더 효과적으로 현혹시키고자 작가들은 국가를 운영하는 일의 어려움을 호의적으로 자세히 묘사하고 한 국민으로부터 국가를 멀리 떨어뜨려 종국에는 신격화되는 주장들을 되풀이한다.

물론 개인도 이러한 국가에서 특정한 역할을 수행하지만 전형적인 영웅의 역할을 하는 것으로 국한된다. 공상과학소설에서 거의 단골처럼 등장하는 이야기 구조를 보면 주인공은 이름 없는 아무개로 출발해 (기적적으로 익명성에서 빠져나온 다음) 권력에 접근하게 되는데, 심지어 세계의 운명을 책임지게 되는 경우도 종종 있다. 처음에 주인공은 거대한 관료제조직의 단순한 공무원에 불과하나 결말에 가서는 매우 폐쇄적인 엘리트 권력집단의 일원이 된다. 이는 독자가 자기 자신처럼 맨손으로 출발한 주인공에게 감정을 이입할 수 있게 하기 위함인데, 이 같은 구상의 순전히 '소설적인' 성격에 대한 이야기는 넘어가도록 하자. 이러한 이야기는 도덕적이며 교훈적이다. (우리의) 미래 사회에서 각자는 평범한 삶의 운명에서 벗어날 가능성을 (갖고 있거나) 갖게 될 것이기 때문이다. 이를 통해 모든 사람은 어느 정도의 사회적 지위까지 올라갈 수 있다는 희망을 공고히 하게 되는 것이다.

더구나 공상적 측면에서나 현실적 측면에서 미국사회를 볼 때, 국가의 신격화로 인해 개인의 이러한 영웅화 경향이 나타나는 것은 논리적인 흐름이다.

또한 이러한 국가에 관한 내부 구상은 전후의 미국을 (그리고 개인과 사회에 관한 미국의 전형적인 신화 일부를) 매우 잘 반영하는데, 대외정책에 관한 이론들은 패권을 잡고자 하는 미국의 야심을 그대로 보여준다. 폴 앤

더슨은 적들이 틀림없이 격파될 것이라는 믿음을 넌지시 들려준다. "이 변방의 부족들은 (지구) 제국을 성가시게 할 뿐이었지만, 실질적인 위협을 대변하기도 했다. 우리는 이들을 매수하기도, 서로 싸우도록 자극하기도 했으며 심지어 토벌대를 파견하기도 했다." 당대의 공상과학소설을 독파하다 보면, 외부 민족을 합병하기 위해 실행하는 가장 외교적인 전술에서부터 인명살상적인 전술까지 다양한 전술 목록을 맞닥뜨리게 된다.

우주의 패권을 두고 광활한 우주 공간에서 벌어지는 지구의 싸움을 보게 되면 예측할 수 있는 모든 종류의 인종적인 장애물을 만나게 된다. 그리고 거기서 종종 발견되는 인종주의, 백인 아닌 사람(여기서는 휴머노이드)에 대한 멸시에서 안타깝게도 우리는 각자가 너무나 잘 알고 있는 현실이 그대로 반영됐다는 사실을 알게 된다.

왜냐하면 이 작품들 속에서 머나먼 행성의 문명을 경멸하듯 소개함으로써, 이들 종족을 지구인들과는 근본적으로 다른 생명체이자 추하고 기이하며 비정상적인 것으로 그려냄으로써 자연스럽게 문화적 제국주의가 만들어지기 때문이다. 당연한 얘기이겠지만 인류가 맞닥뜨린 문화들은 인류에게 절대로 이해 가능한 것이 아니다. 그나마 제일 나은 경우 이들 이종족의 문화는 엑조티즘이라는 의심스러운 특혜를 받아 '신비'의 후광을 두르게 되겠지만 말이다.

'스페이스 오페라가 보여주는 것은, 전 세계를 병합하고자 하는 미국의 야심이다.

그리고 동일한 구조를 꾸준히 반복하는 공상과학소설들은 꼬리에 꼬리를 물며 나아갈 것이다. 물론 다소 덜 간략하며 뉘앙스는 더 강한 책들이 나오기도 했으나, 진부한 주제를 퍼뜨리는 소설이 만연한다는 사실은 레이 브래드버리나 클리포드 D. 시맥의 철학적 공상을 통해서도 발견할 수 있다.[02] 왜냐하면 이러한 '스페이스 오페라'라는 유형의 공상과학소설이 보여주는 것은 전 세계를 병합하고자 하는 미국의 야심이며 미국이 늘 고독한 영웅을 국민보다 우선시하며 그에게 역할을 부여하기 때문이다. 또한 그보다 덜 공상적인 독자들의 구미에 맞춰 미국은 자신들이 늘 승리했던 전투를, 피식민지 주민들에 대해 자국이 승리를 경험했던 침략을 보여주고, 그리고 다름아닌 자신들을 위해서만 존재하는 듯 보이는 수많은 행성들을 제시했다.

그러나 미국과 전 세계의 내적인 상황이 변화함에 따라 '스페이스 오페라'는 설 자리를 잃어버린다. 1960년대 미국에서 공상과학소설은 더 이상 그토록 도식적일 수 없었던 것이다. 이에 따라 공상과학소설이라는 장르가 분해되어 여러 유파가 생겨난다.

여기서 '영웅 판타지(heroic fantasy)'라는 장르가 우리의 관심 대상은 아니지만 그것이 보여주는 과거에의 호소 정도는 살펴볼 필요가 있다. 서사시적인 느낌을 풍기고자 하는 이 장르는 과거의 모델(가장 흔한 예로는 중세시대나 동양의 고대문명)로부터 영감을 받은 사회를 묘사하지만 실제로는 그 시대를 빈약하게 반영해 보여줄 뿐이다. 반면, 이 영웅 판타지는

---

02 브래드버리의 최고 걸작이 갈리마르에서 출판됐다('폴리오 SF' 컬렉션). 시맥에 관해서는 특히 〈정거장〉(J'ai lu, Paris, 2002)과 〈도시(City)〉(J'ai lu, 1999)를 참조할 것.

미국 문명이 명백히 남긴 '빈 공간', 결핍을 보여준다.

존 로날드 로웰 톨킨이라는 선구자적 영국 작가의 등장 이후로, 당시 수많은 작가들이 신화로의 회귀에 매료됐다. 이 장르 덕에 상상력의 다양한 변형이 가능해진 건 사실이다. 동양신화와 유럽서사시에 힘입어 이 유파의 작가들은 선과 악 사이에서 벌어지는 최후의 대결을 기계적으로 표현하는 것으로 회귀한다. "이는 단연 '혼돈'의 작품이다. 이 마을을 파괴한 불은 자연적인 불이 아니다. 마법사여, 당신이 아는 바와 같이 '규율'과 '혼돈'의 신들은 평소처럼 완벽한 균형을 유지하며 우리 '지상'의 일에는 직접 관여하지 않는다네." (마이클 무어콕의 글에서) 바로 여기서 우리는 전통의 토대와 설화가 상당 부분 결핍된 미국인들이 외국문화에서 뿌리를 찾을 수밖에 없다는 사실을 알 수 있다. 또한 불가피해 보이는 열강들의 대립에 대한 강박관념이 은폐된 형태로 다시 한 번 나타나는 것처럼 느껴지는데, 결국 '영웅 판타지'도 '스페이스 오페라'와 동일한 진부함을 전제로 하기 때문이다. 전보다 한술 더 떠서, 영웅 판타지의 주인공은 자기 종족의 가치를 존중하고 보호하는 금발의 거인이며 주인공의 적은 혼돈의 도래를 알리는 야만스럽고 끔찍한 미개 부족이다. 일찍이 노먼 스핀래드는 독일 제3제국의 권력 장악을 서사시적인 형태로 이야기하며 영웅 판타지의 결점을 비난했다.[03]

이제는 '정치소설'(혹은 '사변소설')이라는 다소 모호한 용어 아래 통합되어 있는 장르에 대해 알아볼 차례이다. 이 장르에는 실제로 서로 매우 다른 스타일의 작품들이 한데 묶여 있다. 이 작품들은 제국주의적 공상과학

---

03 노먼 스핀래드, 〈강철의 꿈〉, Gallimard, 2006.

소설의 영광을 이루어낸 경향들과는 정반대 진영에 속한 다양한 경향들을 보이지만 이 역시 모호하다는 것을 알게 될 것이다.

먼저 주인공의 개념에 대한 근본적인 재고가 이루어진다. 실제로 반신(半神) 혹은 불굴의 정복자 이미지는 점차 사라지고 에드거 앨런 포가 '군중 속의 사람'이라고 멋지게 명명한 존재가 그 빈 자리를 차지한다. 주인공은 독자라는 평범한 사람의 모습에 점차 더 가까워진다. 권력에 거부당한 주인공은 사회에 대해 비판적인 시각을 갖게 되고 이러한 일상성으로 인해 독자는 주인공과 하나가 될 수 있다. 필립 K. 딕은 자신의 주인공 중 하나를 다음과 같이 소개한다. "얼룩덜룩한 줄무늬 파자마 차림의 조 칩은 식당 식탁에 앉아 담뱃불을 붙였다. 그러고는 신문발행기에 동전 하나를 넣고 계기판을 조작했다. 숙취가 심한 나머지, 행성간 뉴스는 거들떠보지도 않은 채 결국 가십난을 골랐다." 지난 십 년간의 슈퍼맨들과는 거리가 먼 주인공이지 않은가!

이와 동시에 미래 국가에 관한 비전은 더 비판적으로 변모한다. 등장인물들은 그들이 일상적 전제정치라고 간주하는 시스템에 맞서서 그 독재적 성격을 기꺼이 부각시키고 심지어 직접 문제를 제기하도 한다. 그리고 우리에게 가장 의미 있게 다가오는 사항은 이야기가 진행되는 시대가 우리 현재 시대에 가까워진다는 점이다. 더 이상 4000년대가 아니라, 기껏해야 2000년에서 2050년 정도의 시대에서 이야기가 진행되는 것이다. 이처럼 배경으로 하는 시대가 현재에 가까워짐으로써 우리 사회와 작가들이 예측하는 사회는 훨씬 더 유사해진다. 후자는 더 이상 우리 사회를 단순히 옮겨놓은 것이 아닌 셈인 것이다.

이러한 경향을 가장 잘 표현하는 작가는 단연코 필립 K. 딕일 것이며,

이는 딕이 국가의 팽창주의를 가장 경계하는 작가 중 하나라는 사실과 무관하지 않아 보인다. 딕의 작품 중심에 위치하는 것은 다름 아닌 정체성의 문제이다. 이 정체성의 문제는 미국 사회 일부의 새로운 열망에 따라 제기된 것인데, 즉 '현실'의 개념을 다시 문제 삼으며 다양한 형태의 권력에 대응하는 개인의 역할을 재정의하는 것이다. 예를 들어 〈흘러라 내 눈물, 경관은 말했다〉[04]에서 주인공은 명백한 이유 없이 호적이 사라지고 사회에서 인정받지 못하게 된다. 때문에 이러한 사회적 실존에 대한 권리를 회복하는 것이 이야기의 주를 이룬다. "나는 존재하지 않는다. 제이슨 테버너는 존재하지 않으며, 존재한 적도 없으며, 앞으로도 존재하지 않을 것이다. 경력 따위는 신경 쓰지 않는다. 나는 오직 한 가지, 살기만을 바랄 뿐이다."

"그렇습니다. 친애하는 시청자 여러분, 제게 주어진 임무는 여러분에게 거짓말하는 것뿐이었습니다."

여기에는 분명 카프카적인 무언가가 존재하며, 작가가 형이상학에 대한 이끌림을 강조한다고 해서 이러한 비유가 약해지지는 않는다. 그러나 딕은 무엇보다도 국가의 본성과 그것이 개인에 미치는 영향을 표현하는 부분에 있어서 빛을 발한다. 그의 작품 대부분은 권력의 주체가 시뮬라크르(simulacre), 곧 텅 빈 봉투에 불과하다는 가설을 취하고 있다. 더 나아

---

04 필립 K. 딕, 〈흘러라 내 눈물, 경관은 말했다〉, Librairie des Champs-Elysée, Paris, 1975.

가 이러한 의혹은 사회 전체로 확대된다. 사실상 그 어느 것도 현실이 아니며 우리를 둘러싼 모든 것은 인간을 가두고 국가가 자신의 지배를 완성하기 위한 형식적 함정일 뿐이라는 것이다.[05] 이렇듯 딕의 세계는 1960년대 미국을 관통한 의심, 때로는 희망을 완벽하게 반영한다.

이 같은 한계적인 작품 이외에도 다른 작가들 역시 권력문제를 비롯하여 사회가 개인에게 점점 더 강요하는 지배의 문제를 제기한다. 노먼 스핀래드의 〈버그 잭 바론〉[06]에서는 언론의 권력이 가열차게 공격당한다. 이 작품은 TV가 시민들에게 강요하는 견해가 국가 권력의 가장 은밀한 은신처라는 매우 전통적인 의견을 지지한다.

작품 속에서 가장 유명한 프로그램의 진행자는 시청자들에게 이렇게 밝힌다. "그렇습니다. 친애하는 시청자 여러분, 제게 주어진 임무는 여러분에게 거짓말하는 것뿐이었습니다. 쓸데없는 법안을 통과시키고 허수아비 대통령을 당선시키기 위해 여러분에게 꽤나 많은 거짓말을 늘어놓았습니다." 300페이지에 달하는 이 놀라운 작품은 한 편의 소설이 이론적 연설보다 훨씬 더 설득력 있을 수 있다는 사실을 입증한다.[07]

---

05 필립 K. 딕 작품의 풍요로움을 몇 줄로 요약하길 바라는 것은 아무 소용 없을 것이다. 이에 그의 주요 소설들을 소개한다. 〈높은 성의 사나이〉(Gallimard, 2001), 〈유빅(Ubik)〉(10/18, Paris, 1999), 〈시뮬라크라〉(10/18, 2006), 〈파머 엘드리치의 세 개의 성흔〉(J'ai lu, 2002)

06 노먼 스핀래드, 〈버그 잭 바론〉, J'ai lu, 2002.

07 이러한 의미에서, 종종 그러하듯 대중문학이 가장 시대역행적인 가치를 담고 있지 않다면, 대중문학이 맡을 수 있는 가장 중요한 역할이 무엇인지 가늠할 수 있다.

존 브루너의 〈잔지바르에 서다〉[08]에서는 사회적이며 정치적인 분석이 훨씬 직접적으로 다뤄지는데, 이는 아마도 당대에 미국사회 '내부'의 가장 완성도 높은 시도였을 것이다. 이 소설은 매우 현대적인 문체를 지닌 동시에 예전 도식에 대한 정확한 안티테제(Antithese)를 제시한다. 다수의 등장인물이 서로 오가고 섞이면서 사회적 모순을 천천히 거의 완벽하게 묘사해나간다. 일상적인 삶에 대해 어떠한 면으로도 전혀 이상화하고 있지 않은 대신에 함정, 놀라움, 투쟁 등으로 점철된 우연이 묘사 된다. 국가는 '돈의 권력' 그 자체라는 사실을 보여주며, 세밀하게 설명된 돈에 관한 결정은 특정 사회계층에 속한 사람들의 삶을 뒤흔들거나 세계의 특정 지역을 식민화하기 위해 이뤄진다.

한편 오늘날의 공상과학소설은 국가 내부를 더 염려하는 모습을 보여주는데, '진보'라는 사회의 구체적인 형태 중 하나를 비판한다. 하지만 이는 전 세계에 대한 미국의 영향력에 관한 이슈를 여전히 등한시하는 것이다. 이 점에 관해 프랭크 허버트의 〈듄〉[09]은 눈부신 예외로 자리매김하고 있다. 고전적 장편소설이라는 외양아래 이 작품은 사실 제3세계의 혁명적인 투쟁에 대한 훌륭한 옹호론이다. 물론 (이슬람교를 모델로 한) 종교적 현상에 관한 호의적인 서술 등 단점이 아예 없는 작품은 아니다.

그러나 이 작품은 공상과학소설에서는 매우 드문 주제인 권력과 내부대립, 혁명, 역사의 의미에 관해 장문의 사색을 펼친다. "화폐와 인척 관계를 통제하라. 하층민이 그 나머지를 즐기도록 하라." 파디샤 황제는 그

---

08 존 브루너, 〈잔지바르에 서다〉, Le Livre de poche, Paris, 1995.
09 프랭크 허버트, 〈듄, 전 7권〉, Pocket, Paris, 2005.

렇게 말했다. 그리고 그는 덧붙였다. "만약 너희가 이익을 바란다면, 너희가 지배해야 할 것이다. 이러한 말들에는 어느 정도의 진실이 있으나, 나는 하층민이 어디 있으며 지배당하는 자가 어디에 있느냐고 자문하고 있다."

그러나 이러한 몇 가지 예로 우리가 헛된 희망을 가질 수 있는 건 아니다. 이 예들은 몇몇 작가들의 은밀한 의지를 표출한 작품인데, 이들은 모두에게 알려지지는 않았으며 언제나 놀라운 성공을 이루지는 못했기 때문이다. 1960년대에 공상과학소설은 분명 진화를 이루었으나, 그럼에도 시대역행적으로 남아 있으며 적어도 그 의도는 여전히 모호하다. 또한 공상과학소설은 신비주의에 점차 매료되는 모습을 보여주었다. (누보로망의 형식주의와 윌리엄 버로스의 테크닉에서 영감을 받은) '뉴웨이브'라 불리는 유파가 정치적 현실로부터 점점 멀어지는 탐미주의의 함정에 급격히 빠지고 있다는 사실 또한 무의미하지 않다. 이들 유파는 때때로 탁월하지만 여전히 현실에서 거리가 먼, 여전히 현실의 '경계'에 있는 신비주의를 선호하는 것이다.

공상과학소설의 초창기 시절, 이 장르에 완전히 속하지는 않은 두 권의 책이 이미 전제국가라는 주제를 그 한계까지 다룬 바 있다. 바로 〈멋진 신세계〉와 〈1984〉을 말한다. 공상과학소설이 새로운 가설을 발전시킨 시기는 주로 냉전 시대로, 더 이상 토마스 헉슬리나 조지 오웰의 것만이 아닌 그 새로운 가설에 따르면 가까운 미래에 세계는 미국과 소비에트 공화국이라는 두 개의 열강으로 나뉘며 두 개의 이데올로기로 분열된다. 일례로, 필립 K. 딕의 모든 소설은 이러한 가설을 배경에 깔고 있으며 다른 수많은 작가들 역시 이를 따랐다.

만약 1970년대에, 전 세계의 패권을 다투는 두 개의 열강이라는 아이디어가 단일 국가라는 아이디어보다 훨씬 신빙성 있어 보인다면, 이러한 분석에서는 미국적인 전형이 엿보이며 특히 미래의 제3세계를 배제하고 있다는 사실을 주지해야 한다. 이 가설에 따르면 제3세계라는 변방은 지금처럼 초강대국들에 한참 뒤쳐진 채 다시 식민화되어 후방에 영원히 머무를 것이다. 결국 '진보주의자'라고 평가할 수 있는 작가들에게도 아메리칸 드림은 매우 끈질기게 남아 있는 셈이다.

그런데 이렇게 말해도 되는지 모르겠으나 최악의 것이 남아 있다. 1970년대 초, 할리우드 붐과 함께 공상과학소설 작가군의 일부는 세계 종말과 인류 멸종이라는 망령에 사로잡힌 듯했다. 이는 공상과학소설 장르를 탄생시킨 기술적, 과학적 승리주의에 반하는 새로운 아이디어이다. 그러나 또한 오래전부터 서구사회를 사로잡은 이데올로기적 숙명론의 반영이기도 하다.

근래의 공상과학소설은 우리시대 특유의 것으로 볼 수 있는 이러한 의혹과 근심으로 가득 차있다. 스핀래드의 〈정글 속의 남자〉[10]가 그 좋은 예로, 각자가 자신의 생존을 위해 차근차근 싸워나가야 하는 도시 정글의 공포를 그리고 있다. 이 작품은 또한 (작가를 통해) 미국적 사고방식의 변화와 지식인들이 희망을 거의 포기하는 모습을 보여준다. 〈양들이 고개를 들다〉[11]에 나타난 존 브루너의 분석은 더 과학적이며 환경에 대한 전반적인 관심의 증대에 부합하고 있으나, 여기서도 이데올로기적 급변이라 부를

---

10 노먼 스핀래드, 〈정글 속의 남자〉, Presses Pocket, Paris, 1990.
11 존 브루너, 〈양들이 고개를 들다〉, Le Livre de poche, 1998.

수 있는 경향이 보인다.

이러한 비관적 평가로 마무리를 한다면 부당한 일이 될 것이다. 왜냐하면 1977년의 공상과학소설은 특정한 함정과 특정한 경향에 굴복한 것처럼 보이지만 이 작가들 중 몇몇은 계속해서 많은 희망을 투사했기 때문이다. 심지어 어떤 이들은 그 의미와 중요성이 우리가 볼 때 훨씬 더 흥미로운 유토피아를 작품 속에서 발전시키기도 했다.

태초부터 공상과학소설은 그 안에 스며든 지배적 이데올로기로부터 벗어나는 법을 알았다.

바로 〈빼앗긴 자들〉[12]이 있다. 작가는 세계정치 상황에 관한 매우 엄밀한 분석으로 독자들을 초대하는데, 이 작품에 등장하는 미래는 우리가 사는 현재의 충실한 메타포이다. 작품은 각각 미국과 소비에트 공화국을 닮은 두 개의 전제국가로 나뉜 하나의 행성을 가정한다. 그리고 이 행성 휘하에는 완전한 자급자족 체계로 살아가는 위성이 있다. 모행성(母行星)을 떠난 이주민들은 위성에 정착해 150년에 걸쳐 사회주의 사회를 이룩하는데, 이는 중국식 모델에서 영감을 얻은 것이 분명하다.

이처럼 이 이야기는 각자 중대한 문제에 직면해 있는 서로 다른 사회들

---

12 어슐러 르 귄, 〈빼앗긴 자들〉, Le Livre de poche, 2006.

에 관해 기나긴 논고를 펼치는 기회로 작용한다. 논증은 모든 관념론을 포기함으로써 힘을 얻는다. 위성에서 건설된 '무정부' 사회는 근면해야지 살 수 있는 힘든 사회이지만 여러 어려움에도 불구하고 생존을 유지한다. 이 사회는 스스로를 되돌아보며 태만함에 맞서 싸운다. 반면 모행성의 두 세계는 자유주의 체제인데, 그곳의 삶은 훨씬 '쉽다'. 그러나 모행성의 개인들은 훨씬 은밀한 속박에 사로잡혀 있다. "'니오'의 혁명가들, 그들은 그저 더 높은 임금을 받고자 파업을 하는 것이 아니었다. 그들은 단순한 사회주의자가 아니라 무정부주의자이다. 그들은 권력에 대항하여 파업을 했다." 그리고 더 나아가 "나의 행성, 나의 지구는 폐허일 뿐이다. 인류에 의해 소모된 행성이다. 우리는 아무것도 남지 않을 때까지 번식하고 서로 싸우고 난 뒤 죽는다."

〈빼앗긴 자들〉은 공상과학소설의 귀결인 동시에 일종의 전기를 마련한 작품이다. 이는 태초부터 공상과학소설이 이러한 작품들을 낳기에 이르기까지 그 안에 스며든 지배적 이데올로기로부터 벗어나는 법을 알았음을 나타낸다. 그러나 동시에 공상과학소설이라는 장르가 그 의미를 바꾸었다는 뜻이기도 하다. 공상과학소설이 다른 열망을 느낀다면 이 장르는 더 이상 '도피' 문학임을 자처할 수 없기 때문이다. 독자의 관심을 잃는 한이 있더라도, 필요하다면 지배적인 질서를 반박할 수 있어야 한다는—또한 그래야만 한다는—것이야말로 대중문학의 커다란 딜레마라고 할 수 있다. 그러니 대중문학은 다른 해결책을 찾아야 한다. 국가는 대중문학이 너무 전복적이지 않도록 경계하기 때문이다.

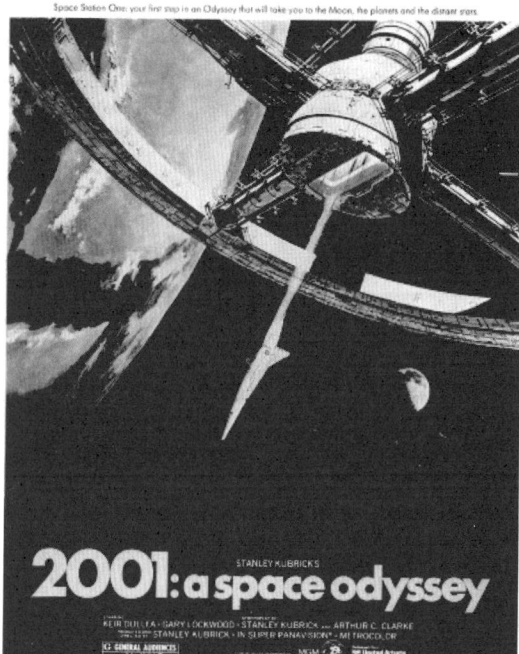

영화 〈스페이스 오딧세이〉

우주탐사,
달러를 집어 삼키던 블랙홀

1983년, 냉전이 한창이던 시절 로널드 레이건 대통령은 대(對)미사일방어프로그램인 '스타워즈'를 공표했다. 노먼 스핀래드는 공상과학 작가들이 우주탐사에 열광하며 그 꿈을 이루기 위해 '스타워즈'를 이용했으며, 결과적으로 천문학적인 예산 낭비로 귀결됐다고 말한다.

노먼 스핀래드 | 공상과학 소설가.
파리에 거주하는 미국 공상과학소설 작가. 주요 저서로는 〈우사마(Oussama)〉(2010), 〈버그 잭 바론〉(2002), 〈그린하우스 서머〉(2004) 등이 있다.

미셸 뷔토르는 어느날 세계공상과학작가단체 회의를 소집하여 미래에 대한 공동비전을 정하고 이러한 공감을 바탕으로 모든 장편 및 단편소설들이 제시하는 미래가 실현될 수 있도록 노력하자고 제안했다. 세계공상과학작가단체를 아는 사람이라면 누구든 이러한 제안이 다분히 유토피아적이란 사실을 알 것이다. 이 단체의 회원들은 미래에 인류는 우주에서 '항해하는 종(種)'이며, 이 종의 문명은 태양계 전체에 널리 퍼져야 한다고 입을 모았다.

세계공상과학작가단체의 영향력을 무시할 수 없다. 러시아가 세계 최초로 인공위성 스푸트니크를 발사한 뒤, 미국의 '스페이스 프로그램'이 1959년 시작된 것은 이 단체의 영향을 받았기 때문이다. 그로부터 10년 후

1969년 7월 아폴로 11호가 달 착륙에 성공하면서 최초로 미국인이 달 위를 걷게 됐다.

우주여행, 타행성 식민지화, 또는 우주정복 등 꿈의 제국주의 이면을 드러내는 표현들은 공상과학 문학들이 존재한 순간부터 그 중심에 자리 잡고 있었다. 사실, 미국인을 달로 보낸 다수의 학자와 전문가, 그리고 수많은 우주비행사들이 공상소설의 영향을 받았다. 특히 아폴로 계획은 공상과학단체에 대해 대전환의 발판이 됐으며, 우주탐험의 전성기를 가져온 단초로 환영받았다. 1969년 인간이 달 위를 걸었다면 1970년대에는 당연히 스탠리 큐브릭의 〈스페이스 오디세이〉(2001)에서 나온 내용처럼 화성탐험,[01] 달 식민지, 태양계 경계 탐험 등이 이뤄졌다.

그러나 1980년부터 이러한 비전이 실현가능성이 없다는 사실이 명확해졌다. 아폴로 계획은 인간 우주탐험이 시작이 아닌 정점이었던 것이다. 미국항공우주국(NASA)의 예산은 감축됐으며, 예산의 가장 많은 부분이 인간을 지구궤도 위에 올려다 놓는 정도에 그치는 우주선 프로그램에 주로 집행됐다. 이로써 인간 우주탐험의 전성기는 막을 내렸다. 달 착륙은 우주정복의 첫 발이 아닌 마지막 발자취였던 것이다.

바로 이때 제리 퍼넬 박사는 무언가 조치를 취하기로 결정했다. 공상과학 소설가이자 미국과학소설작가협회(SFWA) 전 회장이던 제리 퍼넬 박사는 우주계획에 협력했었다. 선거운동(주로 공화당)에도 참여했으며 정치활동을 통해 로널드 레이건 대통령의 새 행정부에서 국가안보 고문을 맡

---

01 롤랑 르우크, '내일은 화성에 식민지를', 〈르몽드 디플로마티크〉 프랑스판, 2004년 12월호

을 리차드 알렌과 안면을 트게 됐다.

제리 퍼넬 박사는 로버트 A. 하인라인, 폴 앤더슨과 그의 공동저자인 래리 니벤 등 공상과학소설 작가들을 비롯하여 우주산업 학자 및 담당자, 퇴역장군인 대니얼 그레이엄, 우주비행사 버즈 알드린 등의 사람들과 1980년 11월 미국 우주정책에 관한 시민자문위원회를 발족했다.

미국 우주정책에 관한 시민자문위원회는 새로운 공화당 행정부에 영향력을 행사하여 선견지명이 있는 유인우주선 프로그램을 창설할 목적으로 개개인에 의해 조직된 압력단체의 모습을 띠고 있었다. 그러나 이 위원회는 오히려 그 이상이기도 했으며 그 이하이기도 했다. 새 행정부 인수위원회를 위한 보고서를 준비하는 과정에서 제리 퍼넬을 통해 리차드 알렌에게 직접 보고가 된 것이다. 리차드 알렌이 국가안보 고문이 됐을 때에도 위원회는 같은 방식을 이어나갔으며, 이에 따라 1981년 1월에 정권을 잡은 레이건 행정부의 최고 직위에까지 직접적인 접근이 가능해졌다.

당시 나는 SFWA 회장이었다. 제리 퍼넬의 후임이 됐으나 그는 자신의 위원회에 나를 절대 초대하지 않았다. 내가 레이건 대통령과 측근들을 경멸하는 것이 익히 알려져 있었기 때문이다. 그러나 제리 퍼넬은 나의 친구였으며 우리는 자주 허심탄회한 대화를 나누었다. (대선 이후 시무식 이전까지의) 인수인계 기간 동안 제리 퍼넬이 NASA 회장이 될 거라는 소문이 나돌았다. 제리 퍼넬은 나에게 작은 소리로 웃으며 말했다. "나는 NASA 회장 자리 별로 탐탁지 않네. 권력이 더 있는 자리를 맡고 싶어." 농담 반 진담 반이었다.

대부분의 공상과학 소설가들과 마찬가지로 제리 퍼넬도 우로든 좌로든 인간 우주탐험 대기업과 결부되어 있었다. 순수한 이상주의를 기반으로 한 프로그램을 승인받으려고 노력하는 로비단체는 여럿 있었다. 그러나 제리 퍼넬은 정치에 익숙하고 능수능란한 사람이었기에 미국 국가안전보장회의(NSC)에 직접적인 접근이 가능했으며, 다분히 마키아벨리적인 전략을 펼쳤다. 그는 NASA가 인간을 대규모로 우주에 보내는 데 필요한 자금을 절대 받아낼 수 없다는 사실을 알고 있었다. 자금의 가장 큰 부분은 NASA 예산보다 30배나 크고 국회 예산을 획득하는 데 있어서도 훨씬 더 큰 영향력을 가지고 있는 미국 국방성에서 나와야 했다. 그러나 미국 국방성이 어째서 그러한 기업을 위해 예산을 동원하겠는가? 제리 퍼넬은 그 해답을 찾아냈다. 소련의 핵무기로부터 미국을 보호하기 위해서!

이로써 시민자문위원회의 회원 구성의 배경이 설명된다. '비전'을 위한 공상과학 소설가, 국방성의 신임을 받고 있는 퇴역군인, 가능한 최다 예산을 확보할 경제적 이익을 가지고 있던 우주항공산업 대표자들 등이다.

제리 퍼넬이 밝힌 전략은 적군의 미사일을 공중 파괴함으로써 미국이 핵 공격에 끄떡없도록 만들 수 있는 기술적 방패를 세우는 일이 가능하다는 사실을 레이건 정부가 받아들이도록 하는 것이다. 비교적 쉬운 일이었다. 레이건 정부는 국방비 지출을 엄청나게 늘렸으며 우주항공산업은 그 영향력을 이용하여 가능한 많은 돈을 손에 넣을 수 있다는 사실에 만족했다. 군인들은 초고성능 장난감을 매우 좋아했으며 전략적 환상은 무한히 매혹적이었다. 레이건 정부는 영화와 현실을 분간하기 어려웠다. 조지 루카스의 〈스타워즈〉, 그리고 이것과 같은 이름을 가진 전략방위구상(SDI)과의 분간이 어려웠다.

그리고 사실상 레이건 대통령이 연두교서연설에서 SDI의 존재를 공표했을 때, 이론 물리학에 익숙지 않은 대통령의 입에서 '양자도약

(Quantum leap)'과 관련된 내용이 나올 정도로 이 부분의 대본을 그럴싸하게 써 준 사람이 바로 퍼넬이었다.

시민자문위원회의 숨겨진 전략은 〈스타워즈 프로그램〉을 이용하여 국방성을 꾀어 유인우주선 개발이라는 거대 프로그램에 재정지원을 하도록 만드는 것이었다. 퍼넬과 공상과학 소설가들은 그러한 시스템이 우주에 기반을 두어야 한다고 믿었다. 이들은 궤도 레이저, 그리고 이미 궤도상에 있어서 발사단계에 있는 탄도탄을 저지할 수 있는 미사일방어전략체제를 꿈꿔왔다. 궤도 중성자 폭탄도 상상했다. 궤도 상의 탐지, 명령, 제어, 특히 탑승원에 필요한 일체를 상상했다.

그리하여 군대는 항시 수십 명 또는 수백 명을 수용할 유인궤도 기지를 건설해야 했다. 이에 따라 모든 탑승자들을 우주로 보내고 그곳에 체류가 가능하도록 하는 물류시스템을 위한 재원조달도 필수적이었다. 이런 사실을 깨닫지 않았더라도 국방성은 우주기지, 더 발전된 지구-궤도 왕복선, 중량화물 운송기, 예선, 지프, 궤도 연료저장소 등 우주 전성기에 필요한 인프라를 위한 재정지원을 했을 것이다.

SF 소설가라면 누구나 알고 있는 사실이 있다. 우주여행에서 에너지를 어떻게 극대화하느냐이다. 그러니까 첫 번째 단계, 즉, 장비, 식량, 연료, 탑승객들을 중력함정에서 끌어내어 궤도상으로 어떻게 올리느냐다. 일단 이 단계만 실현되고 나면 달이나 화성, 심지어는 매우 멀리 있는 행성에까지 비교적 적은 비용으로 도달할 수 있다.

그러나 이러한 비전은 SF 소설에서 나온 것이다. 나는 퍼넬 박사에게 물었다. "퍼넬 박사님이 직접 국방성을 설득하여 군비로 민간 유인우주프로그램 인프라를 지원하도록 할 수 있다고 생각하십니까?" 내가 정치적인 관점으로 볼 때는 말도 안 되는 공상이었다. "절대 불가능할 것입니다. 결국 군부가 NASA 예산을 지원하지 않을 것이고, 오히려 우주선 프로그램을 군사화할 것입니다. 비용은 NASA가 감당하고요."

그리고 상황은 대략 그렇게 돌아갔다. 우주왕복선 운행이 시작된 초기에 군부는 NASA의 일부 업무를 전체적으로, 또 몇몇 업무에 대해선 부분적으로 장악했다. 전략방위구상에 대한 열광이 최고조에 달했을 때 우주항공산업은 국회에 대한 국방성의 영향력 덕분에, 제대로 작동 못하는 미사일 방어용 미사일과 목표물을 무너뜨리지 못하는 대(對)미사일 레이저, 그리고 그 실적을 확인해 본 적도 없고 확인해 볼 수도 없는 비상식적 '연구'들을 위해 수십억 달러를 확보하면서 공금을 잔뜩 받아 챙겼다.

전략방위구상에 대한 열광이 어느 정도였는지 예측하기 어렵다. 열광이 극에 달한 동안 나는 (결국 빛을 본 적이 없는) 미래의 '서쪽 우주공항'인 캘리포니아 반덴버그 우주항공산업에서 주최한 파티에 갔었다. 학자와 엔지니어들이 대거 모여 SDI에 관련된 제안을 하고 토의도 했다. 나는 과학적 농담이라고 생각하던 것에 대해 이야기했다. 광선보다 빠르게 이동하여 시간의 흐름에 따르기보다는 오히려 과거로 역행할 수도 있다는 '타키온'이라는 가설적 소립자에 대한 이야기를 꺼냈다. 말할 필요도 없는 이야기이지만 (그러나, 되돌아보니 그리 소용없는 말은 아니었다) 타키온이라는 입자는 발생된 적도, 탐지된 적도 없는 순수 상상력의 산물이다. "타키온 다발을 발산하는 무기를 만드는 건 어떻습니까?" 내가 제안했다. "적군의 미사일이 발사되는 순간을 감지하고 발사가 실시되기도 전에 발사대에서 튕겨 나가 버리도록 하는 겁니다!" 놀랍게도 아무도 폭소를 터뜨리지 않았다. 참석했던 학자 중 한 명이 터무니없는 이야기를 하기 시작했다. "그 분아에 대한 연구로 50만 달러를 확보할 수 있지 않을까하는 생각이 듭니다."

20년이 지나고 400억 달러가 더 투자된 이후에도 대미사일방어시스템은 여전히 갖추지 못하고 있다. 관료주의의 무기력, 국방성의 예산확보 능력, 우주항공산업의 경제적인 현실정책 덕분에 SDI 프로그램이 재원조달을 제한적이나마 지속적으로 받고는 있지만 말이다.

SDI 프로그램은 미국이 노후화한 우주왕복선 4대를 지구 궤도로 보낼 수 있는 유일한 수단이었다. 그 이후 달로 돌아가지 못했다. 화성 탐험은 이루지 못한 꿈으로 남았다. 우주왕복선이 정차할 수 있는 미국 유인우주선 기지는 단 하나도 건설되지 못했다. 물론 NASA 예산의 가장 큰 부분은 유인우주선 기지 건설에 사용된다. 적어도 500억 달러가 들겠지만 어차피 태양계를 탐험할 수 없으며 9명 이상을 수용할 수 없다. 하지만, 이는 1990년 러시아에서 10분의 1 이하의 예산으로 건설한 미르 기지에서 이미 가능했던 일이다.

소련이 붕괴된 지 얼마 지나지 않아, 퍼넬과 니벤은 미국 텔레비전에 출연해 우주공간에서 소련을 상대로 한 군비경쟁에서 승리함으로써 '악의 제국을 파괴'했노라고 선포했다. 그럴지도 모른다. 그러나 결국 '스타워즈'는 미국 유인우주선 프로그램 역시 약화시켰다. SDI는 화성 및 달 기지 관련 과업에 재원조달을 할 수도 있었던 400억 달러를 떼어내어 우주공간에 쏟아 부었다. 더 안타까운 사실은 미국 우주계획이 퍼넬이 진정으로 추구했던 목표와는 다르게 군부차원 계획과 거의 혼동되는 지경에 이르렀다는 것이다. 퍼넬의 선구자적 목표는 달성되기는커녕 근접도 못했다. 우주 전성기는 1969년에 이룩했던 전성기보다 더 멀어졌다. 그리고 그 사실에 대해 걱정하는 사람의 수도 확연히 줄어든 것 같다.

펄프잡지는 내 상상력의 원동력

아이작 아시모프 | 러시아 태생의 미국 작가
SF 분야에 커다란 업적을 남겨 아서 클라크, 로버트 하인라인과 함께 SF계의 '3대 거장'으로 손꼽힌다. 대표작 〈파운데이션〉 시리즈를 비롯해 〈아자젤〉, 〈영원의 끝〉 등의 작품이 있다.

1920년대와 1930년대에는 텔레비전이 없었다. 전반적으로 볼 때, 정신에 대해 싸구려 오락거리 역할을 하는 '청정 구역'이란 '펄프'라 불리는 소규모 잡지들 뿐이었다. 이 잡지들이 그렇게 불리게 된 것은 질 나쁜 목재 펄프를 원료로 한 저렴한 종이로 만들어 수명이 짧았기 때문이다. 색이 금방 노래지고 쉽게 찢어졌으며, 질감은 까칠까칠한 데다 가장자리가 삐뚤삐뚤하기 일쑤였다.

가장 많이 팔린 펄프 잡지는 분명 슈퍼히어로를 다룬 잡지일 텐데, 그중 제일 위대한 히어로라 할 수 있는 '섀도우'는 두 달에 한 번꼴로 등장해 기이한 웃음과 귀신같은 움직임으로 어두운 음모세력을 격파했다. 때로는 코믹하기도 한 다섯 명의 조수들을 대동한 '청동의 남자' 독새비지도 있었고 스파이더, 시크릿 에이전트 X, 오퍼레이터 No.5도 있었다. 그뿐이랴? 게르만 학자 헤르 독터 크루거의 사악한 계획을 수포로 돌아가게 함으로써 나치 이전 독일에 단신으로 맞서 싸워 승리를 거둔 G-8과 배틀 에이스도 있었으며, 이런 일은 매달 계속됐다.

우리 아버지는 나를 도서관에 등록시켰는데, 아무래도 이런 '펄프 픽션'으로부터 보호하고자 그랬던 것 같다. 대체로 아버지가 옳았다고 얘기할 수 있을 텐데 내가 커서 이런 오락물, ('싸구려' 문학이라고 말하기엔 너무 많은 빚을 졌으므로) 이런 '서브 문학'으로부터 무엇을 보고

배울지는 아무도 모르는 일이니 말이다. 그러나 만화방에 첫 발을 내디딘 이후 나는 점점 더 고집스럽고 강력하게 펄프 잡지를 요구했으므로 이를 못 읽게 하기란 점점 더 어려운 일이 됐다. 내가 아버지 역시 '섀도우' 이야기를 늘 읽지 않았냐고 지적하면, 그는 그건 단지 영어를 배우기 위한 수단이었다고 말했다. 나는 (이민 2세대였던 까닭에) 이미 영어를 잘했기 때문에 할 수 있는 다른 일이 훨씬 많았으므로, 그 점에선 아버지 말이 맞는 셈이다. 하지만 끝까지 펄프 잡지를 포기하지 않자 아버지는 결국 두 손을 들었다. 그렇게 해서 펄프 잡지는 나의 진지한 독서 목록에 이름을 올리게 됐다.

나를 가장 즐겁게 했던 것은 바로 만화방에 꽂혀 있던 자그마한 잡지들이었다. 이런 잡지들이야말로 내게 주어진 일과, 끝나지 않을 것만 같은 노동시간, 진절머리 나는 모든 것과 다시 화해하게 해주는 삶의 윤활유였다. 다니던 만화방이 사라졌을 때조차도 잡지는 내가 특정한 삶의 방식에 계속해서 매달리게끔 하는 역할을 했다. 만화방은 내가 잡지를 읽을 수 있는 유일한 수단이었고 그곳이 아니라면 잡지를 구하지 못했을 것이다. 나는 온 정성을 다해 잡지의 마지막 페이지까지 꼼꼼히 읽었고, 그런 다음에는 마치 새것인 양 제자리에, 진열대에 올려두곤 했다.

열대여섯 살 정도에 나는 전문적으로 글을 써야겠다는 결심을 굳혔고 그때부터 도서관의 '좋은 책'들을 펄프 잡지의 '서브 문학'만큼이나 탐욕스럽게 읽어치워 나갔다. 이 둘 중 어느 것이 내게 영향을 미쳤을까?

유감스럽게도 그건 두말할 필요도 없이 '펄프'였다. 작가로 데뷔할 때

내가 바랐던 것은 그런 잡지들, 어쨌든 그중 몇몇 잡지에 글을 싣는 것이었고, 그러니 그들의 스타일로 글을 써야 했다. 순진하게도 나는 으레 그렇게 쓰는 것이 당연하다고 생각했다. 결과적으로 내 초기 글들을 보면 '펄프' 잡지 문제가 확연히 드러난다. 형용사와 부사가 넘쳐나고, 단순히 답변을 한다기보다는 '신랄한 어조로 대답하는' 경향이 있었다.

물론 이제는 '펄프'의 정신에서 벗어났다. 스스로 빠르게 발전했고 그런 잡지에서 받은 영향도 줄어들었다. 하지만 그 영향이 완전히 사라지리라고는 절대 생각하지 않는다. 지금 이 순간에도 눈 밝은 독자라면 내 글에서 펄프 잡지가 남긴 위대한 유산을 알아볼 수 있을 것이다. 후회가 되지 않는 것은 아니나, 어쩔 수 없는 일 아니겠는가.

| 3부 |

길들여지지 않은
자들의 음악

    수십 년 전부터 대중음악, 다시 말해 난해하지 않고 가볍게 들을 수 있는 이 음악 장르는 사회적으로 파문을 일으키고 세간의 손가락질을 받아왔다. 재즈와 록, 랩 음악은 차례로 사람들의 귀를 놀라게 하고 고상한 청취자들에게 충격을 안겨 주었으며 도덕적 개념을 뒤흔들어 놓았다. 화음 법칙 따위는 안중에도 없는 이 음악 장르들은 고착화된 빈곤이나 어쭙잖은 발언들, 치기어린 도발적인 성향들을 중첩시켜 놓는다. 이로써 이 음악들은 은연중에 불량스럽고 미천한 하층민이라는 '타인적' 존재의 이미지에 가까워진다. 모두가 선망하는 사회의 일원이 되지는 못했지만 그렇다고 다른 곳에 속할 수도 없는 존재들을 표현하는 것이다. 대체적으로 이는 '젊은이'의 모습과 겹친다. 주류의 질서가 '국민'에게 부여하는 특징들을 기이하게도 결집시켜 놓으면서 미숙한 모습으로, 길들여지지 않고 거친 모습으로, 은연중에 위험한 존재로 나타나기 때문이다. 파문을 일으킨 음악들은 결국 유행을 타며 중립화되고 전체 문화의 풍경 속에 편입되지만, 곧이어 새로운 음악이 등장하여 파문을 일으키고 또 다른 세계를 꿈꾸는 자신들의 이야기를 들려준다.

록, 제3의 신비주의 세계

 우주 정복은 머나먼 외계의 존재라든가 은하 전쟁과 같이 새로운 주제를 떠올리게 하는 집단 상상력을 자극한다. '록커'들은 에일리언의 형상이나 외계인을 더 선호하면서도 인간의 부조화를 표현하고 실패로 돌아간 화합을 추구하는 노력을 나타냈다. 지구는 망명지이며, 그 안에서 참고 견디든, 웃음 짓든, 이를 변화시키든 그건 각자의 몫이다.

에블린 피에예 | 〈르몽드 디플로마티크〉기자
작가이자 배우로도 왕성하게 활동하고 있다. 사회성이 강한 〈딕, 세계를 조종하는 리모컨〉(2004), 〈반역자들의 예언〉(2002) 등을 포함해, 연극평론집 〈오데옹의 극장〉(1991), 희곡 〈왕비들의 그림자〉(2002), 〈밤의 학교〉(1996) 등이 있다. 또한 그녀는 〈스트라스부르의 무명인물〉(1998), 〈그녀〉(1995) 등을 직접 쓰고, 배우로 출연하기도 했다.

 앞머리에 잔뜩 힘을 주고 번쩍거리는 비닐 재질의 트렌치코트를 걸친 괴상한 차림의 기자 한 명이 지미 헨드릭스 가까이로 다가갔다. 그리고 그에게 이렇게 말했다. "뉴욕 타임즈에서 왔습니다." 이에 지미 헨드릭스는 피곤한 기색으로 미소를 지어보이며 이렇게 대답했다. "만나서 반갑소. 나는 화성에서 왔소이다."[01] 지미 헨드릭스의 이 같은 농담은 나름대로 어떤

---

01 Nik Cohn과 Guy Peelaert가 인용, 〈Rock Dreams〉, Albin Michel, Paris,

하나의 진리를 담고 있다. 맨 처음 우주 탐사가 시작된 후 약 15년간, 록과 그 하위 장르에서는 행성 간의 '접촉'이나 우주 '유영' 같은 것을 꿈꾸었고, 신비주의와 우스갯소리, 내적 시선의 정복과 우주에 관한 환상 사이에서 전율을 느꼈다. 하지만 이는 솔직히 그리 놀랄 것도 없는 것이, 이중적·이원적 관계에 집중하는 건 서구 사회에서 신의 존재를 둘러싼 미스터리와 더불어 늘 지속시켜오던 관계 형태에 해당하기 때문이다. 그런데 록은 이를 과장한다. 전자화하고 증폭시키며 극대화하고 반어적으로 비꼰다. 그리고 '미지와의 조우'는 이제 하찮은 지구인을 문제 삼거나 조롱하고 나선다. '우주를 통해 본 인간'[02]의 보잘 것 없음을 비웃는 것이다.

요컨대 음악은 전통적으로 우주의 표현과 관련이 깊다. 무한한 우주의 세계는 종종 노래를 읊조렸고, 그 가운데 선택된 몇 곡만이 소리로써 울림을 만들어내며 지각됐을 뿐이다. 기원전 6세기에 이미 피타고라스는 부동의 지구 주위를 맴도는 별들이 완벽한 하모니 속에서 최고의 음계를 연주한다고 확신했다. 피타고라스가 생각해낸 '천구의 음악'은 오랜 기간 몽상가들의 머릿속에서 떠나질 않았다. 그로부터 한참 후에는 비물질적인 것, 천사의 형언할 수 없는 목소리가 같은 영역에서 곡조를 뽑아내고 있었다. 뮤지션으로서는 이보다 더 반가우면서도 이보다 더 까다로운 것도 없다. 영원한 무언가, 신의 숨결이 남기고 간 흔적이 음악 속에서 뚜렷이 존재하기 때문이다. 조화로운 천구와 천사들은 느리게 노래하며 차츰 우리의 상상력 속에서 퇴색되어 갔고, 음악은 무한으로 향하는 왕도로 남는다.

2000.
02 1968년 같은 제목으로 소설집을 낸 이탈로 칼비노의 제목을 차용.

1960년대와 1970년대에는 천계에 변화가 생긴다. 이에 세계 최초의 인공위성 스푸트니크를 둘러싸고 조금씩 웅성거리는 소리가 들려온다. 사람들은 이제 별을 무대로 한껏 상상의 나래를 펼칠 준비가 되어 있었고, 록커들은 깊은 생각의 늪으로 빠져든다. 저 멀리 지구 너머의 세상에서 우리는 무엇을 찾게 되고 무엇을 발견할까? 영어로 '에일리언'이라 칭하는 외계인, 불어로 '미친 사람'을 뜻하는 단어 '알리에네'와 너무도 비슷한 이 이방인은 지구의 종족들과 근본적으로 다른 존재일까, 아니면 이 외계인 역시 울적함이란 걸 알고 있을까? 1969년은 맨 처음 달에 발을 디딘 해이기도 했고, 스탠리 큐브릭 감독이 영화〈2001 오디세이〉에서 새로운 변혁이 인간을 기다리고 있음을 암시하기도 한 해였다. 그 해 데이빗 보위는 지구로 돌아가지 않으려는 우주비행사 톰 소령을 창조해낸 뒤, '지기 스타더스트'라는 보다 화려하면서도 연약한 캐릭터로 자신을 나타낸다. 우주 먼지인 '지기'는 굽 높은 플랫폼 부츠를 신고 화려한 금박 의상을 한 채 이마 위에는 금색 띠를 두른 뒤 화성에서 온 거미를 대동하고 나타난다.[03] 지기는 상자 안의 '에일리언'이다. 외계인이자 록 스타이며 남녀 양성적 존재이다. 천사들은 섹시하고 요란한 모습을 보여주며, 삶은 언제나 망명이고 노래로 위안을 얻는다. 별들의 바다는 근본적으로 새로운 세계로 흘러

---

03 데이빗 보위, Space Oddity, Philips, 1969; The Rise and Fall of Ziggy Stardust and the Spiders from Mars, RCA, 1972. 니콜라스 로에그 감독의 영화〈지구에 떨어진 사나이〉에서 인간들 사이로 '침투한' 외계인 역할을 연기하면서 보위는 다시금 이 같은 인물을 선보인다. 영화 속에서 보위가 연기한 인물은 너무나도 특이하고 톡톡 튀어서 인간들이 그를 '정상'으로 만드는 데에 주력한다.(Walter Tevis의 동명 소설이 원작.)

가지 않는다. 다만 일부 경계만을 사라지게 만들도록 유인할 뿐이다. 이에 따라 정상과 비정상의 경계, 남성성과 여성성의 경계가 무너진다. 데이빗 보위의 지기는 굉장한 성공을 거두었다. 그로부터 30년이 지난 후에도 지기는 여전히 선구적인 영웅으로서 부상당한 개선장군의 모습으로 '다름'을 만들어가는 존재로 남아있다.

우주를 노래한 서사시는 우주 안에서 인간의 자리 그 자체에 대해서도 과감히 질문을 던진다. 무게가 느껴지지 않는 가벼움을 표방하는 히피 세력의 영향으로 이미 무기력한 신앙심은 흔들리게 되었으며, 사람들은 이제 기다란 향과 종을 들고 다니며 우주에 대한 애정을 표현하고 태양을 추종한다. 우주의 떨림에 관해서는 관심의 끈을 놓지 않으려 하며, 특히 환각제를 사용한다. 1967년부터 이미 뮤지컬 〈헤어〉는 물병자리의 시대를 노래한다. 하지만 상위 인식 단계, 보다 폭넓은 정신성의 단계에 다가가는 문제가 제기되는 순간이 되어서는, 영적 지도자만을 앞세우며 인도풍 음악을 결합하고, 대안 문화를 통한 집단 해방의 꿈을 모호하되 집요하게 추구한다.

바라마지 않던 거인과 소인의 만남은 1970년대 '몽환적인 음악'이 등장하고 난 후에야 비로소 구체화된다. 몽환적인 음악에서는 대개 정치적인 바람이 어느 정도 후퇴하는 양상이 함께 나타난다. 그리고 새로운 악기들이 끼어든다. 효과음 페달을 장착한 전자키보드 등 초기 환각 상태의 하모니와 뒤틀림을 위한 모든 게 구비되었다. 전자음은 이국적인 분위기와 자주 어우러지며 말 그대로 무아지경의 흥분 상태로 이끌어준다. 나 자신을 나로부터 탈피시키는 것이다. 영국의 록 밴드 핑크 플로이드와 소프트 머신은 이미 별에 대한 환각적 시각을 맨 처음 시도했으며, 우주 탐사가 불어넣어준 새로운 상상의 세계는 보다 더 자유롭고 모험적인 음악의 탄생을 부추겼다. 그러나 '스페이스 록'이라는 장르는 탠저린 드림, 캔 같은 독일 그룹과 더불어 정체성을 확립한다.

그러한 장르를 즐기는 이들은, 인간은, 유감스럽게도 특히 서양인은 우주의 호소에 귀 기울여야 하고, 자신의 작은 자아 안에 스스로를 갇히게 만든 것으로부터 벗어나도록 노력해야 한다고 생각했다. 음악은 내 자신의 문을 열어젖히는 여행을 완수할 수 있도록 도움을 주며, 이를 통해 우리는 우주적 결합의 아찔한 순간으로 나아간다고 말이다.

복잡하고 장황한 이 음악 장르는 샘플러와 재즈와 록 일부 악곡을 결합시키며 거의 전 지구적인 성공을 거둔다. 적어도 과격한 성향이 제일 적은 곡들은 확실히 대중적 인기를 얻었다. 장 미셸 자르와 그의 〈옥시젠〉 앨범은 마트 음반 코너를 장악하였고, 영화계에서도 그의 초현실적인 전자음을 애용했다. 신시사이저 레이어와 원형 파장음으로 이루어진[04] 전자음은 곧 '발륨 록'이라는 뉴에이지 장르에 밀려났다.

그러나 스페이스 오디세이는 고약한 성미의 우쭐한 경험담을 늘어놓도록 부추기기도 했다. 하드록과 그 유사 장르에서 무대에 등장하는 인명이나 비유는 종종 '코스모스키치'에 착안하는 경우가 많은데, 지나칠 정도로 모욕적인 패러디가 이뤄지기도 하나 '하늘'에 대해서는 자못 진지해지기도 했다. 스웨덴 록밴드 히포크리시에서 UFO, KISS를 거쳐 데빈 타운젠트의 〈전지자 질토이드 〉에 이르기까지, '에일리언'은 미숙한 중고생 내지는

---

04 SF 영화에서는 이러한 형태의 음악이 굉장히 많이 사용된다. 한편 베르너 헤어조크 감독은 노르웨이 록 밴드 포폴 부흐에게 영화 〈아귀레 신의 분노〉의 음악 작업을 의뢰한다.

어려운 길을 가고자 시도하는 존재로 그려졌다. 이와는 약간 혈통을 달리하는 불굴의 작품 〈록키 호러 픽쳐 쇼〉는 〈프랑켄슈타인〉을 대폭 수정하여 뮤지컬 장르로 만들어내고, 우주의 신비와 록의 조우를, 욕구가 가진 힘에 대한 우스꽝스러운 찬사로 변모시켰다. 이 작품에서 외계인은 매력적인 트렌스젠더로 나타나며, 자신의 피조물인 매혹적인 미소년을 애지중지하면서도 자신이 원래 왔던 행성으로 복귀하기 전 성을 포함한 모든 가치의 자유화를 실현할 수 있는 길로 어느 평범한 미국인 커플을 인도한다. '프랭크 N. 퍼터'라는 이름의 이 인물은 기존의 모델들을 뒤죽박죽으로 만들어놓고, 행복한 무질서의 씨앗을 심어놓는다. 상투적인 말들은 모두 우회적으로 돌려 표현되고, 만남이 이뤄져도 삶의 복잡함은 여전히 남아있으며, 우주 공간이라고 다를 건 없다. 그리고 로큰롤이 남는다.[05]

이 몇 가지 사례를 통해 알 수 있듯이 우주선과 우주비행사가 오고가는 와중에 탄생한 록의 상상력은 한계의 물음에 직면한 당대의 풋풋한 분위기 속에서 존재하던 몇몇 주제들을 증폭시킨 것에 불과하다. 하지만 이로부터 태동한 음악과 무대는 더없이 독특하였으며, 때로는 세상을 뒤흔들어 놓는 파급력을 지니기도 했다. 사실 그 당시에는 인간이 아직 인류의 과업을 완수하지 못했다는 확신이 퍼져나가고 있었기 때문이다. 외계인과 행성들은 우리 안에 있다. 음악은 우리에게 은밀한 혁명을 기도하도록 호소한다. 그리고 '지기'는 기타를 연주한다.

---

05 1996년, 시대가 달라졌다. 팀 버튼 감독의 영화 〈화성침공〉에서는 지구인들을 비웃는 화성인들의 공격으로부터 승리를 거둔 유일한 무기가 바로 컨트리 록 가수 로이 오비슨의 목소리였다.

하드록,
생동하는 전설

불편하고 불결하며 심술궂은 음악 장르 '하드록'은 '지독하다'는 명성을 안고 있다. '록'이라는 장르에 문화적으로 친숙한 이미지를 심어준 것은 하드록이 아니었다. 이는 하드록 뮤지션들의 자부심이기도 하다. 이들은 악취미의 깃발을 드높이고, 자신들의 불량한 정신을 단호히 주장하며, 자신들의 기분을 거슬리게 만드는 사회의 기분을 거슬리게 만들겠다는 주장을 굽히지 않는다.

에블린 피에예 | 〈르몽드 디플로마티크〉기자
작가이자 배우로도 왕성하게 활동하고 있다. 사회성이 강한 〈딕, 세계를 조종하는 리모컨〉(2004), 〈반역자들의 예언〉(2002) 등을 포함해, 연극평론집 〈오데옹의 극장〉(1991), 희곡 〈왕비들의 그림자〉(2002), 〈밤의 학교〉(1996) 등이 있다. 또한 그녀는 〈스트라스부르의 무명인물〉(1998), 〈그녀〉(1995) 등을 직접 쓰고, 배우로 출연하기도 했다.

헤비메탈의 영웅 중 하나인 테드 뉴젠트는 담담하게 이런 이야기를 한다. "내 앰프 앞에서 날아오른 비둘기 한 마리가 있었다. 나는 비둘기가 문자 그대로 완전히 해체되는 모습을 바라봤다."

전형적인…… 스토리다. 모터헤드가 지나가고 난 후 생긴 균열을 막기 위해 바타클랑 공연장이 문을 닫아야 했다는 이야기만큼이나 판에 박힌 이야기이다. 헤비든 하드록이든 메탈이든 세세한 구분은 별로 중요하지 않다. 각 장르 고유의 순수성을 고집하는 사람들만 눈감아준다면, 이들 세 장르는 모두 '과격하다'는 수식어로 정리될 수 있다. 비틀즈는 문화의 범주 안에 속해 있고 롤링 스톤즈는 대중적으로 친숙하지만, 과격한 헤비메탈 하드록 진영의 사람들 모두를 포괄하며 중립적으로 표현하기는 더욱 까다롭다. 과거에는 '하드록' 뮤지션, 요즘에는 '메탈' 뮤지션이라고 칭하는 이들 뮤지션은 원칙적으로 이상적인 면모가 전혀 없다. 머리는 치렁치렁 긴 데다 몸 곳곳에 문신이 새겨져 있으며, 징이 잔뜩 박힌 가죽옷 차림에 X자 뼈다귀 위의 해골 이미지를 달고 다닌다. 맥주를 두르고 다니며, 장신구는 필수요, 피어싱은 선택이다. 이들의 차림새는 놀라움 그 자체이다. 흡사 '불량배'의 외양을 하고 있는 이들은 어딜 봐도 과격하고 불량스러우며 심술궂어 보인다. 그리고 자신들의 이런 겉모습을 자랑스레 과시한다. 길들여지지 않은 야만적인 백인이 전형적인 얼굴인데, 좀더 꼬집어 말하면 대개는 남성들이 주를 이룬다. 무대에서든 대중 앞에서든 이 분야에서 숙녀분의 모습이 보이는 경우는 극히 드물다.

하드록과 헤비메탈 분야에서 분파까지 다양한지는 모르겠지만 적어도 그 기질 만큼은 꽤 다양하게 나타나며, 기이한 훈장으로 온몸을 휘감고 라이브 무대에서 박쥐를 물어뜯어 죽이는 블랙 사바스와 시스템 오브 어 다운의 서정적인 화려함이 그렇게 즉각적으로 쉽사리 연결되지는 않는다. 마찬가지로 스칸디나비아의 메탈 역시 트러스트 밴드의 광적인 노여움과 확연히 구분된다. 전자의 경우 고딕-파시즘의 탈선적 성향으로 단순한 불쾌함 이상을 불러일으킨다면 후자는 금방이라도 붉은색의 정치 선동 및 선전을 벌일 기세다. 그럼에도 모두를 아우르는 공통된 기반과 공통적인 분위기는 여전히 존재한다. 볼륨은 최대로 높이고 묵직한 중저음이 부각되며 드럼은 굉장히 웅대하다. 순도 높은 에너지가 쇄도하는 가운데 흡사 전격전을 벌이고 있는 양상이 나타난다. 교양이나 고상함을 부추기기보다는 이를 아예 박살내버리면서 원시적이고 거친 방식으로 활력을 소비하는 기세를 찾아내려 애쓴다. 그 어떤 의미에서든 (거의) 회복이 불가능하기 때문에 그저 놀랍다고밖에 할 수 없다. 이 같은 장르가 지속되어온 지는 고작 40여년 정도 밖에 되지 않는다. 그리고 이제 더 이상의 망설임은 없을 것이다. 하드록이란 장르는 한창 활동 중인 전설이 되었으며, 확산되는 과정에서 그 대표적인 표현 양상으로 말미암아 로큰롤의 상징이 되었다. 과도하고 공격적인 성향을 보이고 자기 모방에 가까울 정도로 '통속성'에 기댄 가벼운 연애 감정을 표방하되, 도덕적 차원에서 비난받는 것을 굳이 부추기려는 욕구에 이끌리는 로큰롤을 대표하는 게 바로 하드록이 된 것이다.

좀 더 구체적인 사례로는 '모터헤드'를 들 수 있다. 보컬 레미가 이끄는 모터헤드는 35년 전부터 맹위를 떨치며 굴지의 인기를 보이고 있다. 해적 수염을 하고 경마장 마권업자 같은 구레나룻을 한 레미 킬미스터가 쓰는 가사는 유튜브에서 온통 '삐-' 소리와 함께 무음 처리되어 잘려나간다. 레미는 고르지 못한 거친 목소리로 숨을 헐떡이며 노래하고, 찢어지는 소리와 반복음, 폭발음으로 가득한 음악을 선보인다. 사람을 압도하는 과묵한 침착함도 곁들여진다. 모터헤드가 아둔한 부르주아의 코를 납작하게 만들려는 시도를 하지는 않는다. 모터헤드는 다만 전속력으로 날아든 운석 정도의 느낌에만 만족할 뿐이다. 이에 모터헤드의 음악에선 블루스와 펑크의 느낌이 발산되지만, 요란한 화장이나 굽 높은 깔창, 화려한 연막탄 따위는 필요치 않다. 상처 입은 군중, 하지만 역설적이게도 기세 넘치는 군중 외에는 아무 것도 필요하지 않다. 로드 롤러 같은 음악, 살아있음에 대한 원초적이고 생생한 환희를 담아내는 음악, 모터헤드는 '의식'이요, 순수 하드록의 고전이다.

보컬 레미의 나이가 정년퇴직 나이인 65세를 넘겼음에도 이는 별로 중요하지 않다. 사실 모터헤드의 음악이 반항하는 청소년만을 대상으로 하는 것도 아니고, 외려 모터헤드의 음악은 어른들의 정서적 동요를 불러일으키는 경향이 짙다. '삶은 빠르게 지나가고, 우리는 늙어 죽게 마련'이니, 자기 앞을 막아서는 모든 것을 잊고자 하는 어른들의 가슴에 불을 지르는 것이다.

하드록이 혼란을 가중시킨다는 건 분명하다. 하드록의 모태가 된 모든 로큰롤과 마찬가지로 하드록도 선동적으로 혼란을 야기하는데, 결과적으로는 새로운 흐름을 만들어낸다거나 보다 '주류'의 록 음악에 영향을 미치지 못하는 이 '배드 보이즈'들의 음악이 그저 예민한 감성을 폭파시키고 고막을 터뜨리겠다는 의지 정도에 머무르지는 않기 때문이다. 30여 년 전부터 하드록은 대개 아웃사이드에 머물러 있으면서 줄곧 우리와 함께 해왔으며, 주류 미디어 진영에서는 이를 전혀 달가워하지 않았으나 그렇다고 눈에 띌 만큼의 엄청난 파급력을 보인 것도 아니었다. 그럼에도 꾸준히 그

명맥을 이어오고 있다면 이는 하드록이 이 시대의 가장 적절한 배경음 중 하나이기 때문이 아닐까? 가난하지도 그렇다고 부자도 아닌 지극히 평범한 사람으로서 자신의 삶을 살아가고자 하는 어느 젊은 청년에게 제시되는 이상향을 가장 곤경에 빠뜨리기 좋은 배경음의 하나로서, 이 같은 음악과 더불어 청년은 세상이 자신에게 제시했던 게 완벽한 기만이었음을 깨닫는다.

감히 하드록의 세세한 역사까지 다룰 생각은 없지만, 하드록의 창시자 레드 제플린과 모터헤드, 퀸의 나라인 영국에서만 하더라도 실업률과 인플레이션, 무역 적자가 높아지는 것과 동시에 이 같은 음악 장르가 등장했다는 사실은 꽤 흥미롭다. 전 세계 산업 생산량에서 영국이 차지하던 비중이 1955년 20.5%였던 것에서 1977년 9%로 대폭 줄어든 것에서 알 수 있듯이 '탈산업화'가 한창 진행 중이고, '사회적 합의'의 시대도 끝이 났다. 북아일랜드는 화약고가 되었으며, 자메이카와 파키스탄 이민자 수가 늘어나고, 보수 우익 세력이 확장된다. 단 한 가지 유일한 옵션이 있다면 고만고만한 두 정당 사이에서 정권 교체가 이뤄지는 것뿐이다. 1970년대 초에 존 레논이 말했던 것처럼 "꿈은 이제 끝"났다. 히피족과 자유주의 진영에서 내뱉었던 무수한 약속들은 모두 거짓으로 판명됐고, 짓눌리고 억압된 불협화음의 세계는 위선적으로 미개하다. 공개적으로 보란 듯이 미개한 음악을 탄생시키고, 이 음악은 이제 무너져 내린 모델들을 뒤집어 놓는다. 오늘날 불협화음은 더욱 커져가고 종말론이 어슬렁거리는 가운데 하드록은 모호함 속에서 변신을 거듭하며 지속된다. 어떤가? 당연한 귀결 아니겠는가?

LE MONDE diplomatique

프랑스 〈르몽드〉의 자매지로 전세계 30개 언어, 51개 국제판으로 발행되는 월간지

www.ilemonde.com

1954년 창간 제716호 · 한국판 제62호   2013년 11월호

부르디외의 마지막 강연
화가 마네의 '상징폭력'

피에르 부르디외 ■ 사회학자 (1930~2002)

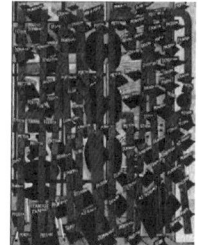

〈건가로일뱅(#1), 1995-에드워드 크리스타닝〉

여러분께 성공의 상징혁명이라고 부를 수 있는 에두아르 마네(1832~1883)의 혁명에 대해서 말씀드리겠습니다. 그래서 혁명 자체와 특이성 그리고 혁명을 불러일으킨 작품들을 이해할 수 있도록 해 보겠습니다. 그 나아가서는 상징혁명이라는 개념 자체를 이해해 보도록 하겠습니다. 상징혁명들이, 특히 성공을 거둔 경우, 유별나게 이해하기 어려운 것은, 우리가 상징혁명을 인식할 때마다도, 그 상징이 만들어낸 구조들을 통해서 인식을 하게 되므로, 당연한 것으로 여겨지는 것을 이해하기 어렵기 때문입니다.

당연히 가장 어려운 일이지요. 달리 말씀 드리면, 큰 종교혁명들과 마찬가지로, 상징혁명은 인식 구조에, 그리고 아끔 어느 정도는 사회 구조에 커다란 변동을 일으킨다는 것입니다. 상징혁명은 성공하는 순간부터 새로운 인식 구조를 강요하게 되고, 이 인식 구조가 보편화되고, 전파되어 한 사회의 인식 주체 전체를 지배하므로 결국 자신의 인식할 수 없게 되는 것입니다.

4면에 계속 ▶

창간 5주년 기념 사은품
신규 정기구독자들께
르몽드 세계사2(만 5천원)을 증정합니다.
(30면 광고 참조)

경쟁시험은 답이 아니다

장 피에르 테라이 ■ 교육학자

학교 교육과정을 경쟁적으로 편성한 것은 자본주의 역사에서 상대적으로 늦게 이뤄졌지만, 시도는 확실히 성공을 거두었다. 왜냐하면 기특문화에 대한 지식 습득을 '기회'의 문제로 만들어버리고, 학습·평가·순위를 연결시킨 원칙이 현대 거의 문제시되고 있지 않기 때문이다. 바꾸다는 것이 평가받고, 점수를 받고, 순위가 매겨지고, 방향 제시를 받는다는 사고가 반연해지는 데는 60년대 이후 몇 세대면 충분했다(1).

운동을 배우는 것은, 심사의 일종이지만 경쟁시험이 아니어서 순위를 내지는 않는 평가다. 그리고 예를 들어 걷고, 수영하고, 사회에서 바른 행동규범을 지키는 것 등 특별한 평가가 없는 수많은 학습들이 우리의 눈앞에서 이루어지고 있음에도 불구하고 경쟁시험, 심사 그리고 길 없이도 수행되고 있다.

학교 경쟁의 폐지는 우리에게 엄청난 문화적 혼란을 야기할 것이다. 학습경쟁의 폐지는 학생들의 학습 능력에 대한 책임과 모든 종류의 표준적 측정 검사의 폐지라는 정책적 조치가 필요하다. 표준차가 정확지 않으면 학생들의 학습능력을 비교할 수 없고, 순위도 매길 수 없고, 서열을 세울 수도 없다. 평가 점수가 없는 학교는 수많은 장점을 갖고 있다. 학생이 가득 문화의 근간을 습득하는 것이 다시 학생들의 일차적이고 절대적인 임무가 된다.

17면에 계속 ▶

바디우, 민주주의의 가능성을 말하라

알랭바디우 ■ 철학자

오늘날 철학 영역의 근본적 과제는 새로운 논리와 같은 무언가를 찾는 것이다. 우리는 정치, 삶, 창조, 또는 행위에 대한 것들을 시작하기에 앞서, 먼저 새로운 논리를 서술해야만 한다.

좀 더 정확히 말하면 새로운 변증법이 그것이다. 이는 플라톤의 방식이었으나, 마르크스가 재언정한 방법이기도 하다. 마르크스는 한 일은 오직 새로운 역사적 시각, 즉 계급투쟁의 이뤄낸 아니라 처음부터 헤겔 변증법을 잇는 새로운 말

반 논리를 제시한 것이다.

마르크스는 아마도, 플라톤 이후 처음으로, 혁명적 정치와 새로운 변증법이 물 사이의 멍시적 관계를 창조했다고 생각한다. 오늘날 우리도 같은 문제를 안고 있다. 두 세기 동안의 과든 혁명 정치의 성공과 실패를, 특히 사회주의라는 국가 혁명의 실패를 이후 우리가 무엇인가를 바로 찾아야 한다는 것은 분명하다. 그러나 우리는 현재의 모든 형태의 새로운 환경에 부합하는 새로운 논리와 철학적 명제를 찾아야 한다. 따라서 변증법적, 비(非)변증법적 관계의 문제는 시급하고도 어렵다. 어떻게 보면, 우리의 문제는 부

정(否定性)의 문제이다.

정치 행위의 논리적 통고 고전적인 변증법적 유형에 해당하는 경우, 근본적인 것은 부정(否定)이다. 정치적 투쟁은 근본적으로, '~에 대한 저항', '~에 대한 반대', '~의 부정'과 같이 전개된다. 그리고 새로운 국가의 창출, 새로운 법의 창조와 같은 새로움은 항상 부정하는 과정의 결과이다.

이것이 헤겔 철학의 강점이다. 긍정과 부정간의 관계를 파진다면 운동의 진정한 원칙, 창조의 진정한 원칙은 부정이다.

6면에 계속 ▶

Spécial 지식인의 사유와 실천

- 피에르 부르디외 마네작품에서 드러난 사회적 아뷔튀스 4
- 슬라브예 지젝 좌파들이 말한 인 진보주의 거짓페이 6
- 알랭 바디우 긍정의 변증법이 민주주의를 살린다 8

Dossier 교육의 정치사회학

- 피에르 부르디외 외 교실계 자율성의 환상 16
- 장 피에르 테라이 통등한 '공적에'의 몸 17
- 질리안 테츠 미국 내 홈스쿨링의 확산 18
- 크리스티안 라벌 의 학교인가 기업인가 19
- 칠 모로 작업교육, 되로 잃는 공복 20
- 이자벨 브루먼 브랜드의 학교 진출 21
- 필립 리비에르 멀티미디어의 달콤한 유혹 22
- 루이미셸 르플르타리 공화국이 아동교육 책임져야 23

Mondial 세계

- 로랑스 에르니네 EU의 팔레스타인 정책이 실패한 이유 14
- 핵심 로빈 푸이지애나 주, 중국보다 13배인 제소자 15
- 미셸 갈리 끝고 민족 학살에 관한 논쟁 15
- 장 아르도 대왕 유행처럼 떠도는 고국 없는 코소보 집시들 24
- 자크 레베스크 러시아의 화려한 귀환 25
- 사울로 드는 알레시아의, 이름 직전의 정부와 국민 26
- 피에르 미셀리니 아프리카의 화려한 의료보건제도 27

Focus 포커스

- 셰바스타양 로랑 공공지출 삭감에 나선 기아한 감사원 11
- 로리 필리치 국가정책을 위협하는 다국적 기업 12
- 장 바티스트 말의 아마존닷컴의 추약한 얼굴 28
- 마리 베날 로 광고계의 위험한 개인정보 이용 32

Economie 경제

- 장시메 통화정 시비에 시달리는 노벨경제학상 31
- 서골운 조세함의 외면이 초래한 기초연금폭풍 34
- 서성민 현기증 나는 전월세, 청신 빠진 정치권 35

Culture 문화

- 올리비에 피오르 비 마키아벨리즘에 맞서는 마키아벨리 3
- 서용순 조세푸의 학교 9
- 가트린 뒤푸르 마르코스의 코카콜라의 아이들 36
- 마르니 다 을라 탄생 100주년 맞는 예배 세례로 37
- 빅상우 사진가들은 전쟁기를 구기할 수 있을까 38
- 이혜면 로 디폴로의 '사유'를 읽는다 39

값 10,000원

201   3부 - 길들여지지 않은 자들의 음악

프랑스 인디 힙합,
슬럼을 향해 외치다

프랑스 인디 힙합계는 슬럼가에 대한 정치적 낙인과 음반 시장의 불황을 겪은 후, 대중을 향한 길을 버리고 그들이 나고 자란 거리로 되돌아왔다. 음반을 낼 때도 소량만을 직접 제작해 배포하는 방식을 택했다. 여러 인디 힙합 가수가 골든디스크를 거머쥐기도 했지만, 슬럼가 밖에서는 여전히 무명일 뿐이다.

토마 블롱도 | 〈르몽드 디플로마티크〉 기자
공동저작으로 〈랩 전쟁 1,2〉(2007-2008)이 있다.

"우리 구역 놈들에 이 노랠 바치네 / 우리는 하얀 가루에 입을 맞추지…."

파리 외곽의 불로뉴 시 플라스오프 지역, 허름한 아파트 벽을 타고 거친 랩이 들려온다. 목소리의 주인공은 28세라는 젊은 나이에 놀랄 만한 음반 성적을 거둔 힙합 가수 '림(LIM)'. 아직 대중에게는 잘 알려지지 않았지만, 인디 힙합신에서는 이미 톱스타 역할을 톡톡히 하고 있는 유명 인사다. 최근 그와 같은 몇몇 인디 힙합 가수들의 앨범이 라디오, 텔레비전 등의 매체를 통한 소개 없이도 수만 장씩 팔려나가고 있다. LIM은 녹음 스튜디오에 앉아 앞에 놓인 믹싱 콘솔을 가리키며 말했다. "이 콘솔, 프랑스에는 네대밖에 없는 겁니다. 이게 가장 최신형이죠."

아파트 지하 창고에 이 첨단 믹싱 콘솔을 들이기 위해 수만 유로를 투자했다는 그의 설명은 어떻게 보면 의아하기도 하다. 스타 랩퍼가 되었지만 여전히 거대 아파트 단지의 한복판에서 슬럼가의 주민으로 살아가고 있고, 해변에 놓인 으리으리한 별장도, 스위스 은행 비밀 계좌도 가지고 있지 않다. 그가 자란 곳은 불로뉴 시, 다시 말해 90년대의 힙합 스타 '모베즈랭'과 '부바'의 지척에서 성장한 셈이다. 하지만 음악적 성공과 부를 모두 거둔 지금도 변함없이 불로뉴에서 살고 있으며, 사실 이곳을 떠나는 것을 단한 번도 고려조차 해보지 않았다. 그는 그 이유를 "떠난다고 해도 제가 어디를 가겠습니까? 파리 중심지에 가서 잠깐 어슬렁거리다 보면, 내가 있어야 할 곳은 그곳이 아니라 바로 이 동네라는 사실이 분명해져요. 그래서 떠나지 않는 것이죠"라고 설명했다. LIM의 노래엔 어떠한 과장이나 미화도 없이 일상 그대로 실려 있다. 예를 들면, 영화 같은 거창한 이야기가 아닌 욕구불만, 경찰 뒷담화, 여자 이야기, 감옥에 간 형제들, 지중해를 건너와 불법 체류자가 된 친척들 이야기 등을 거칠면서도 날카롭게 담아내고 있는 것이다. 언뜻 보기에는 음반 판매가 되기나 할까 싶을 수도 있지만, 그가 걸터앉은 소파 뒤 벽에는 두 개의 골든디스크가 걸려 있었다.

음반 판매량 1위,
하지만 여전히 무명 가수

2007년 10월, 파리 중심가에 위치한 5구, 유니버설 뮤직에서 발표한 주간 음반 판매량 집계 결과에 모든 레코드 회사들은 충격에 빠지고 말았다. 크리스토프 마에, 바네사 파라디, 마누 차오 등 쟁쟁한 대형 스타 가수들의 이름 위로 LIM의 이름이 떠올랐기 때문이다. LIM이 이름도 파격적인 레이블 '투스 일리시트'(죄다-불법)를 통해 발매한 2집 앨범 '델랑컹'이 전체 음반 판매량 1위를 차지한 것이다. 사실 이 결과를 발표한 유니버설 뮤직 사무실에서도 그에 대해 아는 사람이 한 명도 없을 정도였다. 이런 충격적인 소식 덕분에, 프랑스 힙합이 힙합의 출발점이었던 슬럼가로 다시 돌아가고 있다는 이야기가 회자되기 시작했다.

힙합 음반 판매량이 급격히 줄어들기 시작한 것은 1990년대 말, 이때 메이저 업계는 힙합 가수들과의 모든 계약 관계를 정리하고 랩퍼들을 인디로 밀어 넣었다. 덕분에 인디에서는 아무런 음반 작업을 진행할 수 없었고, 결국은 비공식적인 루트로만 노래를 제작해야 했다. 대표적인 예가 DJ가 자신만의 비트를 만들고 다른 랩퍼들을 불러와 곡을 녹음해 믹스테이프[01]

---

01 믹스테이프에 들어가는 컴필레이션 곡들은 종종 저작권 위반의 경계선에 아슬아슬하게 걸쳐 있다. ('거리 때문에 흔들리는 레코드 회사들', 〈르몽드 디플로마티크〉, 2008

나 스트리트CD[02]의 형태로 제작하는 방식이다. 최소 비용으로 소량만을 제작하는 스트리트CD는 힙합에서 자발적으로 창조해낸 새로운 주 매체가 되었지만, 사실상 공식 음반 판매량에는 집계되지 않고 있다.

믹스테이프의 경우는 정확한 발매일조차 따로 없다. 대마초 따위를 팔아 돈이 생기면 그제야 녹음실을 빌리고, 그렇게 작업을 시작해 녹음을 마치면 그 날이 바로 발매일이 되는 것이다. 이러한 상황이니, '타임 봄브', '비트 드 불'과 같이 비교적 틀이 잡힌 프로덕션과 이름 없는 소형 레이블이 공존하면서 생기는 무질서함, 점점 한계까지 치닫는 랩퍼들 간의 폭력적인 랩 공격, 음반 제작과 관련된 자본 문제 등이 인디 힙합이 마주한 난관으로 떠올랐고, 가요계와 미디어는 완전히 돌아서버리고 말았다.

그런데 2000년 들어 '루나틱'과 '부바'가 함께 만든 '45 시엉티피크'가 골든디스크를 수상했고, 이로 인해 인디 힙합계의 발전에 대한 전망이 다시 밝아졌다.[03] 골든디스크라는 예상치도 못한 결과가 나타나자, 마침내 몇몇 음반 배급업자들이 인디 힙합에 손을 내민 것이다. 인디 가수들도 이들을 통해 보다 넓은 리스너층을 확보하고 새로운 산업적 전망을 얻을 수 있었다. 인디 힙합 레이블의 배급을 담당하고 있는 와그람 뮤직 소속 필립 가이야르는 "인디 힙합은 이미 수년 전부터 메이저 시장 밖에서도 충분히 성장할 수 있는 역량들을 갖춰왔다"면서, "우리도 인디 레이블 중 하나인 '므

년 1월호)

02 수작업으로 제작하는 음반을 일컫는다.

03 당시의 골든디스크 수상 기준은 10만장 이상 판매였지만, 이후 음반시장 전체의 불황으로 인해 판매량 기준이 2009년에는 7만 5천장, 최근에는 5만장으로 하향조정됐다.

나스 레코드'와 유통 계약을 맺었는데 곧바로 2만 5천장이 판매되더라. 덕분에 인디에 대한 더 큰 확신을 가질 수 있었다"고 설명했다.

**"랩으로 먹고살고,
랩 안에서 살아간다"**

현재 배급업체를 통해 유통되는 인디 힙합 음반은 수십만 장에 달한다. 새로운 유통망은 랩퍼 본인과 음반 제작자, 레이블의 상황에게도 큰 이익이다. 그들이 지속해온 인디 활동이 하나의 새로운 경제 동력으로 바뀌어가면서, 음악 관련 사업 자체도 높은 수익성을 가지게 됐기 때문이다. 그러나 이렇게 새로운 배급처를 통해 손쉽게 음반을 유통시킬 수 있게 되었음에도 불구하고, 인디계는 지금까지 자신들을 성장시켜온 인터넷, 소형 음반사, 벼룩시장 따위의 비공식적 시장에서도 결코 손을 떼지 않았다. 공식 앨범을 내는 틈틈이 팬들 곁을 떠나지 않으며 여전히 소문과 인기를 얻고 있다.

파리 북쪽 외곽, 클리낭쿠르 지역의 벼룩시장 한복판에는 인디 힙합 레이블 '게토 파뷸루스 갱'의 노점이 위치해 있다. 이곳에서는 '이 도시에 들어서면 난 잃을 것 없지 / 이 나라 따윈 터지라고 매일 기도하지 / 국가는 부르지 않아 우린 부랑자니 / Do or Die, 사회따윈 모르지'와 같은 랩이 흘러나오고 있다. 레이블의 수장인 '알파5.20'은 울타리 앞에 기대선 채 "음반 불황? 그게 대체 뭡니까?"라며 조소를 던졌다. 그는 몇 년 전까지만 해도 무명 랩퍼였지만, 지금은 수 천 장의 앨범 판매량을 기록하며 무시무시한 인기를 얻고 있다.

"첫 믹스테이프를 내놓았던 것이 벌써 8년 전 일인데, 당시 한 방에 7천 장이 팔려나갔습니다. 그게 신호탄이었죠."

파리 외곽지역 인디 힙합계의 '대형 레코드사' 역할을 하는 이 노점 좌판에는 기존 음반사에서도 판매하고 있는 공식 음반뿐만 아니라 팬들이 목을 빼며 찾아다니는 믹스테이프나 스트리트CD도 찾아볼 수 있다. 한 단골손님은 이 노점에 대해 "여기는 업데이트 일정이 쉬지 않고 돌아갑니다. 매주 주말마다 벼룩시장에 찾아와보면, 공식 신보는 물론이고 비공식·미발매 음반, 다른 랩퍼들과 콜라보한 컴필레이션 앨범 등도 늘 새롭게 나와 있거든요. 정말 끝이 없어요"라고 말했다.

음반판매량 뒤엔 음악 이상의 무언가가 있다

경제적 논리가 과잉 생산으로 이어지면서 음반의 퀄리티를 떨어뜨리는 결과를 낳을 위험도 없지 않지만, 지금 인디에 더욱 힘을 불어넣고 있는 것도 사실 이 경제적 논리다. 알파5.20은 "우리는 랩으로 먹고살고 랩 안에서 살아간다"며 "이곳에 더 이상 더러운 돈은 존재하지 않는다. 직접 돈을 벌어 다시 투자하고, 그렇게 키워갈 뿐"이라고 덧붙였다. 한편 게토 파뷸루스 갱의 노점에서 몇 미터 떨어진 곳에는 랩퍼 '라르센'의 노점이 위치해 있다. 26세의 나이에 전과범이기도 한 그 역시 지금은 랩을 쓰며 소소하게 돈을 벌고 있다. 또 벼룩시장을 따라 올라가다보니 큰 길 위쪽에서는 힙합 듀오 '트뤼엉 드 라 걀레르'가 신보를 뿌리고 있었다. 알파5.20의 동업자 중 한 명은 "이 바닥에서 인디 레이블이 롱런하려면 정말 저렇게 해야 한다. 정기적으로 무료 음원이나 영상을 제공하는 것"이라고 설명했다.

이 '바닥'에서는 각종 블로그와 전문 사이트들이 온라인으로 잘 연결되어 있는 덕분에 가수들이 따로 홍보를 할 필요가 없다. 대중 매체에 잘 알려지지 않았더라도 슬럼가에서는 왕자 대접을 받으면서 편안하게 돌아다닐 수가 있고, 이곳에 거주하는 사람들에게는 오히려 더 친밀하게 다가갈 수 있다. LIM은 이러한 관계가 친구 사이 수준을 넘어선 '가족'과도 같은 것이라고 말하며 다음과 같이 덧붙였다. "우린 스타가 아닙니다. 우리에겐 팬이 아니라 '형제들'이 있죠. 또 그들 덕분에 우리가 하는 음악 활동도 계속 이어갈 수 있는 것이고요. 우릴 만나고 싶다면 언제든 이 거리로 오면 됩니다. 우린 늘 여기 있으니까요." 이것이 바로 프랑스 인디 힙합의 놀라운 성공에 숨겨져 있는 요소다. 자본주의적, 상업주의적 접근만으로는 이러한 성과를 결코 설명할 수 없다. 막대한 음반 판매량의 뒤에는, 음악 그 이상의 무언가가 있었다.

다시 불로뉴 시 플라스오트로 돌아가보자. LIM의 스튜디오에서는 그의 신곡이 스피커를 통해 흘러나오고 있었다. '넘버원이 나의 삶을 바꾸진 않았지 / 난 여전히 더러운 밤을 보내곤 해 / 내 권총을 닦아둬 너무 지루하니까 / 곧은 길은 비켜서 스타는 너무 지겨워'와 같은 가사를 보건대, 3년 전 그가 첫 번째 골든디스크를 수상한 후에도 그의 삶은 조금도 바뀌지 않았다는 것을 알 수 있다. 그는 알제리를 상징하는 녹색 트레이닝복을 걸쳐 입은 채 "제 삶도, 제 생각도 전혀 바뀌지 않았습니다. 물론 제 음악도 그대로죠. 그러니까 사람들도 제 음악을 다시 찾아주는 것이겠죠"라고 설명했다.

골든디스크를 수상하면서 받은 상금으로 그는 그의 레이블 '투스 일리시트'의 상황을 정비하고, 지하 창고 하나를 구해 녹음 스튜디오를 꾸몄다. 그게 전부였다. 그는 이 스튜디오에 대해서도 "이곳은 거리의 모든 이들을 위한 곳입니다. 골든디스크는 우리 모두의 것이죠. 저 혼자 앞장선다고 해도 그게 특별히 자랑거리가 되지는 않습니다"라고 강조했다. 그는 자신의 음악을 통해 스스로의 삶과 주변인의 일상을 담아낸다. 그의 랩은 마권 발매기 털이, 마약 거래, 그리고 이어지는 감옥살이 등 고되고 험한 슬럼가 삶에 대한 시대극을 보여주고 이 거리의 일상을 있는 그대로 반영하고 있어서, 힙합이 쉽게 빠지는 함정인 과대망상과는 거리가 아주 멀다. 그의 랩을 통해 막 감옥에서 출소한 친구, 약간의 대마초에 몸을 파는 매춘부, 무능한 정치인, 경찰에 대한 불만, 반감과 증오, 그리고 아주 약간의 희망에 대한 이야기를 만날 수 있다. 결국 힙합이라는 매개체를 통해 '슬럼'이 '슬럼'을 향해 외치고 있다고 볼 수 있다. 너무나도 '이곳만의' 삶이어서 밖에서는 이해받을 수 없는 그런 일상에 대한 랩이 울려 퍼지고 있는 것이다. 최근 일간지 〈르몽드〉는 한 기사를 통해 LIM의 동료 랩퍼 '라르센'을 '동네 랩퍼'라고 칭하며 집중 조명했다.(2009년 7월 10일호 참고) LIM은 이 호칭이 너무 편협한 명칭이라며 거부했지만, "우리는 유권자 카드도 없습니다. 이곳엔 우리만의 정치가 있고, 우리만의 방식으로 삶을 살고 있습니다. 우리가 이곳을 떠나지 않는 이유는 바로 그런 우리만의 삶 때문이라는 사실을 잊지 마십시오"라는 말을 덧붙였다.

'팬'이 아닌 '형제들'이…… "우린 늘 이곳에 있다"

1990년대 당시, 프랑스 힙합의 선구자들이 힙합계의 문을 열며 추구했던 것은 대화의 장이었다. 힙합 전문 잡지 〈Rap Mag〉의 전 편집장 뱅상 베르트는 "'아사생', 'NTM'과 같은 그 시대 랩퍼들은 자신들이 하위 계층이 아니며, 말을 능수능란하게 잘 할 수 있고, 사회 활동에도 참여할 수 있는 존재라는 사실을 증명하고 싶어 했다"고 분석했다. 그러나 90년대 말에 이르러 슬럼가 이주민들에 대해 그들이 거주하는 곳이나 종교적 신념 등이 모두 정책적으로 낙인찍히기 시작했고, 엎친 데 덮친 격으로 음반 시장은 포화상태에 이르렀다. 결국 힙합 시장에 대한 그들의 희망은 물거품이 되고 말았다. 힙합은 다시 거리로 돌아왔고, 랩은 슬럼가를 떠나지 못한 채 합법과 불법의 경계에서 근근이 살아가는 불량 청년들의 일상의 모습을 묘사하는 거친 표현들로 서서히 채워져 갔다.

이주민 통합 정책에 도전장 내듯

프랑스 힙합 1세대 그룹인 NTM의 멤버 '쿨 셴'도 이러한 변화의 물결은 피할 수가 없었다. 그는 "아무리 아름다운 문장들을 쓰려고 애쓰더라도, 힙합이 가진 '거친 음악'의 이미지에 점차 굴복하게 된다"면서 "결국 마지막에 이르러서는 스스로를 '망할 놈'이라고 부르면서 슬럼에 그냥 그대로 남게 된다"고 설명했다. 즉, 인디 힙합은 더 이상 1세대 랩퍼들이 주장했던 '변방의 목소리'가 아닌, 슬럼가의 사람들에게, 좀 더 넓게 봐도 다른 슬럼가에 거주하는 '형제들'에게까지만 전해지는 고독한 노랫소리가 된 셈이다. 늘 멸시받았던 슬럼가가 시선을 사회 중심에서 외곽을 향해 돌리면서 반대로 사회를 깔보기 시작했고, 이제는 그 수준이 일종의 지역적 자폐화에 가까워지고 있다. 90년대에는 '그들 vs 우리'라는 논리가 있었지만, 오늘날엔 이것이 '우리 vs 우리'라는 논리로 바뀌며 사회에 대한 무관심으로 표출되고 있다. 국기, 학교, 직장, 나아가 음반회사마저도 그들에게는 전부 '망할 놈'이 되어버린 것이다. "물론 우리 쪽 음반들이 히트를 친 후 메이저 쪽에서 먼저 연락이 오기도 했습니다. 그런데 뭐, 아무 필요 없어요. 계약 따위 알 게 뭐랍니까. 여기 이곳에선, 우리끼리 우리의 일을 합니다. 그게 다예요"라고 말하는 LIM의 눈빛에서는 일종의 긍지가 느껴졌다.

이 '우리'라는 말이 꼭 과거에 실패한 이주민 통합정책에 던지는 도전장처럼 들린다. 80년대 당시 흑인 및 아랍계 이주민에게도 나이트클럽 입장을 허가하자며 대단한 선의로 뭉쳐졌던 여론에 던지는 도전장 말이다. 사실 그들이 들어가고 싶었던 곳은 나이트클럽 따위가 아닌, 국립행정학교 같은 곳이었다. 결국 그들은 소외된 자의 신분으로 돌아가 다시 그들만의 깃발을 들고, 슬럼가의 경제와 네트워크를 구축하며, 거의 자급자족에 가까운 가치체계를 형성했다. 슬럼가의 음악은 점점 더 폐쇄적으로 변하였고, 노래 가사도 은어가 난무해 외부인은 아슬아슬하게 알아들을 수 있는 수준으로 변해갔다. 그러면서 사회적·심리적 상황을 오롯이 대변하는 음악은, 거칠고 폭력적인 그들의 모습을 담아내는 것 그 이상의 의미를 지닌 하나의 사회적 상징으로 볼 수 있다. 여러 래퍼의 음악을 통해 강력하게 드러나는 이러한 폐쇄적인 태도는 사실 젊은 세대만의 전유물이 아니다. 최근 있었던 지방선거에서 외곽 지역의 기권율이 70% 수준에 육박했던 것만 보더라도 이미 이곳에는 폐쇄성과 '바깥 세계'의 정치에 대한 무관심이 팽배해 있다는 것을 여실히 알 수 있다.[04] 이제는 우리가 이대로 멀어져 가는 그들을 보고만 있을 것인지 자문해볼 때가 아닐까.

---

04 파리 교외 지역인 클리쉬-수-부아에서는 2차 선거 투표율이 31.3% 수준에 그쳤다. (〈르몽드〉 2010년 3월 25일호)

모차르트의 유년 시절

"모차르트, 무능한 작곡가"

글렌 굴드(Glenn Gould), '최후의 청교도'

1976년 역사상 가장 위대한 피아니스트 중의 한 명인 캐나다 출신 글렌 굴드(1932-1982)가 모차르트를 주제로, 감독이며 제작자인 브뤼노 몽생종(Bruno Monsaingeon)과 인터뷰를 했다.

M: 글렌 씨, 무엇보다도 우선 나는 여기서 당신에게 상당수 사안에 대해 명확히 밝힐 수 있는 기회를 드리고 싶습니다. 당신이 정말 당신에게 전가된 모차르트에 대한 모든 모욕적인 판단을 발설했습니까? 당신이 그의 음악을 좋아하지 않는다는 말이 사실입니까? 정말 당신은 그가 너무 빨리 죽은 것이 아니라 너무 늦게 죽은 '무능한' 작곡가라고 생각합니까?

G: 그러니까 브뤼노씨, 회자되는 모든 말은, 그 말들에 약간의 뉘앙스를 부여한다는 조건 하에서, 우리에게 훌륭한 대담거리가 될 만큼 상당히 정확합니다. 내가 싫어하는 모든 모차르트 작품은 그의 생애 마지막 몇 년 동안 만들어진 것들입니다. '마술피리(Flûte enchantée)'와 'G 마이너 교향곡(Symphonie en sol mineur)' 같은 작품들이 이에 해당합니다.

M: 모두 걸작들이군요!

G: 당신이 원한다면 그렇게 말할 수 있습니다. 반면 그가 20세에서 25세에 작곡한 많은 작품들이 있는데, 나는 그 작품들에 대해서는 그렇게 큰 논박 없이 묵인할 수 있습니다. '후궁으로부터의 유괴(L'Enlèvement au sérail)'와 같은 장르의 작품들은 나에게 아무런 관심을 끌지 못하지만, 배경음악으로는 전혀 문제가 안 됩니다.

M: 그에게 감사해 하는군요!

G: 천만에요. 그러나 그가 청소년이었을 때 작곡한 상당수 음악작품들에 대해서는 내가 많은 애정을 갖고 있다는 사실을 덧붙여 말해야 할 것 같습니다. 결과적으로, 모차르트가 '무능한 작곡가'가 '되어버렸다'고 말하는 것이 나에게는 더 정확한 표현인 것 같습니다. 당연히 그가 너무 늦어서 죽었다고 내가 말한 사실이 그의 때 이른 죽음에 대한 인정머리 없는 반응으로 이해되어서는 안 될 것입니다. 이 말은 "만약 그가 70세까지 살았다면 그가 이룰 수 있었을 것에 대해 생각해 보세요"라는 종류의 모든 가정을 거부할 뿐입니다.

M: 당신은 항상 모차르트에 대해 똑같은 태도를 취했습니까? 하여튼 당신이 피아노를 배웠을 때, 사람들이 당신에게 그의 작품들을 공부하고 연주하게 강요하지 않았습니까?

G: 그의 작품들을 공부하라고 강요했다고요? 물론입니다. 그러나 그 시절 내가 경험했던 것은 일종의 경악이었습니다. 내가 아는 건전한 정신을 가졌던 다른 성인들과 나의 교수들이 왜 그의 몇 개 작품을 서구 음악의 보물로 간주했는지 나는 이해할 수 없었습니다. 가끔 그리고 나만

의 즐거움을 위해 그의 작품들을 연주하는 것이 상당히 좋았던 것은 사실입니다. 당신이 여러 음계와 아르페지오에 맞춰 자신의 손가락을 빠르게 움직이면, 클레멘티(Clementi), 스카를라티(Scarlatti) 혹은 생상스(Saint-Saëns) 같은 작곡가들의 작품을 연주하면서 얻게 되는 촉각의 즐거움을 얻을 것입니다.

M: 내가 아무 소리도 안 들은 것으로 하지요. 그러나 당신이 어린애였을지라도 모차르트에 대한 당신의 견해가 일반적으로 공유되지 않는다는 사실을 당신이 틀림없이 알았을 것 같은데, 그렇습니까?

G: 아닙니다. 처음에는 몰랐습니다. 대략 13살까지는 모든 사람들이 나와 같은 방식으로 모든 사물을 쳐다본다고 확신했던 것 같습니다. 예를 들어 구름 낀 회색 하늘에 대한 나의 열정을 누군가가 공유하지 않을 수 있다는 생각을 나는 전혀 하지 못했던 것 같습니다. 태양을 더 좋아하는 사람들이 실질적으로 존재한다는 사실을 알게 된 것은 충격이었습니다. 지금도 그것은 이해되지 않는 어떤 것입니다. 하여튼 그것은 다른 이야기입니다.

브뤼노 몽생종에 의해 영어에서 프랑스어로 번역됨, 파이아르, 파리, 1983년, p136-140.

바벨탑처럼 혼란스러운
아프리카 랩의 물결

랩은 2000년대 초에 아프리카대륙에 가지를 치며 번식했다. 세네갈, 말리, 콩고, 코트디부아르, 남아프리카공화국의 젊은 이들은 랩에서 그들의 반항과 욕구불만의 배출구를 발견하고, 그들 나름의 랩을 창조하며 미국에까지 음악적 명성을 구가하고 있다.

장크리스토프 세르방 | 언론인
세실 로베르와의 공저 〈남아프리카 공화국: 저항의 세기 IX〉(2008)가 있다.

"이 음악은 사회적으로 서로 다른 영역에 속한 젊은이들을 음악적 주제 주위로 끌어 모으는, 다시 말해 그들의 인종적 차이를 지워버리는 능력을 가지고 있다. 랩은 말하는 거리다. 우리의 국가지도자들은 그 어느 때보다 더 랩을 듣는 편이 좋을 것이다." 세네갈 최초의 랩 기획음반인 '다합(Da Hop)[01]을 만들어내기 위해 모여든 래퍼들은 그렇게 자신들의 생각을 펼쳐보였다. 아프리카 인구의 반을 차지하는 15~25세의 아프리카 청년들이 랩에 열광하고 있다. 1990년대 초만 해도 아프리카 부르주아지들의 단순한 흉내에 그쳤던 랩은 이제 '진정한 라이프스타일'이 되었다.

'사르셀의 브라자빌인'이라 불리는 파시(Passi, 콩고 브라자빌 출신의 프랑스 래퍼)를 리더로 하는 콩고 그룹 비소 나 비소(Bisso Na Bisso)가 아프리카 전역에서 거둔 성공은 그들의 전복적인 노래제목 〈지도자의 입장에서〉와 마찬가지로 이런 현상을 잘 보여준다. 자이르 출신의 코피 올로미드(Koffi Olomide, 아프리카 가수로는 처음으로 2000년 2월 공연에서 팔레 옴니스포르 드 파리-베르시 체육관이 관객으로 가득 찼다)부터 코트디부아르의 메이웨이까지, 자신들의 인기를 높일 작정으로 래퍼들과 듀엣으로 노래한 아프리카 스타들은 더 이상 셀 수도 없을 정도다. 수많은 랩 그룹이 포진해있는 다카르는 미국에서조차 랩의 신도시로 간주된다. 그러나 이제 다카르는 다르에스살람(탄자니아)같은 새로운 중심지와 경쟁을 벌이는 상황에 처했다.

2000년 4월 압둘라예 와데 대통령 선출을 그들의 승리로 생각하는 세네

---

01 다합(다카르 힙합의 준말)은 2000년 4월에 출시된 조졸리/데라벨(유순두르의 레이블)의 특별기획음반이다.

같이 '소피'(Sopi, 월로프어로 변화라는 뜻)에 푹 빠져 있는 것과는 달리, 탄자니아의 수도 도도마에는 랩과 수백 개의 그룹을 위한 녹음스튜디오 두 곳이 있다. 아프리카도시 음악 관련 인터넷사이트[02]를 개설한 27세의 토마 제스튀젠은 "모델과 소재가 부족해도 현지 젊은이들은 즉시 마음에 들어했다"고 설명한다. "랩이 처음에는 최신 미국음반을 구매할 능력이 있는 사람들에게 한정되어 있었던 것이 사실이다. 그 이후 랩은 모든 사회계층이 접근할 수 있는 것이 되었다. 특히 아프리카의 음악전통이 탁월한 창작 원천이 될 수 있다는 사실을 점점 더 많은 연주자들이 보여주고 있다."

 록과 라틴 음악(1960년대), 펑크, 소울, 레게(1970-80년대) 레퍼토리에서 빌려오고, 라볼 프랑스-아프리카 정상회담(1990)과 아파르트헤이트의 뒤를 이은 세대가 발명해낸 이 새로운 퓨전장르는 미국 흑인음악과 아프리카 리듬을 새로이 혼합한 것으로, 잃어버린 시간을 되찾으려는 시도이기도 하다. 1995년 포지티브 블랙 소울(Positive Black Soul) 그룹의 앨범 다카루아(Dakarois)가 시장에 나온 이후 사실 아프리카음악 옵서버들은 불만스러워했다. 유럽 프로듀서들의 손을 거쳐 '백인화'되지 않은 경우, 아프리카대륙의 랩은 서구음악을 아프리카 버전으로 소화해 낸 편곡의 성격이 짙었다. 하지만 이 극단적 모방은 격렬하면서도 모호한 상태로 새로운 것을 만들어 낼 여지를 주었고, 결국 뿌리와 근대성을 결합한 새로운 트렌드가 이루어졌다. 아프리카대륙 이 끝에서 저 끝까지 '바벨탑처럼 혼란스러운'(스와힐리어에서부터 아샨티어, 폰어, 호사어, 바밀레케어, 하오우사어, 그리고 프랑스어, 엉터리 영어(broken english) 또는 포르투갈어를

---

02 Africanhiphop.com 사이트 인용.

거쳐 월로프 어에 이르기까지) 물결이 전통음악과 전자음향이 뒤섞인 랩 위로 흘러간다.

신세대 아티스트들이 북반구 프로덕션 쪽에 귀를 기울이고 있기는 하지만 그들이 만들어내는 텍스트는 자기나라의 현실에 굳게 뿌리내리고 있다. 빈곤, 실업뿐만 아니라 환경, 인종분쟁, 부패, 에이즈는 단골로 등장하는 해악들이다. 거기에 새로운 단어와 문장, 춤 스텝과 표현들을 접합해 시민사회의 눈부신 발전 속에서 느낀 분노를 표출한다. 그리고 그것들은 빠른 속도로 거리에 전파된다. 탄자니아의 잔지바르 섬 행정당국이 2000년 10월 29일 총선 전날 라디오에서 랩 그룹의 음악을 방송하지 못하게 할 정도였다.

그룹 레이지(Rage)의 말리 인들의 표현대로, 음악은 젊은이들의 갈망과 요구를 담아낸다. "이곳에는 '미국'처럼 집단거주지나 게토가 없는 게 사실이다. 서로 쏘아대지 않는다. 하지만 부패, 뒷거래, 방임주의, 빈곤은 분명히 있다. 가장 가난한 사람들을 돌봐줄 사회시스템도 없다. 배불리 먹는 사람들은 언제나 똑같다. 그들은 국고를 갉아먹는 흰개미들 같다. 그리고 학교는 정말 가슴 아프다. 6~7년 전부터 청소년들은 더 이상 학교에 가지 않는다. 10년, 15년 후에 누가 이 나라를 이끌어갈지 의문이다."

마찬가지로 랩의 영향을 받아 춤과 독설을 혼합하는 음악인 코트디부아르의 '주글루' 세대도 비슷한 시각을 공유한다. '알루쿠'(alloukou, 코트디부아르의 중서부 '베테(Bété)' 족의 축제의 리듬과 춤—역주)에게서 영감을 얻고, 신시사이저로 베테 리듬을 만들어내는, '반쯤 분노하고 반은 즐거운' 아티스트들이 구사하는 주글루 음악은 아비장 외곽(2000년 10월 17일 대통령선거에 항의하던 수십 명이 학살된 요푸공, 아잠, 아보보 등이 손꼽힌다)에서 탄생해, 1990년대 앙리 코난 베디에 전 대통령에 반대하는 학생시위 때에 유명해졌다.

5년 후, 주글루 음악과 유명한 코트디부아르 레게(알파 블론디, 티켄자 파콜리)에 힘입어 로베르 구에이 장군이 이끄는 폭도들은 '야만인 코난'을 대통령직에서 축출했다. 주글루 그룹인 '레 살로파르'의 리더 숨 빌은, "카키 색 히스테리에 휘말리지 말아야 한다. 모든 사람들이 군인들에게 환호를 보냈지만 우리는 계속 불평등을 말해야 한다. 아비장의 불안과 싸운다는 구실로 군인들은 모든 국민들을 차별 없이 악착같이 따라다닌다. 그런데도 우리들 주변에 도둑과 강도가 있다면 국민을 비난해야 할 것이 아니라 시스템을 비난해야 한다"[03]고 말한다.

아파르트헤이트 이후, 남아프리카공화국 역시 소외된 사회계층으로부터 다양한 음악경향들이 탄생됐다. 5년 만에 남아공은 음악 산업에서 세계 22위에 올랐고, 이 분야에서 2만 명이 일하고 있다. 요하네스버그의 흑인 구역에서 생겨난 크와이토(남아프리카 댄스음악)는 '서구' 음악(시카고의 하우스, 런던의 정글, 자메이카의 레게)의 놀라운 '검보(gumbo)[04]에, 외설적인 내용부터 사회적 내용까지 담고 있는 가사를 흥겹게 혼합한 음악이다. 크와이토는 8년 만에 이론의 여지없이 남아공 젊은이들의 밴드음악이 되었다. 크와이토는 에이즈반대 캠페인에서 경화기매매 반대에 이르기까지 모든 광고에 리듬을 붙인다. 그리고 그 스타들은 가장 가난한 사람들의 아이

---

03 티에모코 쿨리발리, '스스로를 모색하는 코트디부아르의 정계', 〈르몽드 디플로마티크〉, 2000년 10월호.

04 닭이나 해산물에 오크라(okra)를 넣어 걸쭉하게 만든 수프

콘이다. 크와이토 음악의 선두그룹인 봉고 마핀(Bongo Maffin)의 뮤지션 탄디스와(Thandiswa)는 "이것은 시대의 에너지를 근간으로 한 음악이자 아파르트헤이트 이후 자유와 흥분을 표현하는 젊은이들의 음악"이라며 "모든 것이 그들에게는 새로운 것으로 보이기 때문"이라고 설명한다.

그렇다고 해서 크와이토가 자신의 첫 번째 임무를 잊어버린 것은 아니다. 요하네스버그의 〈YFM라디오〉의 스타DJ 프레쉬는 "크와이토는 게토의 음악이다. 우리는 거리에서 살고, 거리를 걸으며, 좋은 것과 안 좋은 것을 알고 있다. 우리가 새로운 남아프리카공화국에 빠져 있기는 하지만, 결코 권력에 충성하지는 않을 것이다"라고 말한다.

'알루쿠'로부터 영감을 얻은 베테 리듬의 코트디부아르 주글루는 아비장 외곽 출신의 '반쯤 분노하고 반은 즐거운' 아티스트들이 구사하는 음악이다.

소웨토의 빈민구역에서 태어난 크와이토가 확대 보급되면서 아티스트들 사이의 한판대결, 프로듀서로 변신한 초치(tsotsi, 흑인 소년범), 성급한 계약, 대마초 향기 속의 위험한 콘서트 등, 진부한 '뮤직 비즈니스'가 자리를 잡고 있다. 시장수입은 좋은 편이라고 해야 할 것이다. 크와이토의 막강한 영향력 덕택에(스타 아티스트들의 앨범은 1500만장까지 팔린다), 현재 남아공 사람들이 구매하는 음악의 3분의 1 이상이 현지에서 만들어진 음악이다. 새로운 도시음악을 전문적으로 다루는 남아공 웹진 〈레이지〉[05]는 크와이토와 주글루를 "미국 랩에 대한 진정한 아프리카 식 대안"으로 평가한다.

서아프리카 음유시인들의 시대는 끝났다. 민영 라디오(코트디부아르의 〈

---

05 www.rage.co.za, www.africaserver.nl/rumba-kali

라디오 노스탈지〉, 세네갈의 〈7〉, 남아공의 〈YFM〉, 탄자니아의 〈우후루 FM〉)06와 새로운 채널(〈MCM 아프리카〉와 〈LC2〉)이 급성장하면서 아프리카 시민사회의 새로운 대변인인 래퍼들은 그들의 성공에 기여했던 대중들과 해결해야 할 문제가 생겼다. 음반불법복제와 흔히 불안정한 근로조건(예술가 노조가 거의 없고, 영어권 아프리카를 제외하면 작사가·작곡가 음악편집자협회(Sacem)가 현지에 있는 경우는 극히 드물다)에도 불구하고, 유행은 이제 막 시작했을 뿐이다.

아프리카 음악의 '세계화'를 비판하는 사람들에 대해 제스튀젠은 이렇게 반박한다. "아프리카 래퍼들에게 이런 퓨전은 그들의 문화가 21세기에 적응할 수 있다는 것을 보여주는 명백한 증거다. 게다가 그들의 비판에 대한 보편적 토대를 제공한다."

* 부록3 참조

---

06 자크 송생, '자유를 박탈당한 라디오', 〈마니에르 드 부아〉 51호, 2000년 5월호, p. 46 참조.

기타를 든 흑인 가수들

재즈와 랩에 담긴
흑인의 삶

아프로-아메리칸 지식인 코넬 웨스트는 비밥의 출현에서 시작하여 흑인 대중음악의 역사를 되짚는다. 소울 뮤직의 출현, 모타운 레코드사 설립, 랩의 부상 등 일련의 사건들을 차례로 살피면서 그 속에 담긴 정치적, 종교적 함의를 탐색한다.

코넬 웨스트 | 프린스턴대 교수
종교사, 재즈사, 아프로-아메리칸 역사 전공. 저서, 〈인종문제〉2001(1993)로 큰 반향을 불러일으켰다.

제2차 세계대전 직후 미국 음악은 찰리 파커, 셀로니어스 몽크, 디지 길레스피 등 비밥 뮤지션들의 등장으로 근본적인 변화를 겪는다. 아프로-아메리칸 재즈를 아프리카화하는 그들의 특별한 방식은 멜로디에 집착하는 백인 위주의 스윙 재즈에 대한 반응이었을 뿐 아니라, 미국 흑인 사회의 변화된 분위기와 감성에 대한 음악적, 창조적 응답이기도 했다. 비밥 재즈 뮤지션들은 노련한 기교와 재능으로 호전적이면서 동시에 불안에 사로잡힌 사람들의 억압된 감정들, 긴장과 좌절감을 표현해냈다.

지금은 전혀 다른 것이 되었지만, 당시의 비밥 재즈는 민중의 음악이었다. 행인들이 콧노래로 부르거나, 구두닦이 소년이 휘파람으로 멜로디를 따라 부르거나, 도시 흑인들 모임에서 춤곡으로 애용되기도 했다. 소설가 토머스 핀천처럼 그들도 나서는 것을 싫어했다. 마치 19세기 말 예술가들처럼 인습에 저항하던 그들의 태도는 자주 오해를 사기도 했다. 그들의 태도는 다음의 말 속에 잘 요약되어 있다. "당신들이 내 음악을 듣거나 말거나 상관하지 않는다!" 흑인들은 태생적으로 그 음악을 들을 수밖에 없으며, 나머지 사람들은 굳이 듣고자 한다면 노력이 필요하다는 게 그들의 생각이었다.

비밥의 수명은 짧았다. 조금씩 변모되어 1950년대 초반의 쿨한 스타일에 흡수되어 버렸다. 그러나 비밥은 미국의 아프로-아메리칸 대중음악에 지울 수 없는 흔적을 남겼다. 마일즈 데이비스(초창기)와 존 루이스 같은 흑인 뮤지션들과 쳇 베이커, 데이브 브루벡 등의 백인 뮤지션들이 이끌던 쿨 재즈의 시대는 금세 저물었지만, (그룹 카운트 베이지의 음악 속에 생생하게 살아있던) 아프로-아메리칸의 영적 블루스의 소리는 곧바로 찰스 밍거스, 레이 찰스, 아트 블레이키의 재즈 메신저스 등의 하드밥(Hard bop) 속에서 다시금 생명력을 되찾았으며, 소울과 펑크의 시대로 가는 길을 열어주었다.

1950년대 대부분의 미국 흑인들은 일요일마다 교회에서 영성음악과 가스펠을 들었다. 그러나 흑인들이 도심으로 몰려들고 세속성과 돈을 쫓는 경향이 강해지면서 종교음악과 재즈의 영향력은 감소하기 시작했다. 한편, 존 콜트레인, 마일스 데이비스, 오넷 콜맨 등의 영향으로 재즈는 선구자들이 그토록 싫어하던 속물들을 위한 일종의 클래식 아방가르드 음악 같은 것이 되어버렸다. 다른 한편, 흑인 교회들이 '악마의 음악'(전통적으로, 블루스)을 비난하면서 흑인 종교음악은 점점 주변화되었다. 그리하여 재즈도 가스펠도 아닌 새로운 대중음악, 소울이 부상할 토양이 만들어졌다.

소울은 세속화된 가스펠, 펑크화한 재즈 이상이었다. 그보다는 아프리카화 한 것의 특별한 형태로서, 자주 모여 음악과 춤을 즐기는 흑인 대중을 위해 만들어진 장르였다. 소울 음악은 비밥의 포퓰리스트 버전으로, 풍부한 음악적 유산을 통해 흑인들에게 인종적 의식을 일깨우고자 했다. 대표적인 소울 뮤지션, 제임스 브라운과 아레사 프랭클린의 음악은 시골과 도시, 하층 프롤레타리아와 일반 노동자들, 신을 믿는 이들과 믿지 않는 이들을 하나로 이어주었다. 다만 흑인 중산층과 대부분의 백인은 예외였다.

출산 붐과 함께 흑인 사업가들이 늘어나면서 흑인음악은 하나의 시장으로 확고하게 자리매김했다. 1958년, 디트로이트의 포드 자동차 공장 노동자 출신 베리 고디가 레이블 모타운을 세우면서, 흑인 대중음악은 큰 발걸음을 내딛게 되었다. 모타운은 1960년대에서 1970년대 초반까지 전성기를 구가하며 아프로-아메리칸 대중음악을 이끌었다. 스티비 원더, 마이클 잭슨, 라이오넬 리치 등과 같은 천재 가수들과 스모키 로빈슨, 니콜라스 애쉬포드 등의 싱어송라이터들을 보유한 모타운은 아프로-아메리칸 대중음악을 생산하는 회사들 사이에서 가히 제왕의 자리에 올라섰다.

모타운의 성공은 끈기 있게 사회적 계층 상승을 위해 노력하는 흑인 노동자 계급의 이미지를 떠올리게 한다. 모타운은 전성기를 구가하던 시기에 펑키한 폴리리듬(제임스 브라운, 더 왓츠 103번가 리듬 밴드 등)보다는 부드러운 리듬과 당김음을, 모순적인 리듬과 앤티포멀한 스타일(아레사 프랭클린, 도니 해서웨이)보다는 부르고 답하기(call and response)의 억제된 스타일을, 인종차별주의에 반대하는 사회적 저항 음악(질 스콧 헤런, 아치 솁)보다는 로맨틱한 감성의 서정성을 선호했다. 하지만 모타운은 끝까지 신중함과 세련미를 잃지 않으면서 아프로-아메리칸의 영적 블루스 운동에 참여했다.

그러나 모타운은 팬층이 확대되고 백인들 사이에서도 상업적 성공을 거두면서 흑인들 사이에서 입지가 좁아지기 시작했다. 그리고 새롭게 대두된 두 가지 음악 경향, 즉 빠른 펑크와 멜로우 소울의 도전에 직면해야 했다. 특히 펑카델릭, 팔러먼트, 조지 클린턴 등의 출현으로 이른바 테크노 펑크라는 새로운 펑크의 물결이 몰려오던 시기였다. 흑인들은 전자악기 음향 속에서 실현된 극심하게 왜곡된 음성과 그에 조응하는 리듬적 효과에 놀랐다. 〈I Wanna Know If It's Good to You〉, 〈Loose Booty〉, 〈Standing on the Verge of Getting It on〉과 같은 펑카델릭의 노래들은 가히 혁명적 음악이라는 평을 들었다.

1970년대 초, 흑인 대중음악은 좀 더 정치적인 분위기를 풍겼다. 상당히 놀랍게도, 1960년대 말의 정치적 열정은 아프로-아메리칸 대중 가수들에게 대단한 영향을 미치지 못했다. 제임스 브라운의 〈Say It Loud〉, 〈I'm Black and I'm Proud〉 등은 예외에 속했다. 베트남 전쟁이 격화되어가는 와중에(전체 미군 전사자 중 28%가 흑인) 흑인 사회에서는 마약 사용이 확산되었고, 다른 한편에서는 정계에 진출하는 흑인이 늘어났다. 템프테이션의 〈Ball of Confusion〉, 치라이츠의 〈More Power to the People〉, 제임스 브라운의 〈Funky President(People It's Bad)〉, 이즐리 형제의 〈Fight the Power〉 등은 공적 삶과 정치적 성공에 대한 아프로-아메리칸들의 관심이 더욱 높아졌음을 보여주는 노래들이다.

이런 관심이 가장 훌륭하게 형상화된 것은 모타운 역사상 최고의 명반인 마틴 게이의 〈What's Going on〉이었다. 자신들의 종교적 뿌리를 잊지 않은 흑인 대중 가수와 작가들은 갈등과 투쟁으로 점철된 구체적 정치 현실에서 괴리된 채 자신들의 고민을 상당히 모럴리스트적인 방식으로 묘사했다. 그리고 1975년 큰 변화가 찾아왔다. 드디어 빠른 펑크가 멜로우 소울을 제치고 차트 선두에 오르게 된 것이다. 1970년대 초 디스코

텍에서 '논스톱' 댄스뮤직이 붐을 일으키고, 동시에 슬로우 댄스뮤직이 멜로우 소울에 자리를 내어주면서 흑인 댄스뮤직은 아프로-아메리칸 대중음악 속에서 지배적인 위치를 점하게 되었다. 배리 화이트의 관능적인 업비트(약박) 멜로디, 브라스 컨스트럭션의 반복되는 당김음, 쿨앤 더 갱의 저지 시티 펑크, 나일 로저스와 버나드 에드워즈의 '시크한' 그룹 '시크' 등이 당시의 디스코 붐을 이끌었다. 그 후, 1975년 조지 클린턴과 윌리엄 '부치' 콜린스가 낸 팔러먼트의 두 개의 앨범 〈Chocolate City〉와 〈Mothership Connection〉은 대중음악에 새로운 바람을 일으켰다. 조지 클린턴의 펑카델릭에 직접적으로 의존하면서 동일한 뮤지션들이 이끌었던 팔러먼트는 영적 블루스와 첨단 악기를 창조적으로 결합하며 흑인 테크노펑크의 시대를 열었다. 조지 클린턴이라는 천재의 손에서 탄생한 테크노펑크는 흑인음악이 미국 음악의 전반적 조류와 단절하는 두 번째 중요한 계기가 되었다. 찰리 파커의 비밥이 아프로-아메리칸의 대중음악에 한 일과 비견할 만하다. 중복적 폴리리듬, 멜로디의 부재, 악보에서 일탈하는 창법, 극심하게 왜곡된 전자 음향 등이 특징이었다. 비밥의 가까운 친척뻘이라고 할 만한 테크노펑크는 당당하게 흑인 음악의 흑인적 성격을 강조했다. 그것은 다른 것으로 환원할 수도, 흉내 낼 수도 없는 독보적인 정체성이었다.

테크노펑크는 펑카델릭과 팔러먼트를 통해 포스트모던 흑인 대중음악의 대표적 장르로 자리매김했다. 덕분에 영적 블루스 운동은 컴퓨터가 보편화된 시대, 쾌락주의적 단계에 접어든 미국 자본주의 속에서 살아남을 수 있었다. 특정 계층만 테크노펑크에 매료된 것은 아니다. 심각한 정체성 위기를 겪던 정치화된 흑인 '신중산층', 블루스가 지배하는 게토에서 막 빠져나온 안정적인 노동자 계급, 초월적 도피를 꿈꾸는 하층 노동자 계급,

마약 속에서 살아가는 밑바닥 계층 모두 테크노펑크에 열광했다.

1978년 조지 클린턴이 낸 펑카델릭의 앨범 재킷을 보면, 각계각층의 흑인들이 마르쿠스 가비의 아프로-아메리칸 해방의 깃발(빨강, 검정, 초록)을 세우는 모습이 묘사되어 있다. 깃발 위에는 'R&B'라는 문구가 찍혀있는데, 리듬 앤 블루스가 아니라 리듬 앤 비즈니스를 의미하는 약자였다. 가부장적 흑인 내셔널리즘의 전통에 따라, 생명의 원천이자 흑인 국가의 중추를 상징하는 나체의 아름다운 흑인 여성이 반듯하게 누워있는 것이 보인다. 테크노펑크의 성공 역시 비밥과 마찬가지로 오래 지속되지는 못했다. 아프리카적 스타일과 테크놀로지의 변형이라는 테크노펑크의 소명은 금세 비흑인 음악 조류와의 만남으로 희석되고 말았다. 1975년부터 네 개의 현상이 두드러졌다. 구 아방가르드 재즈 뮤지션들의 재등장, 솔로 뮤지션인 마이클 잭슨의 급부상, 가스펠의 복귀, 흑인 랩의 활약이 그것이다. 마일스 데이비스의 앨범 〈Bitches Brew〉(1970)에서 이미 소울이 재즈에 미친 영향이 나타나지만, 1970년대 말 조지 벤슨, 퀸시 존스, 허비 행콕, 도날드 버드 등 진정한 재즈 뮤지션들의 등장은 미국적, 자본주의적 문화와 사회 속에서 다양한 출신들의 생명력과 활기가 환상적으로 발현된 결과였다. 그들의 성공은 흑인 대중음악의 입지를 확고하게 만들어주었다.

이들은 위대한 재즈 혁명가 루이 암스트롱의 최초의 비전을 재확인해주었다. 마이클 잭슨은 대단한 재능의 소유자였다. 제임스 브라운의 스타 스타일, 스모키 로빈슨의 강력한 서정과 감성, 디온 워윅의 인종을 초월한 매력, 다소 완화되긴 했지만, 이즐리 형제의 거친 테크노펑크 등을 뒤섞는 데 성공한 그는 시대적으로 상당히 앞서있는 가수였다. 그는 동시대 음악을 이끄는 동력과 같은 존재였다. 한편, 가스펠의 폭발적 인기는 흑인 종교 공동체 내부에서 확산되던 펜티코스트파 운동의 영향으로 일부분 설명이 가능하다. 하지만 1972년 제임스 클리블랜드와 아레사 프랭클린이 함께 낸 더블앨범〈Amazing Grace〉가 결정적인 역할을 했다. 안드레 크라우치의 〈Take Me Back〉, 월터 호킨스(에드윈 호킨스와 형제)의 〈Love Alive〉 등의 명반 역시 빼놓을 수 없다.

1979년 이후 가장 눈에 띄는 현상은 흑인 랩의 부상이다. 그 전에 랩은 게토의 거리나 흑인 음악 콘서트 막간에 불리곤 했었다. 1979년 멜로우 소울 그룹 더 모멘트(나중에 레이, 굿맨 앤 브라운으로 개칭)의 작곡가 실비아 로빈슨은 할렘의 슈가힐 갱의 앨범 〈Rapper's Delight〉를 낸다. 그리고 몇 달도 채 안 되어 랩은 미국 전역을 평정하게 된다. 커티스 블로우, 그랜드마스터 플래시 앤 퓨리어스 파이브 등 좀 더 세련된 뮤지션들의 등장으로 독창성을 획득하게 된 랩은 흑인 게토의 삶에 더욱 가깝게 다가갈 수 있었다. 대표작으로는 커티스 블로우의 〈The Breaks〉, 〈125th Street〉, 그랜드마스터 플래시 앤 퓨리어스 파이브의 〈The Message〉, 〈뉴욕 뉴욕〉 등을 꼽을 수 있다.

비밥과 테크노펑크가 그랬듯이 흑인 랩은 미국 흑인들의 감각과 감성의 변화를 보여준다. 랩은 직설적인 표현의 섬세한 형태 속에서 당김음과 폴리리듬, 언어적 표현, 관능적 에너지를 강조함으로써 대중음악을 '아프리카화'하는 데 기여했다. 한편, 랩의 천재성은 기술적 솜씨보다는 거리 말투의 속도와 풍부함에서 비롯된 것이었다. 이런 맥락에서 비밥과 테크노펑크와 마찬가지로 랩은 많은 시도에도 불구하고 비흑인들이 흉내 내기 힘든 장르로 남았다. 비밥, 테크노펑크와 달리 랩은 소외된 자들의 절망에 찬 외침이자, 게토 내에서 확산되던 잔인한 범죄와 실존적 절망을 직시하려는 몸부림이었다. 랩은 특정 계층의 표현 형식으로서, 침묵을 강요받던 블루스의 유토피아적 차원을 대신했다.

　흑인 랩의 아프리카적 느린 리듬 속에 유토피아적 열망이 숨겨져 있다는 사실은 굳이 지적할 필요도 없을 것이다. 그 열망이 없다면 투쟁도, 희망도, 의미도 존재하지 않을 것이다. 이 유토피아의 차원은 억압받는 자들의 절망에 대한 서정적 표현과 공존했다. 펑크 리듬 속에는 확실히 제의적인 요소가 숨어있다. 이 음악은 우리에게 파티나 춤판에서 카타르시스적인 이완의 순간을 선사한다. 이 리듬들 속에는 1980년대 초 미국 흑인의 삶에 큰 영향을 미친 사건들의 흔적이 각인되어 있다. 미국 자본주의 사회의 발전과정은 서서히 최하층 흑인 사회에 파괴적인 변화를 가져왔다. 그러나 이 가난한 흑인들은 생존을 위한 정치적, 경제적 수단뿐 아니라 영적 수단마저 박탈당했다. 젊은이들의 비참은 더욱 두드러진다. 18~30세 흑인 청년의 자살률은 지난 20년 동안 4배나 증가했으며, 살인이 주요한 사망 원인으로 꼽힌다. 학대받거나 버림받은 젊은 여성 혼자 가정을 먹여 살리는 경우가 전체 가구의 50%에 달한다. 하지만 교회는 이 젊은이들에게 더 이상 안식처가 되어주지 못한다.

'정돈 된' 재즈라는 난제

1947~1958년, 보리스 비앙(Boris Vian)은 잡지 〈재즈 핫〉에 시평을 연재했다. 당시 재즈는 역설적인 시기를 맞고 있었다. 한편에서는 '진보주의자들'의 관심을 사고, 파리의 생제르맹데프레를 지적 모더니티의 상징으로 만든 유행과 연결되었지만, 다른 한편에서는 '고상한 음악'을 하는 이들의 거만한 호의를 견뎌야 했다. 이런 때 비앙은 보들레르가 원했던, "편파적이고, 열정적이며, 정치적인" 비평가의 역할을 수행했다. 거침없고 박식한 시평들을 통해 비앙은 음악적 난청과 자족적인 편견이라는 적들에 대항해 싸움을 전개했다. 그 자신 또한 10년 간 클럽 '르 타부'에서 재즈를 연주한 뮤지션이기도 했다.

보리스 비앙 | 프랑스의 작가, 시인, 가수, 재즈 연주자
시나리오 작가, 번역가, 배우 화가로도 활동하는 등 매우 다채로운 이력을 지녔다. 무정부주의에 입각해 정치활동을 하기도 했다. 그는 사후에서야 평가를 받게 되는데, 특히 68년 세대들이 그의 작품에 나타나는 '사춘기적 꿈'을 주목했다. 그의 작품 전집은 2003년에 페이야르(Fayard) 출판사에서 전 15권으로 출간됐다.

불규칙적인 시평을 다시 시작하는 시점에 나는 독자 여러분에게 무대 위의 재즈에 대해 말씀드리고자 한다. 그동안 마음 속 깊이 고민해온 주제다. 재즈는 오래전 처음 등장했을 때 사방이 거울로 장식된 퇴폐적 공간에서 연주되던 음악이었다. 그 후에는 카바레, 선술집, 선원들을 위한 댄스홀 등 손님들이 주로 춤을 추는 곳에서 연주됐다.

재즈는 속물들을 위한 카바레를 거쳐 당당히 정식 무대 위, 즉 오케스트라석보다 1.5미터 높은 곳까지 오르게 된다. 그리고 영화 〈뉴올리언스〉가 재치 있게(!) 보여주었듯이 재즈 공연은 이 시대 가장 '예술적인' 행사 중 하나로 자리 잡기에 이른다. 이런 추세로 가면, 국립 오페라가 말년의 캡 캘러웨이를 초빙할 날도 머지않았다. 이건 잘 된 일일까, 안 된 일일까?

우리는 여기서 다시금 편곡된 재즈라는 미묘한 문제, 지나친 편곡의 위험과 너무 편곡이 안 된 채 무대 위에서 공연되는 재즈의 불충분함이라는 문제와 마주친다.

지나친 편곡은 영감(inspiration)의 음악이어야 할 재즈를 조금씩 평범한 연주 음악, 즉 클래식 음악의 일부로 편입시켜버린다.

편곡되지 않은 채 무대 위에서 공연되는 재즈는 확실히 불충분하다. 순수한 영감 속에 몸을 맡기지 않으면 안 되는데, 만약 영감이 부족하다면 당연히 별 감흥을 느낄 수 없다. 결국 재즈는 전문가들만의 것이 되어버린다. 내가 언젠가 말한 바 있듯이, 적당히 만족할 만한 해결책으로 부분적인 편곡을 생각해 볼 수 있다. 우디 허먼의 헤드 어레인지먼트(head arrangement: 여러 번 리허설을 한 후 악보 없이 연주 –역주) 등이 한 예가 될 수 있다. 하지만 이미 지적했듯이, 이 방식의 가장 큰 단점은 연주자가 안이한 태도에 빠질 수 있다는 것이다.

하지만 진짜 재밌는 일은 따로 있다.

몇 년 전부터 비평가들은 어떤 식으로든 재즈를 심각한 주제로 만들지 못해 안달이다. 그리고 조금씩 그 목표에 다가가고 있다. 미국에서 콘서트용 재즈는 전례 없는 성공을 거두고 있다. 스탄 켄튼, 디지 길레스피, 라이오넬 햄튼 등은 미국 전역의 콘서트홀에서 연일 관객 동원 기록을 경신하고 있다. 프랑스에서는 재즈 카바레가 눈에 띄게 줄어들고, 갈수록 콘서트가 인기를 얻고 있다. 이런 "거친 음악"이 대접을 받고 있는 것이다! 비평가들은 만족의 미소를 짓는다. 하지만 콘서트가 거듭될수록 진정한 재즈를 들을 기회는 그만큼 줄어드는 셈이다. 바로 그 비평가들이 요구하는 그 진정한 재즈 말이다.

이런 걸 두고 유식한 말로 악순환이라고 한다.

출처: 보리스 비앙, 〈재즈 연대기〉, Le Livre de poche, 파리, 1998(1948).

독일 퓨전 페스티벌의 홍보 이미지

저항의 맥박을 담은 테크노

대중음악 이벤트들은 단순히 몰아(沒我)와 소모의 순간만을 제공하지는 않는다. 레이브라는 저항문화와 대형 테크노 파티들은 '임시자치구역'으로 표현되는 정치적 유토피아를 전하기도 한다.

앙투안 칼비노 | 전자음악 전문기자 겸 사진작가
저서로 《인도양 주변에서의 한 해》, 《파리에서 하얗게 지샌 밤》이 있고, 《르몽드 디플로마티크》를 비롯한 여러 매체에 글을 기고하고 있다.

2014년 6월 말 베를린 북부에 위치한 옛 소련군 공항터에서 '퓨전'이라는 연례 축제가 개최되었다. 이 행사는 확고한 반(反)자본주의를 기조로 삼은 유럽의 대표적인 테크노 페스티벌[01]로서 6만 명의 참가자들은 입소문을 통해 축제 소식을 듣고 일찌감치 입장권 예매를 마쳤다. 그럴 수밖에 없는 것이 이 축제는 늘 매진을 기록하는 데다가 주최 측은 언론에 홍보조차 하지 않기 때문이다. 소개자료에 따르면, 관객들은 나흘 동안 '공산주의적 휴가'를 즐기면서 단돈 80유로로 최고의 테크노 아티스트들을 만났

---

01 퓨전 페스티벌은 6월 26일부터 29일까지 베를린에서 개최되었다. (www.fusion-festival.de)

다. 아티스트들은 모두 20여 개의 '사운드 시스템'[02]을 구성했는데, 각 사운드 시스템을 연결하는 통로에는 혁명가의 이름이 붙어 있으며 여기에서 광고는 일절 찾아볼 수 없었다. 행사의 일환으로 서커스와 카바레 공연도 펼쳐지고 반(反)세계화 단체들의 부스도 차려졌다. 일반적으로 테크노는 온전히 유흥을 위해 존재하며, 가사가 없기에 내재된 의미도 없고, 기계적인 박동 때문에 심지어 인간소외적이라는 평가까지 받는다. 그런 테크노에 과연 정신이라는 것이 있을까?

30년 전 등장한 저항문화 테크노는 초창기부터 줄곧 어떤 메시지를 전해왔다. 전자 음악을 중심으로 벌어지는 독특한 파티인 레이브[03]가 1990년대에 접어들면서 유럽에서 선풍적인 인기를 끌었다. 테크노는 언론에 비친 레이브의 그저 쾌락주의적인 이미지를 초월하는 메시지를 담고 있었다. 테크노의 '자유로운 축제'는 유례없는 장소에서 펼쳐졌고 그만큼 이색적인 성격을 띠었다. 여느 콘서트와 달리 테크노 공연에서는 무대가 아닌 댄스 플로어에 있는 이들이 주인공이 된다. 참가자들은 밤새도록, 심지어 며칠 밤을 새워가며 강력한 반복적 리듬에 몸을 내맡긴 채 무아지경에 빠지는 집단적 체험을 한다. 그리고 그 효과는 황홀감을 주고 공감작용을 촉진하며 음악에 대한 민감도를 높여주는 마약인 엑스터시의 도움으로 증폭되기도 한다.

---

02 원래 음향기기 자체를 가리키지만 이를 이용하는 팀, 즉 연주자, 엔지니어, DJ 등으로 구성된 집단을 지칭하기도 한다.
03 '열광하다'라는 뜻의 영어 단어 'rave'의 어원은 '배회하다', '방황하다', '방종하다'라는 뜻의 옛 프랑스어 'raver'이다.

이리하여 기존의 상업적인 형태와 구별되는 새로운 유흥문화가 등장하게 되었다. 사람들은 시간을 초월한 놀이터 같은 곳에서 집단적으로 몰아 상태에 빠지면서 마치 모든 사회적 차별이 철폐된 듯한 느낌을 받는다. 사용된 방법이 어떻든 간에 그들이 느끼는 감정의 진정성은 부인할 수 없다. 또한 그 경험이 어찌나 강렬한지 심지어 그곳에 일종의 사회적 유토피아를 투영해보기도 한다. 그리고 그 유토피아는 나라에 따라 다양한 모습으로 변주된다.

디트로이트 흑인사회의 투쟁적 전통에서 탄생

모든 것은 1980년대 중반에 시작되었다. 펑크와 유럽의 일렉트로팝이 미국 디트로이트의 흑인사회와 만나면서 테크노가 탄생한 것이다. 자동차 산업의 몰락으로 황폐해진 도시 디트로이트에는 많은 아티스트들, 특히 언더그라운드 레지스탕스(Underground Resistance) 레이블 소속 음악인들이 모타운 레코드사의 투쟁적 전통을 계승하고 있었다. 자동차의 도시 디트로이트에서 탄생한 모타운 레코드사는 마빈 게이, 스티비 원더 등의 음악인들을 배출했다. 이들은 마틴 루터 킹 목사와 말콤 엑스의 피살사건 여파로 폭동이 발생한 후 점차 정치적 성향을 띠게 되었다.

초창기 테크노 음악인들은 레이건[04] 집권기에 백인 기득권층에 저항했던 랩그룹 퍼블릭 에너미로부터 영향을 받기도 했다. 연주자이자 DJ인 로버트 후드는 당시를 회상하면서 "그룹 리더인 척 디가 우리에게 귀감이 되었

---

04 로널드 레이건은 1981년부터 1989년까지 미국 대통령을 지냈다.

다. 우리 음악이 비록 기계를 많이 사용하기는 했지만 우리는 음악 제목, 음반 커버, 그리고 말을 통해 매우 분명한 투쟁의 메시지를 전파했다"고 말했다.[05]

그 무렵, 시카고와 뉴욕의 흑인 동성애자 클럽을 중심으로 하우스 음악이 등장했다. 디스코에서 파생된 장르인 하우스도 편의상 '테크노'라는 일반적 용어로 부르기도 했다. 대표적인 초기 하우스 음악으로는 조 스무스의 〈Promised Land〉, 마셜 제퍼슨의 〈House Nation〉, 래리 허드의 〈Can You Feel It?〉 등이 있다. 이 곡들은 모든 사람이 인종, 종교, 성별, 성적 선호도에 따른 차별을 받지 않고 조화롭게 사는 천국들을 노래했다.

테크노는 미국에 소수의 애호가만을 남긴 채 유럽으로 가서 큰 인기를 얻게 되었는데, 1988년 영국이 두 대륙 간 경유지 역할을 했다. 대형 스피커와 엑스터시가 같은 시기에 도입되면서 새로운 차원의 테크노가 전개되었다. 당시 영국 클럽들은 법 규정상 새벽 2시까지밖에 영업을 할 수 없었고, 아쉬운 손님들은 클럽을 등지고 레이브를 찾아 떠났다. 레이브는 당국의 규제를 비웃기라도 하듯 들판이나 버려진 창고에서 판을 벌이고 있었다. DJ 로랑 가르니에는 "레이브의 본질은 바로 자유였다. 갈증을 느낄 때까지 음악에 맞춰 마음껏 춤추겠다는 의지가 바로 그것이었다"고 회고했다.[06] 이러한 물결은 순식간에 영국 젊은이들을 사로잡았다. 다양한 사

---

05 2014년 5월 3일 로버트 후드와 가진 인터뷰 중.
06 Laurent Garnier, David Brun-Lambert, 〈전기충격, 전체성 (1987-2013)〉, Flammarion, Paris, 2014

회계층의 젊은이들이 하나의 움직임에 몸을 실었다. 이러한 현상은 1967년 샌프란시스코 출신 그룹인 플라워 파워가 발표한 노래 제목을 따서 제2의 '사랑의 여름(Summer of Love)'이라 불리기도 했다.

사람들은 자신도 모르게 일종의 부족을 형성하고는 무언가를 공유하고 있다는 느낌을 확인하기에 이르렀다. 마치 펑크족, 라스타파리안(서인도제도 출신 흑인들 사이에서 크게 유행했던 레게 음악을 수용했던 무리-편주), 로커, 심지어 훌리건들이 그렇듯 말이다. 그들은 더 이상 우드스톡 페스티벌처럼 세상을 바꾸겠다는 거창한 목표를 지향하지 않고 그저 혼란스러운 대처 총리[07] 집권기에 에덴동산[08]을 꾸며보겠다는 소박한 꿈을 품었다. 1994년 타블로이드 신문들이 대대적으로 전개한 마약퇴치 캠페인의 여세로 영국 의회는 '형사처벌 및 공공질서법'을 통과시켰다. 이 법에 따라 100명 이상이 즉흥적으로 모여서 반복적인 음악을 듣는 것이 금지되었다. 머지않아 레이브 주최자들은 행사를 포기하거나 대륙으로 도피해야만 했다. 이와 대조적으로 클럽들은 당국으로부터 연장 영업 허가를 얻어내어 다시금 호황을 누리며 테크노 바람을 되찾아왔다. 이후 테크노는 클럽을 중심으로 극도로 상업화되었고, 각종 광고와 인기 스타로 등극한 DJ들에 힘입어 누구나 즐길 수 있는 장르로 자리 잡았다.

1990년대 초에는 벨기에, 네덜란드, 독일에까지 테크노 열풍이 불어왔

07　마가렛 대처는 1979년부터 1990년까지 영국 총리로 재임했다.
08　'에덴(Eden)'은 프랑스 최초 테크노 팬진(fanzine)의 이름이며, 1990년대 말 파리 테크노계를 배경으로 미아 한센 뢰베 감독이 연출한 영화(2014년 가을 개봉 예정)의 제목이기도 하다.

다. 특히 통일을 이룬 독일에서는 이 현상이 각별한 의미를 띠게 되었다.

언더그라운드 클럽에서 이뤄진 동서독의 통일

동베를린에서는 장벽이 무너지면서 마을 곳곳이 개방되었고 유적지 건물들은 정부의 통제를 피해 펼쳐지는 수많은 축제의 장으로 변모했다. 동독과 서독의 젊은이들은 댄스 플로어에서 몸으로 통일을 느낄 수 있었다. 레이브 애호가인 애니 로이드는 "1991년 진부하지만 '사랑의 여름'이라는 표현은 실제 상황이었다. 예전에 미처 경험해보지 못한 것이었다. 우리가 세상을 움직이는 것만 같은 기분이 들었다. 동서독의 통일을 언더그라운드에서 실제로 이루었으니까. 다른 어느 곳도 아닌, 바로 클럽에서 이루었다"고 회고했다.[09] 그런데 1992년 테크노는 새로운 전기를 맞는다. 화려한 조명과 거대한 스크린, 전국적 홍보, 민간 후원사들을 앞세운 대형 레이브 페스티벌인 '메이데이'가 탄생하면서 상업적인 대형 테크노 축제의 시대가 열린 것이다. 1989년 즉흥적 음악 축제인 '러브 퍼레이드'가 생겨난 지 3년 후 출범한 '메이데이'로 독일 베를린 시내에는 100만 명의 인파가 운집했다.

그 즈음 인도 서부의 휴양도시인 고아에서는 또 다른 형태로 테크노의 꿈이 실현되고 있었다. 1960년대 이후 히피들의 메카로 자리 잡은 고아에서는 한층 선율을 중시한 형태의 테크노가 각광받기 시작했다. 프로그

---

09 Felix Denk, Sven von Thülen, 〈Der Klang der Familie. Berlin, Techno und die Wende〉, Guillaume Ollen-dorff가 프랑스어로 번역, Allia, Paris, 2013

레시브 록 선율의 영향을 받아 프랑크푸르트에서 탄생한 이 장르는 바로 '트랜스'였다. 고아의 온화한 기후와 낮은 물가, 풍부한 마약과 당국의 방임 덕분에 트랜스는 무법지대와 반순응주의 전통 사이에서 줄타기를 하면서 널리 인기를 얻게 되었다. 하지만 이곳에 관한 충격적인 보도를 접하고 솔깃해진 수많은 관광객들이 밀려오면서 공동체 정신은 변질되었고 도를 지나친 행각들로 경찰이 출동하는 일이 빈번해졌다. 결국 2002년부터 야간 축제는 금지되고 말았다.

프랑스에서도 통제로 인해 상황이 달라졌다. 초창기만 해도 레이브 파티들은 당국의 감시망을 피할 수 있었다. 그러나 1993년 봄 파리 라빌레트에서 개최된 레이브 페스티벌을 두고 어느 기자가 쓴 다음과 같은 내용의 기사가 파문을 일으켰다. "수천 명의 젊은이들이 환각제를 흡입하면서 자신을 파괴하는데도 어느 누구도 이를 지적하지도 않고 알지도 못하고 아무런 조치도 취하지 않는다."[10] 이후 다른 많은 언론들이 이에 동조하는 기사를 실었고, 2년 뒤 프랑스 내무부는 '레이브 파티, 위험천만한 잔치'라는 제목의 공문을 각 시·도에 배포하면서 이러한 행사를 저지하기 위해 총력을 기울일 것을 명령했다. 당국은 공연장 대여를 금지하고 무력으로 파티를 중단시키면서 테크노 파티의 얼굴을 바꾸어놓았다.

한편, 영국에서 추방된 런던 출신 레이브 집단 스파이럴 트라이브는 도시 밖에서 합법적으로 '프리 파티'를 개최하면서 길을 개척했다. 이들은 누구든 공짜로 자유롭게 입장할 수 있는 파티를 열었고 참석자들은 카키색

---

10 Magali Jauffret, '레이브 현상, 고독과 마약의 혼합', 프랑스 일간지 〈뤼마니테〉, 1993년 6월 15일

옷을 입고 하드코어 테크노를 들었다. 사회학자 리오넬 푸르토는 "제도화된 저항세력이 등장하고 테크노 파티가 외압으로부터 자신을 지키려고 애쓰기 시작하면서부터 테크노는 관습에 대한 도전과 자유지상주의라는 아우라를 누리게 됐다"고 지적했다. 테크노는 심지어 게릴라 같은 형태를 띠기도 한다. 결국 "레이브의 불법성에서 비롯된 초기의 부수적 측면들이 핵심적 요소로 자리 잡은 것이다."[11] 사회 주변부에 머물러야 했던 프리 파티 무대는 스스로의 입장을 이론화하기에 이르렀다. 프리 파티는 미국 작가 하킴 베이가 18세기 불법적 유토피아에서 영감을 받아 1990년 창안한 개념인 '임시자치구역'에서의 자치를 주장했다.[12] 2001년 프랑스는 영국의 사례를 본 따 '일상생활 안전에 관한 법률'을 통과시켰고, 이로써 당국은 대규모 불법 집회의 저지에 필요한 수단을 보장받게 되었다. 언론은 미심쩍은 이유로 꾸준히 '마약 축제' 운운하며 이러한 집회들을 보도했고, 집회는 호기심이 발동한 구경꾼들로 넘쳐나게 되었다.

"테크노는 관습에 대한 도전과 자유지상주의"

테크노 유토피아의 미래는 이제 어떻게 전개될까? 일반 대중과 접촉하면서 테크노 집회의 정통성은 희석된 게 사실이다. 그러나 테크노 탄생의

11　Lionel Pourteau, 〈테크노. 새로운 축제 공동체 한가운데로의 여행〉, CNRS Editions, Paris, 2009

12　Hakim Bey, 〈일시적인 자치 지대〉, Editions de l'Eclat, Paris, 1997

기반이 된 가치들은 지금도 무대의 중심을 지키고 있다. 영국 언더그라운드계는 여전히 '형사처벌 및 공공질서법'을 우회해가는 동시에 이 법의 폐지를 요구하고 있다. 독일, 특히 베를린에서는 지금도 수많은 테크노 파티 주최자들이 이윤이 아닌 열정을 원동력 삼아 활동하고 있다. 프랑스에서는 레이브 파티의 상당수가 고급 페스티벌로 전환되면서 자유지상주의적 성격은 상대적으로 약해졌다. 끝으로, '퓨전'을 비롯하여 조용히 치러지는 몇몇 특별한 행사들이 테크노 파티가 늘 지향해온 더 나은 세상을 매년 며칠 동안이나마 구현해 보이고 있다.

디트로이트 즉흥 축제

사라져 버린
테크노 음악의 매력

 1989년. 황폐해진 미국 자동차 산업공단 디트로이트[01]에서 벌어진 즉흥 축제에서 디스크자키들이 새로운 형태의 음악을 보급시켰다. 이 음악은 음향샘플, 전자음, 리듬박스 같은 것들을 컴퓨터에 혼합한 것이다. '비트 퍼 미닛'(bpm, 분당 박동)으로 계산되는 박자, 상당히 날카로운 소리, 음성의 부재가 악기도 악보도 없는 테크노 음악의 특징이다. 테크노 음악은 현대음악의 흐름에도, 가사와 멜로디가 잘 조화된 음악 범주에도 속하지 않는다.

실뱅 데스밀 | 다큐멘터리 영화작가 및 제작자
문화비평가와 사진작가로도 활동하고 있고, 1999년의 '라루스 백과사전'에서 '테크노' 항목을 쓸 만큼 그 분야에 조예가 깊다.

 테크노 음악은 주변부로 밀려났다. 그리고 그곳에 자리를 잡고 뿌리를 내린다. 초창기 DJ들은 재즈, 록, 특히 디스코 같이 오래된 집단 기억의 영향 아래 작업했다. 머리를 쑤시는 듯한 기

---

01 알랑 포프라르, 폴 바니에, '디트로이트, 작아지는 아프리카계 미국 도시', 〈르몽드 디플로마티크〉, 2010년 1월호.

계음이 멈추자, 사람들은 공허가 디트로이트를 점령한 느낌을 받았다. 그때 실업의 대가를 치르고 인간이 노동의 사슬에서 해방된 것을 기념하기 위해 매우 리드미컬한 반복형 구조의 리듬 원칙이 만들어졌다. 하지만 결국 사람들은 축제에 기계를 사용했고 시퀀스의 합리적 도식을 뒤흔들어 버렸다.

테크노 음악에 열광하는 사람들은 인터넷으로 소통하고, 테크노 음악축제에서 만나고, 열기를 발산하고, 어울렸다가, 헤어진다.

미친 듯 질주할 때, 사랑을 고백할 때, 육체를 뒤섞을 때 심장박동이 쿵쿵거리듯 반복적으로 울리기 때문에 당시 사람들이 '소음'이라 부르던 테크노 음악은 알렉산드리아의 등대처럼 불나방들을 끌어들였다. 젊은이들은 테크노 음악축제에 참여하기 위해 국경을 넘었다. 정치권력과 중심부의 관점에서 보면, 이 음악축제는 사악한 마녀들의 집회와 똑같았다. 하나의 공동체에 귀속되어 있다는 감정을 느끼며, 환희와 망아(忘我)지경 사이에서, 젊은이들은 오직 '열광'만을 쫓았고 폐쇄된 공장을 둘러싸고 황무지를 점령하게 만드는 것이 무엇인지를 어느 누구도 이해하려 들지 않았다.

경찰과 미디어 입장에서 이런 사태는 불을 보듯 뻔한 일이어서, 수천 명의 젊은이가 한 지점에 모이는 것은 엑스터시[02] 같은 마약을 소비하기 위한

---

[02] 엑스터시의 주요성분인 MDMA는 암페타민계의 합성물이다. 이 합성물은 식욕감퇴제로 머크사가 1914년 개발했다. 이 합성물의 1차 효과는 억제완화, 자존감, 정신각성 작용이지만, 울렁증, 두통, 불안, 공포, 독성, 고위험 의존성 등과 같은 육체적·정신적 부작용이 생길 수 있다. 그런데 이 제품은 주로 '사회적으로 잘 적응한 젊은 성인들'이

것으로 간주했다. '테크노'는 그 어떤 규칙도 따르지 않는 것 같다. 이들은 인터넷과 광고전단지를 통해 자신들만의 네트워크를 형성한다. 축제를 예고하는 광고전단지에는 경찰의 방해를 막기 위해 장소를 표시하지 않는다.

한편, 테크노와 랩은 로마제국을 건설한 두 형제처럼 서로 적대적이다. 이들의 혈관에는 같은 피가 흐르지만, 형태, 수단, 목적은 근본적으로 대립된다. 랩이 권력과 돈의 상징인 중심부에 대항해 교외 지역을 선택하며 대립 전략을 선호하는 반면, 테크노는 자신의 근거지 선언을 거부한다. 역으로 테크노는 전복·암시·전환의 기술을 배양한다. '레이버'(테크노 음악에 열광하는 사람)들은 싸우기보다 자리 바꾸기를 선호한다. 유목민인 그들은 인터넷으로 소통하고, 테크노 음악축제에서 만나, 몰입하고, 열기를 발산하고, 어울렸다가, 헤어진다.

적어도 1990년대의 레이버들은 그랬다. DJ는 몇 시간동안이나 자신이 선택한 땅으로 대중을 이끌어 간다. '믹스(mix)'가 파상적으로 펼쳐진다. 때로 사람들은 거기에 휩쓸리기도 하고 때로 격랑에 소스라치게 놀라기도 한다. 똑같은 음반을 다른 DJ의 손에 넘기면, 그것은 또 다른 여행이 된다. DJ는 팔을 뻗쳐 내키는 대로 물결을 탄다. 그러면 흩어진 꿈의 파편들이 다시 밀려온다. 테크노 음악의 공간은 중심이 곳곳에 있으면서 주변부가 어디에도 존재하지 않는 무한히 넓은 원이다. 미국과 유럽에서, 최초의 테크노 음악축제들은 버려진 공장, 숲속 혹은 국경에서 개최되었다. 국경에서 개최되는 것은 마약을 쉽게 운반하기 위해서가 아니라 통행을 용이하게 하고 궁극적으로 통행 절차를 폐기하기 위해서다. 축제 장소로 가는 긴

소비한다.

여정은 통과의례 놀이이고, 이를 통해 망아(忘我) 상태와 신들린 상태에 이르게 된다. 이때 테크노 음악은 세상의 토템으로 간주되고, 이에 의거하여 일상의 혼란과 대비되는 (잠재적) 질서가 생겨난다.

신들린 상태에서 생겨나는 잠재적 질서

1989년 디트로이트는 버려진 공장과 실업노동자들이 넘쳐나는 황량한 곳이었다. 그래서 데릭 메이, 칼 그레이그, 제프 밀스, 리치 하우틴 같은 DJ들이 바로 디트로이트에서 테크노 음악을 만들었다. 당시에 그것은 시카고 클럽에서 개발된 하우스 음악의 변종에 불과했다. 테크노 음악이 하나의 온전한 음악 흐름을 형성하게 되는 것은 구대륙으로 전달되면서다. 테크노는 사회적·군사적·정치적 위기가 발생한 모든 곳에서 발전하게 된다. 유럽에서 테크노 음악은 걸프전과 더불어, 혹은 사라예보에서 뿌리를 내렸다. 아시아에서는 경제시스템이 붕괴되면서 테크노 음악이 발전했다. 오늘날 방콕, 프놈펜, 도쿄는 테크노 리듬에 맞추어 춤을 춘다.

테크노 음악이 경제상황에 대한 반응이 아니었다는 사실에 주목할 필요가 있다. 테크노 음악은 아무것도 제안하지 않는다. 단지 격리된 인큐베이터일 뿐이고, 거리두기를 제안할 뿐이다. 반면에 테크노 음악이 전개되는 방식은 사회 조직체의 변화와 관련이 있다. 테크노 음악은 버려진 공장에서 울려 퍼지고, 버려진 공장을 마지막으로 축복한다. 외부에서 보면 마치 버려진 공장에서 작업이 다시 시작되는 것으로 생각할 수도 있다. 테크노 음악은 산업사회에서 테크놀로지 사회로의 이행을 비난한다. 여러 지역과 여러 문화권에서 테크노 음악을 통해 산업세계에 대한 애도를 표한다. 프랑스 북부와 벨기에는 이런 운동의 보루가 되고 있다. 테크노 음악은 여러 주요 도시에서 에이즈에 걸린 게이들의 음악이기도 하다. 또한 테크노 음악은 육체적 저항(며칠동안 춤을 추는 것)과 정신적 저항(전투적인 축제 분위기의 리듬)을 폭발시킨다.

테크노 음악은 버려진 공장에서 울려 퍼지고, 버려진 공장을 마지막으로 축복한다. 외부에서 보면 마치 버려진 공장에서 작업이 다시 시작되는 것으로 생각할 정도다.

그런데 테크노 음악의 사도들은 중심부로 가는 길에 접어들었고, 미디어의 관심을 끌었으며, 자신들이 받은 대접을 비난했으며, 정부 여러 부처의 문을 두드렸다. 테크노 음악은 베를린에서 100만 명 이상이 가두행진을 벌인 '러브 퍼레이드'와 더불어 시동을 걸었다. 그것은 또한 테크노 음악의 종말을 의미하기도 했다. 독립 테크노 프로듀서들이 메이저 기업에 팔려나갔다. 성공을 예상한 메이저 기업들이 이 '독특한 음악의 흐름'에 주목하기 시작했기 때문이었다. 테크노 음악 파티들이 취소되자 이를 견디지 못한 레이버들은 클럽으로 향했다. '새로운 음악'의 수익성을 확신한 디스코텍 사장들에게는 엄청난 행운이었다. 미디어들이 테크노 음악을 20세기 말의 새로운 문화운동으로 언급하기 시작하면서, 록 음악도 유사 음악으로, 심지어 같은 계통[03]으로 간주했다. 그런데 이것이 바로 약점이 돼버렸다. 과연 우리는 그것을 문화운동이라고 말할 수 있을까?

---

03 〈아트 프레스〉, 파리, 1996년 3월.

사람들이 일반적으로 '테크노'라고 부르는 것은 수많은 변종과 하위그룹을 포함한다. 리듬이나 음질, 또는 음색에 따라서 분류된다. 망아 상태, 분위기, 날카로움, 하드코어는 테크노 음악의 일부다. 또한 국가별로 분류되기도 하는데 이 경우, 프랑스 테크노, 이탈리아 테크노, 시카고 테크노, 베를린 테크노 등으로 분류된다. 주변 상황들을 고려하고 그것을 '믹스'해 결합시키면서 보편적 음악을 만들어내는 것이 원래 테크노 음악의 강력한 힘 중의 하나다. 이런 의미에서 테크노 음악이 모자이크식의 유럽에서 발전한 것은 우연이 아니다. DJ는 창조자로 간주되지 않았지만 고상한 의미의 '디스크 체인저'로, 다시 말해 감정 체인저, 국경 체인저로 간주되었다. 오늘날 DJ는 합법적 지위를 요구하고, 온전한 예술가로 자신의 존재를 부각시키며, 쇼 비즈니스 세계에 등장한다. 테크노 음악은 미디어의 특권적인 음악 장르로 자리 잡았다. 테크노 음악은 역동적이어서 구매를 부추기고, 정치적으로 중립이어서 논란거리가 되지 않는다. 동시에 테크노의 하위그룹들이 서로 첨예하게 대립하고 있는데, 순수주의 때문이라기보다는 최고의 판매 대상이 되고자하는 욕심 때문이다. 모든 장르를 혼합했던 테크노 음악가들은 연령에 따라 계층화된 테마 파티에 자리를 양보했다. 파티는 DJ들이 정해진 시간에 맞춰 차례로 등장하는 수많은 무대로 나뉘어 있다. 동시에 등장하는 것이 아니라 차례로 등장하기 때문에 모든 DJ가 어쩔 수 없이 같은 톤으로 연주할 수밖에 없게 된다. 결국 예전에 6시간 혹은 12시간에 걸친 음악여행이 허용해주었던 그들의 자유를 박탈당한 것이다.

테크노 음악은 반복적인 시퀀스의 결합을 통해 놀라움을 선사했지만, 이제 그 강한 인상은 정형화되어 버렸고, 음악적 파동이 표준화되었으며,

제작 시스템도 진부해졌다. 테크노 음악 파티 참석자를 미지의 세계에 빠뜨리고, 무아지경의 경지에 이르게 했던 테크노 음악의 최면과도 같은 특성은 가공된 형상이미지에 자리를 내주었다. 테크노 음악은 대중화되면서 고유의 아름다운 민주주의를 상실했고, 랭보가 〈계시〉에서 '가장 냉소적인 매춘'이라고 선언했던 것이 되어가고 있다. 그럼에도 불구하고 프랑스에서는 몇몇 고집 센 테크노 음악가들이 원래의 정신을 지켜나가려고 노력한다. 무료 입장의 '자유로운 파티', 와일드한 광란의 축제를 추구하는 것이다. 최초의 테크노 음악잡지인 〈BPM〉이 폐간되었지만 프낙(Fnac, 프랑스의 대형 유통업체)은 수요와 공급에 대처하기 위해 새 코너들을 열었다. 모든 독립 테크노 음악가들은 초심으로 돌아가거나 굴복하거나 사라질 것이다.

테크노는 우리 세대의 음성 언어

미국인들은 결코 하나의 운동을 일으키려고 노력한 것이 아니라, 그저 음악을 하려고 노력했다. 미국에서 테크노 음악은 여전히 주변적인 하위문화로 남아 있다. 테크노 음악이 1990년대에 런던에 상륙했을 때, 문화 운동으로 자리매김하려고 노력했다. 이런 현상은 지극히 영국적인 현상이다. 가사 없는 음악인 테크노는 결코 '메시지를 전달'하거나 이데올로기에 빠질 생각이 없었다. 그래서 테크노는, 음악에서 그랬던 것처럼, '뉴에이지' 향연의 잔류물에 얼마간의 불교 색채를 가미하고, 여기에 1970년대의 사상들을 뒤섞어서 전진해 나갔다. 이런 식으로 행동함으로써 테크노 지지자들은 고전적 방식의 정신 조절기술을 옹호했다. 테크노 문학은 존재하지 않는다. 한 권의 소설이 테크노에 대해 말하고 있지만, 관례적인 스타일로 말하고 있을 뿐이다. 테크노 문체는 아예 존재하지 않는다. 그나마 가장 테크노적인 작가는 여전히 마르셀 프루스트일 것이다. 프루스트는 〈잃어버린 시간을 찾아서〉에서 시퀀스, 단절, 반복구조, 문장의 여백을 보여줄 뿐만 아니라, 마치 화자가 중심부와 주변부에 동시에 존재하는 것처럼 장소를 옮기고 거리감을 느끼게 하는 면모를 보여주고 있기 때문이다. 단어라는 것들은 테크노 지지자들에게 소리, 이미지, 사고의 표면일 뿐이다. 그들에게는 삽화와 광고가 바로 단어에 해당한다. 테크노는 텔레비전 뉴스처럼 현재의 파도 위에서 서핑을 하지, 자신을 미래에 투사하지 않는다. 다시 말해 테크노는 전초(avant-poste, 무리의 선두에 위치하는 것)지 전위(avant-garde, 무리의 선두에서 이끌어가는 것)가 아니다. 바로 거기에 테크노와 테크놀로지 사이의 애매성이 존재한다. 새로운 매체를 모두 사용한다 해도, 사상이나 스타일이 만들어지는 것은 아니다.

테크노는 자신의 방식을 개발해 낸다. 우선 종족 문화의 표명에 필요한 매개물을 의복으로 개발해 내기도 한다. 1990년대에 '스트리트 웨어' 테크노는 노동자 유니폼을 착용했다. 시니피앙과 시니피에의 결합을 단절하고, 노동의 푸른색을 축제의 의복으로 만드는 방식인데, 그것은 도발과 전복의 노력뿐만 아니라 유머도 드러낸다. 몇몇 테크노 전시회의 빈약성은 가히 충격적이다. 사람들이 되는 대로, 이쪽에는 일부 개념미술 설비를, 저쪽에는 비디오를, 좀 더 먼 곳에 만화삽화를 배치하는 식이다. 사람들은 보고, 듣고, 때로 감정을 경험한다. 하지만 그 이미지들은 무의미하고 공허하게 계속 이어진다. 부재에 정당성을 두는 운동은 환상에 불과하다. 다시 말해 테크노 문화는 존재하지 않는다. 테크노 잡지와 테크노 라디오에서 사람들은 어떤 사회적 기획도 찾아내지 못한다. 원래의 영감은 지하 감옥에 유배돼 있는 것 같다. 테크노는 현재 하나의 음악 운동일 뿐이고, 우리 사회를 이해하기 위해 질문해야 할 하나의 기호이고, 삽화이고, 암시적 표현이며, 이미지일 뿐이다. 그 이미지는 예전에 미디어에 의해 비난받았는데, 지금은 애지중지되고 있다.

테크노는 인터넷에서 사용되는 문자와 비슷한 우리 세대의 음성언어이고, 어쩌면 미래의 '코이네'(헬레니즘 · 로마 시대의 그리스 공통어)일 것이다. 단순화된 그리스어를 기반으로 만들어진 이 신비로운 언어는 고대 지중해 곳곳에서 찬란한 빛을 발휘했으나, 그 유일한 흔적은 상인들의 계정에 남아있을 뿐이다.

국제 라이페스티벌 포스터

라이,
알제리 젊은이들의 억눌린 노래

축제와 위반의 도시 오랑에서 탄생한 라이는 알제리 젊은이들의 억압된 생명력의 표현이었다. 라이는 1990년대 초 지중해를 넘어 세계적인 음악으로 발돋움했지만, 프랑스에서 극우파가 득세하고, 알제리에서 '피의 10년'이 이어지면서 다시금 어려운 시절을 맡게 되었다.

라바 무주안 | 〈비브랑시옹〉, 〈노바〉의 음악 평론가.
파리 아랍세계연구소(IMA) 기획자로 활동하고 있다.

서쪽으로는 아이두르 산이 우뚝 솟아있고, 한쪽은 아름다운 만, 다른 한쪽은 오래전에 물이 마른 후 건물로 뒤덮인 건곡에 걸치고 있는 도시 오랑. 알제리에서 가장 유럽적인 도시로도 유명하다. 이곳에는 이 도시의 수호성인 시디 엘우아리를 기리기 위해 1793년 세워진 신전과, 18세기에 1492년 스페인에서 추방당한 이들을 기리기 위해 세워진 파샤 모스크가 있다.

시디 엘우아리는 자주 라이의 찬양 대상이 되기도 한다. 그럼에도 이 도시가 유럽적이라는 사실에는 변함이 없다. 과거 베르베르어로 '이프리'('동굴'이라는 뜻)로 불리던 이 도시를 903년 안달루시아 선원들이 '와흐란'(베르베르어로 '사자들'을 의미)이라는 이름으로 세웠다는 사실을 확인한다고 해도 마찬가지다. 곳곳에는 기독교 유적들이 눈에 띤다. 17세기 초반 이곳에 진출해 두 세기를 머물렀던 스페인 사람들이 남긴 유산이다. 생루이 교회, 사크레쾨르 성당, 성모 예배당 등이 대표적이다. 오랑은 히스패닉, 안달루시아, 터키, 아랍-베르베르, 프랑스 문화의 영향을 곳곳에서 느낄 수 있는 도시다. 오랑의 코스모폴리타니즘은 축제 속에서 빛을 발한다. 오랜 옛날부터 오랑은 잠들지 않는 도시로 유명했다. 아름다운 항구의 풍경을 감상하며 ALN 대로(구 해변도로)를 산책하는 이들은 때로 베르뒤르 극장을 방문하기도 한다. 지금은 셰브 아스니라는 이름으로 불린다. 라이 러브 운동을 주도하다가 1994년 9월 29일 살해당한 가수의 이름을 딴 것이다. 어떤 이들은 식사를 한 후 곳곳에 눈에 띄는 댄스 클럽 중 한 곳에 들어가 느긋한 시간을 즐기기도 한다. 그 중 '르 플로리다'와 '르 도팽'이 가장 유명하다. 오랑 역시 폭력의 악순환 속에 휩쓸린 적이 있지만, 최근 몇 년간 댄스클럽의 수는 꾸준히 증가했다. 칼레드, 셰브 마미, 파들라, 사흐라 위의 데뷔 무대가 되었던 카바레들은 라이의 고향이자 재능 있는 가수들을 배출하는 요람이 되고 있다.

늘 타지 사람들로부터 손가락질을 받거나 크고 작은 소문에 시달려온 오랑 사람들은 여자를 꾀려고 찾아오는 알제와 콩스탕틴 관광객들을 비웃는다. 이곳에서는 클럽에서 여성들의 환심을 사기 위해 최신 휴대폰과 돈 다발을 흔들며 으스대는 졸부들을 '촌뜨기'라고 부른다. 그 중에는 해변도로를 서성이는 여장 남자들을 찾아오는 이들도 있다.

이 모든 것들이 게이 라이 가수 셰브 압두가 노래한 풍경이다. 과거 루이 암스트롱과 조세핀 베커의 공연도 있었고 1966년 자니 할리데이가 카지노 극장에서 콘서트를 열기도 했던 라이의 고향은 언제라도 싼값에 즐길 수 있는 만남의 장소가 되어왔다. 라이는 국제적인 음악 장르로 인기를 얻기 전에는 무엇보다 삶의 한 방식이었다. 1920년 오라니 평원에서 탄생했다고 추측되는 라이는 1940~50년대 셰이카트들(아랍권 족장을 뜻하는 셰이크의 여성복수)의 출현으로 급속도로 인기가 상승했다. 그 중 지금은 고인이 된 리미티(1923~2006)가 대표적이다. 환락가, 삼류 카바레, 출장 파티를 돌아다니며 예리하고 짓궂은 가사로 청중을 사로잡던 여성들이다. 이 장르는 1960~70년대 블라위 우아리, 아흐메드 와흐비, 메사우드 벨무, 부텔자, 아흐메드 사베르 등의 가수들에 의해 좀 더 현대적인 모습으로 변모했다.

1980년대에 이르러 라이는 가히 폭발적인 인기를 끌며 전성기를 구가했다. '셰브'('젊은이'라는 뜻)라고 불리는 한 무리의 가수들이 알제리 음악의 판도를 뒤바꾸어 놓았다. 대중적 표현 형식을 폄하하고 억압하는 역할을 해오던 전통적 문화 귀족들의 권력이 흔들리기 시작했다. 그들은 베이스 기타, 신시사이저, 드럼머신 등을 도입하여 악기 구성을 혁신하고 전통적인 멜로디에 생명력을 불어넣었다. 그들은 다채로운 가락을 만들어내기 위해 민속음악 형식을 접목하는 것도 마다하지 않았다. 대부분 와인과 위스키의 달콤한 맛, 여성의 육감적인 몸매를 찬양하거나, 성적인 고뇌에 대해 노래했다. 수십만 개의 카세트테이프로 유통된 그들의 노래는 "살아라, 그리고 살도록 내버려두라"고 외쳤다. 열악한 환경 속에서 제작된 이 노래들은 수적으로는 다수지만 사회적으로 발언권이 없었던 대부분의 젊은이들 사이에서 엄청난 반향을 불러일으켰다.

그들은 무력감에 사로잡힌 채, 쇼비니즘이 판치는 스포츠 경기장, 애국적 레토릭만 반복하는 미디어, 술집, 모스크, 거의 부재하는 대중문화 사이를 오가며 살아오던 터였다. 라이의 성공이 어찌나 대단했던지(알제 청년축제에서의 공연, 오랑에서 최초의 라이 페스티발 개최 등) 알제리 정부는 1985년 라이의 '정상화'(일종의 '방부처리')를 촉구하며 국가적인 관리에 나설 정도였다. 그 후 1년도 채 안 되어 라이는 보비니와 라빌레트에서 개최된 페스티벌을 통해 프랑스에 상륙했다. 거장과 신예를 막론하고 유명한 가수들이 대거 참여한 공연이었다. 관객은 대부분 향수에 사로잡힌 이민자들이었다. 그러나 라이는 한동안 프랑스에서 큰 반향을 불러일으키지는 못했다. 몇몇 미디어의 조명(혹은 사회학적 관심)을 받은 정도였다. 1990년은 라이가 성숙기에 접어든 원년이다. 카세트테이프가 서서히 자취를 감추고 CD로 된 앨범이 유행하기 시작하던 때다. 셰브 마미는 라이 가수로서는 처음으로 미국에서 〈렛 미 라이〉라는 제목의 음반을 냈다. 프로듀서는 로스엔젤리스의 힐튼 로젠탈이었다. 이 앨범은 아랍계 이민자들에게 호응을 얻으면서 큰 성공을 거뒀다. 셰브 마미의 히트곡, 〈아울루〉는 심지어 이스라엘 최고 인기 가수에 의해 다시 불리기도 했다. 이때 많은 변화가 시작됐다. 라이 본연의 멜로디를 잃지 않으면서도 섬세한 편곡과 전문성을 갖춘 곡들이 속속 등장했다.

1992년 알제리는 폭력의 악순환 속으로 빠져들어간다. 프랑스에서는 칼레드가 발표한 돈 바스 편곡의 〈디디〉가 히트를 친다. 칼레드는 마그레브(아프리카 서북부) 출신 가수로서는 최초로 톱50에 들었으며, 다른 지역에서도 인기몰이에 앞장섰다. 인도와 스리랑카에서는 타밀어 버전이 나왔고, 에티오피아, 일본, 이집트, 걸프만 국가들까지 알려졌다. 프랑스와 그 밖의 지역에서 〈디디〉가 인기를 누리는 동안에도 알제리인들의 관심은 라이 러브 운동의 창시자이자 지중해 가수 훌리오 이글레시아스에게도 영감을 준 셰브 아스니에 쏠려 있었다.

 어쨌든 라이는 블루스, 록과 어깨를 나란히 하는 독립적인 장르로 인정받게 되었다. 프랑스 베르시 종합경기장에서 펼쳐진 대규모 공연이 그 증거였다. 1998년 9월 26일 칼레드, 라시드 타하, 포델 등이 출연하는 콘서트 '1, 2, 3 솔레이'에는 1만 6천 명의 관객이 몰려들었다. 물론 뒤늦은 마케팅의 효과로 볼 수도 있지만, 어쨌든 알제리 음악이 이토록 융숭한 대접을 받은 것은 처음이었다. 언론은 앞다투어 감동에 찬 어조로 상징적 가치를 지니는 이 공연에 대한 소식을 전했다.

 7월 어느 날 지네딘 지단이 승리의 헤딩골을 선사했을 때 쏟아졌던 환호처럼 알제리 음악의 성공은 이민자들에 대한 호의적인 관심을 끌어냈을까? 꼭 그렇지는 않다. 국민전선 당원들마저 쿠스쿠스와 메르게즈(강한 향신료가 들어간 가는 소시지)를 즐길 만큼 마그레브 문화가 프랑스 사회 깊숙이 자리 잡았다고 해서 음악 역시 그러하리라고 속단할 수는 없다. 식민지 시절 알제리 음악의 멜로디는 기껏해야 변방의 민속음악 정도로 치부됐다. 더 심하게는 무어인 카페나 환락가에서 새어나오는 시끌벅적한 소음쯤으로 폄하됐다. 1917년 알제리 오레스의 유명 가수 아이사 엘제르무니가 당시에는 영화관이었던 올랭피아의 무대에 올라 총알받이로 내몰리는 동포들을 위해 위문공연을 한 적이 있다. 1930년대에는 영화 〈망향〉의 음악적 속편 격으로 〈누가 내 양탄자를 탐내는가〉 등의 노래가 유행했다. 1950년대에는 봅 아잠 같은 이국적인 가수들이 엇비슷한 환상적 클리셰로 관객들에게 웃음을 선사했다.(〈내게 쿠스쿠스를 만들어줘〉, 〈자기야〉 등) 1960년대 들어 알제리 음악은 혁명적으로 변화한다. 망명과 고통을 노래하는 곡들이 굵직한 음반사들에서 LP판으로 제작되었다. 하지만 마그레브 최초로 골든 디스크를 달성하고 〈영주권〉 등의 히트곡을 낸 슬리만 아젬 같은 가수들의 노래조차 마그레브 카페 문턱을 넘기는 힘들었다. 그의 노래는 훗날 그룹 '바르베스 국립 오페라'와 아클리 야이아텐에 의해 리메이크 됐고, 스페인 그룹 '라디오 타리파'나 다만 엘아리아시 등의 가수에 의해 다시 불리기도 했다. 라시드 타하는 엘아리아시의 노래 〈야 라야〉를 불러 재기에 성공하기도 했다.

1970년대에는 한때 알제리 음악의 르네상스가 도래하고 있다는 기대감이 커지기도 했다. 1968년 5월 혁명의 여파로 프랑수아 베랑제나 막심 르포레스티에 같은 프랑스의 음유시인들은 알제리 가수들과 형제애를 과시하기도 했다. 히트곡 〈아 바바 이누바〉로 〈RTL〉과 〈유럽1〉 차트에 이름을 올린 이디르나 자멜 알람 등과 같은 가수들은 프랑스의 좌파 단체들과 연대하여 공연을 열기도 했다. 1982년 레이 엘우아리의 〈트렁크 대여섯 개〉가 전반적인 무관심 속에 이민자 밀집지역에서 인기를 끄는 동안, 아랍출신으로서의 정체성을 강조하는 라시드 타하의 〈카르트 드 세주르〉('체류증'이라는 의미)라는 이름의 록그룹이 이민자 사회의 경계를 넘어서려고 시도했다. 그러나 청중의 반응을 염려한 라디오, 텔레비전, 거대 상점들의 편견의 벽을 깨지는 못했다. 이민 문제에 (역겨울 만큼) 강박적 반응을 보이는 프랑스에서, 〈유럽1〉의 알랭 마느발과 〈TF1〉의 '대답할 권리'라는 프로그램 진행자 미셸 폴라크만이 그에게 출연 기회를 주었을 뿐이다. 극단적인 반이민 정서가 확산되자 '뵈르'(마그레브 젊은이들을 부르는 속어로, 푸조-시트로엥 세대 자녀들의 이른바 '통제되지 않은 원산지 명칭'이다)들은 평등을 위한 행진을 벌였다. 덕분에 그룹 '카르트 드 세주르'는 샤를 트레네의 〈부드러운 프랑스〉를 리메이크한 곡으로 잠시나마 톱50에 들기도 했다.

이번엔 알제리 체제 하에서 이른바 '자유주의적' 소수가 즐기던 역설적 매력을 지닌 라이가 상륙했다. 이미 일부 신문과 잡지가 오랑 스타일에 대한 소문을 잔뜩 부풀려놓은 상태였다. 하지만 프랑스인의 호기심을 자극할 만한 주제들, 가령 알코올이나 성적 메시지 따위에만 주목했다. 이 노래들은 일부 마니아층의 관심을 끌었을 뿐 마그레브계 청년들로부터 큰 호응을 얻지는 못했다. 〈라디오 노바〉를 제외하고는 대부분 이민자 라디오 채널을 통해 전파를 탔을 뿐이다. 1988년 알제리에서 민중봉기가 일어나자 미디어들은 알제리의 보수주의에 저항하는 효과적인 무기로서 라이에 주목하면서도, 이상하리만치 공연을 내보내는 것을 꺼려했다. 1992년 메이저 음반사에서 나온 칼레드의 〈디디〉가 큰 성공을 거두면서 라이를 세계적으로 널리 알리는 계기가 되었다. 그런데도 〈NRJ〉와 같은 주요 라디오나 텔레비전 황금시간대 프로그램에서는 톱50의 높은 순위까지 오른 이 가수를 문전박대했다. 음반사 바르클레는 이 노래가 전파를 탈 수 있게 몇 초 분량의 광고시간을 구입해야 했다.

결국 싸움에 지친 라이는 맥빠진 '기타 장르' 코너로 물러나버렸다. 알제리뿐 아니라 마그레브 전역에서 명성을 떨친 셰브 빌랄은 다음과 같이 우려를 표했다. "칼레드의 예에서 보듯 라이가 이름만 남을까봐 두렵다. 프랑스에서 라이 음악을 하는 이들은 이 장르를 샹송처럼 만들고 싶어 한다. 프랑스 청중들이 라이를 본래 만들어진 대로, 본래의 느낌대로 감상했으면 좋겠다." 그의 우려는 현실이 되었다. 프랑스에서 라이는 다시금 이민자들의 음악이 되었으며, 라이의 역사에 획을 그은 가수들은 메이저 음반사와 한 작업이 실패하면서 음악 평론보다 가십 기사에 더 자주 등장하는 신세로 전락했다. 룩셈부르크에 거주하는 칼레드는 세금 포탈 혐의와 숨겨진 아들 문제로 골치 아픈 시기를 보냈다. 그는 라이의 전통적인 스타일을 되살린 곡 〈자유〉로 재기를 시도했지만 큰 반향을 일으키지는 못했다. 세브 마미는 임신 중인 전 애인을 감금하고 낙태를 강요한 혐의로 감옥 신세를 지기도 했다. 니콜라 사르코지를 지지한다고 비난받았던 포델은 야심 찬 신곡, 〈블레드 메모리〉로 재기를 꿈꾸고 있다. 결국, 이디르, 라시드 타하, 그룹 '바르베스 국립 오케스트라', 아마지그 카테브 등, 정통 라이 가수가 아니라 라이를 힙합이나 알엔비 등과 접목시킨 가수들이 알제리 대중음악을 대표하게 되었다. 그래도 오랑의 카바레, 결혼식 피로연, 증기탕, 알제, 우자, 튀니스 심지어 파리와 마르세유의 바에서 여전히 라이를 들을 수 있다는 것은 참으로 다행스러운 일이다. 라이 가수들은 알제리의 전통적인 멜로디에서부터 텔레비전에서 흔히 접하는 알앤비, 펑크, 힙합까지 다양한 장르를 접목시켜 독특한 리듬을 창조하고 있다.

라이의 이런 변화는 '파라볼라 세대'의 작품이다. 어렸을 때부터 〈M6〉, 〈MCM〉, 〈MTV〉 등을 통해 리미티, 아스니 같은 가수들의 노래를 듣고 큰 세대다. 모두 알제리가 폭력의 악순환에 빠져있을 때 데뷔한 이들이다. 칼레드와 같은 기성 가수들과 달리 그들이 감미로우면서 절망에 가득 찬 언어로 현실 속 비극을 노래하는 것도 이런 이유 때문이다. 그들은 '선배들'로부터 물려받은 목소리와 억양을 간직하면서도 알제리 젊은이들의 삶을 갉아먹는 불편한 현실을 날것 그대로 묘사한다.

Manière de voir Manière de voir Manière de voir Manière de voir Manière de voir Ma

| 4부 |

한국 대중문화의 순응성, 또는 불온성

'21세기는 문화의 시대'라는 주장이 공공연히 나온다. 문화선진국이 21세기를 주도할 것이며 20세기의 이념 전쟁보다 치열한 문화 전쟁이 시작되고 있다고도 한다. 문화정책에 관한 담론은 흔히 그런 식이다. 그러나 문화의 핵심적인 의미는 그것이 대중의 삶 그 자체를 구성한다는 데 있다. 문화산업의 육성은 단지 대중의 문화적 삶을 풍요롭게 만들기 위한 수단이며 과정일 뿐 궁극적인 목표일 수는 없는 것이다. 우리가 대중문화정책을 이야기할 때 기본적으로 염두에 두어야 할 것이 바로 이점이다.

또한 좋은 문화에 대한 기준이 어떤 것이든 하나뿐일 수는 없다. 하나의 잣대만으로 좋은 문화를 정의하고 거기서 벗어나는 문화는 나쁜 문화로 매도하는 것은 매우 위험한 독선이다. 그것은 전체주의적인 사고방식이다. 그것이 무엇이든 단 하나의 기준만으로 문화를 평가하는 사회에서는 좋은 문화가 창조될 수 없다. 여기에서는 권력과 자본이 내세운 문화산업에서 일시적인 만족과 쾌락에 안주하는 수동적인 소비자가 아니라, 자신의 취향과 선택을 존중하는 문화적 주체로서 우리 문화의 현실과 미래를 사유해보고자 한다.

누가 독립영화를 식민화하나

'워낭소리' 성공 이후 국가지배 시작……뉴라이트, 전용관 운영권 접수?

남다은 | 영화평론가
연세대 비교문학협동과정 박사과정. 2004년 〈씨네21〉 영화평론가상 수상. 현재 인디포럼 프로그래머로 활동 중이다.

이 글의 시작은 물론 〈워낭소리〉가 되어야 할 것이다. 거의 아무도 예측하지 못했던 흥행 돌풍이 일어났을 때, 몇십 년간 늘 그 자리를 지키고 있던 '독립영화'라는 이름, 혹은 담론이 마치 어느날 갑자기 땅에서 솟아난 진귀한 물건처럼 다뤄지기 시작했다. 역사도 뿌리도 삭제된, 그러나 어느 순간 실체가 되어버린 단어. 각종 언론매체들은 최소 비용으로 최대 효과를 이루어낼 수 있는 독립영화야말로 한국 영화 침체기의 진정한 구원자가 될 것이라고 보도했다. 상업영화가 제대로 해내지 못하는 상품으로서의 기능을 떠맡아줄 구원자 말이다. 그러니까 그때, 유행처럼 번졌던 '독립영화' 담론은 엄밀히 말해 독립영화가 아니라 독립영화라는 환상이었다. 그 환상은 최근 얼마간 자본을 확대재생산하는 데 실패해온 주류 문화, 특히 상업영화의 구멍을 메워주었다.

〈워낭소리〉 그 이후

〈워낭소리〉가 인공적인 사운드를 통해 시골 풍경과 워낭소리를 재구성하고 농촌 판타지, 혹은 영화적 환영을 완성해냈을 때, 관객에게 중요한 건 그것이 진짜 현실인지에 대한 의문이 아니라, 그것이 얼마나 그들이 믿고 싶어 하는 현실에 근접하는지의 여부였다. 독립영화라는 환상과 〈워낭소리〉의 환상은 아마도 그렇게 서로에게 겹쳐지고 의존하며 확장되었을 것이다. 주류 문화와 현실의 구멍을 드러내는 방식으로, 혹은 그 구멍 자체로 존재해온 그간 독립영화의 역사는 한동안 그 환상 앞에 무력했다. 이 환상은 말할 것도 없이 '독립'이나 '문화'가 아닌 '상품'에의 친밀성을 바탕으로 작동한다. 〈워낭소리〉의 성공 이후, 영화진흥위원회(위원장 강한섭·이하 영진위)를 필두로 한 각종 단체들이 독립영화를 화두로 삼을 때마다 '독립'이라는 말을 비상업, 다양성 따위의 단어로 바꿔야 한다며 벌인 논쟁은 우습기는 해도 충분히 예상 가능한 일이었다. 정치색을 제거한 저예산 영화에 대한 일련의 논의들은 '문화적 다양성'이라는 말로 포장되곤 했지만, 그것이 자본의 다양성이라는 사실은 분명했고 대체로 틈새시장 공략 같은 모양새로 전개되었다.

그런데 위의 환상이 확대되고 재생산되는 데 기여한 정부관계자들 혹은 언론매체들과 그들의 갑작스러운 환대를 의심하는 독립영화인들 사이에도 한 가지 공통된 견해는 있었던 것 같다. 독립영화의 위기론에 대한 인식이 그것이다. 〈워낭소리〉와 뒤를 이은 〈낮술〉, 〈똥파리〉 등을 계기로 이루어진 독립영화 담론의 활성화를 두고, 독립영화의 위기가 마침내 극복의 길을 찾았다는 여론이 한동안 지배적이었다. 단 한 번도 위기를 사유한 적 없는 자들이 터뜨리는 샴페인의 거품이야 그렇다 쳐도 오랫동안 그 위기론과 싸우던 자들이 보인 안도감은 적잖이 당황스러웠다. 개별 작품의 흥행 성적과 독립영화 전반에 대한 제도적 차원의 지원이 별개의 문제이며, 나아가 저예산 영화의 수익 창출 예가 미래의 독립영화들에 유일한 제작, 평가 기준이 될지 모른다는 우려는 차치하고서라도, '위기와 그에 대한 극복'이라는 전제에 대해서만은 대체로 동의하는 분위기가 있었다. 하지만 이상한 일이다. 이 시대, 죽음의 문턱을 밟지 않은 인문학이 더 이상 인문학으로서의 존재 가치를 상실하듯이, 위태로움을 포기한 독립영화가 더 이상 독립영화로서 무엇을 할 수 있겠는가. 왜 우리는 위기를 끌어안고 사는 법을 고심하지 않고 매번 위기 저 너머의 안정만을 꿈꾸는가.

국가지배의 예감, 그리고 적중

수많은 타자들의 위기로 인해 스스로의 안정을 도모하는 자본주의 시대에서, 위기의 극복을 쉽게 믿는 자들은, 혹은 학문은, 혹은 영화는 어쩔 수 없이 자본의 관대를 바라게 되고, 그도 아니면 자본의 수혜자가 되기 위해 자신에 대한 포기를 합리화하는 데 익숙해질 수밖에 없다. 〈워낭소리〉의 성공이 있은 후, 유인촌 문화체육관광부 장관이 독립영화에 대한 지원을 논하는 자리에서 "지원에서는 '선택과 집중'이 중요하고 확실한 쪽을 밀어주는 게 낫다"라는 견해를 피력했을 때, 예리한 독립영화인들은 이제 독립영화계에 대한 공적자금 지원에서 화두는, 적어도 몇 년간은, 아이러니하게도 선택이 아닌 배제의 문제에 맞춰질 것이라고 예감했다. 어떻게 하면 내가 가진 조건을 당신들의 기준보다 더욱 풍요롭게 해서 선택될지가 아니라, 어떻게 하면 내가 가진 조건을 당신들의 기준에 따라 버림으로써 배제되지 않을지의 문제 말이다. 둘은 똑같은 맥락처럼 들릴 수도 있으나, 전혀 다른 문제다. 영화가 태생적으로 자본에 의존할 수밖에 없는 구조 위에 존재한다는 사실을 부정하는 게 아니라, 그때 영화가 자본을 대하는 태도에서 어떤 자율성을 보장받고 행할 수 있는지의 문제를 말하고 싶은 것이다.

예감은 맞았다. 독립영화라는 환상, 혹은 〈워낭소리〉라는 영화가 우리에게 안겨준 위기 너머의 안정에 대한 환상이 궁극적으로 독립영화의 죽음과 맞닿아 있다는 사실은 얼마지 않아 드러나기 시작했다. '독립영화'에서 '독립'이라는 말을 다양성, 비상업 등으로 교체하고 근 몇십 년간 독립영화인들이 피땀으로 쌓아온 독립영화의 장을 점취하려는 뉴라이트 계열 인사들의 무기는 당연히, 이데올로기적 공세였다. "좌파가 영화계를 망쳤다"는 수준 이하의 발언들이야 웃으며 넘길 수 있지만, 문제는 그 발언들이 놀랍게도 독립영화계에 현실적인 직격탄으로 돌아오기 시작했다는 것이다. 2009년 7월 16일 영진위의 단체사업지원 대상자 발표에서 인디포럼, 인권영화제, 서울 국제노동영화제 등 그간 영진위의 지원으로 유지되어온 단체들이 대거 탈락했다.

지난 몇 년간 행사를 진행하고 사후적으로 지원금을 받아 운영해온 단체들로서는 단체의 존립 자체가 흔들릴 만한 중대 사건이었다. 문제는 영진위 쪽에서 특정 단체들의 탈락 이유를 명확히 밝히지 않는 한편, 재심의 가능성을 몇 차례 언급했을 뿐인데, 그 사이 영진위는 강한섭 체제에서 조희문 체제로 바뀌었다는 점이다. 그동안 사업 진행 과정에서 별다른 문제 제기를 받지 않은 단체들의 입장에서는 탈락의 원인을 이명박 정권하, 촛불시위 참여 혹은 그와 관련된 사안에 기인하는 것으로 볼 수밖에 없는 상황이다. 실제로 2009년 초 기획재정부가 '2009년 예산 및 기금운용 계획'을 통해 불법 시위를 주도하거나 참여한 단체에 한해 보조금 지원을 제한해야 한다는 집행지침을 내린 바 있으니 근거 없는 추측은 아닐 것이다. 영진위의 새로운 단체사업 지원 대상자 중 일부가 뉴라이트 문화예술재단과 관련이 있다는 점도 그런 의혹을 부추긴다.

그들의 정책이 단순히 독립영화계에 대한 지원금을 삭감하는 수준이 아니라, 기존 독립영화계에 대한 완전한 부정을 의도하는 것으로 읽히는 이유는 더 있다. 2007년 11월부터 활발히 운영되어온 독립영화 전용관 인디스페이스가 2009년 12월 31일을 기점으로 폐관됐다. 독립영화인들의 오랜 숙원이던 독립영화 전용관이 문을 연 뒤, 지난 2년간 인디스페이스는 다방면에서 독립영화들이 관객과 만날 수 있는 장을 성장시켜왔다. 한국독립영화협회의 배급지원센터가 영진위와 지정위탁 계약을 맺어 운영해온 인디스페이스는 극장이 단순히 영화—상품을 판매하는 곳이 아니라는 사실, 특히 독립영화에서 극장은 늘 그 이상의 공간이어야 한다는 점을 일깨워준 곳이었다. 개봉의 기회조차 갖지 못했을 수많은 영화들이 발굴되어 인디스페이스에서 세상의 빛을 보게 된 것은 물론, 매해 이곳저곳을 떠돌던 독립영화제들이 마침내 장소를 갖게 되었다. 그런데 이제 겨우 시작 단계인 독립영화관의 역사가 독립영화 전용관을 지정위탁제에서 공모제로 전환한다는 영진위의 갑작스러운 결정 앞에 또다시 단절을 겪게 된 것이다. 이는 인디스페이스뿐만이 아니라, 영상미디어센터(미디액트), 서울아트시네마 등 지속적이고 장기적인 관점에서 현실적 어려움과 싸우며 관객·시민과 영화—공간을 구축해온 단체들에게도 일방적으로 통고된 사안이다. 영진위는 사업의 공정성이나 국정감사 등을 이유로 공모제의 필요성을 역설하고 있지만, 그 주장을 납득할 만한 구체적 근거도, 체계적인 자료도 제시하지 않고 있다.(2009년 11월 영진위는 사업주체를 모집한다는 공고를 냈고 기존 독립영화 단체들이 지원했지만, 며칠 전 사업 모집 결과 발표를 통해 독립영화 전용관, 영상미디어센터를 운영할 적정 단체가 없다는 결론을 내리고 재공모 의사를 밝혔다.)

독립영화마저 뉴라이트에?

누가 극장의 운영 주체가 될 것이냐, 그러니까 누가 주인의 권력을 행사할 것이냐에 모든 초점이 맞춰진 현 상황은 독립영화의 저변 확대, 배급 지원의 활성화와 같은 독립영화 공간의 가장 시급한 문제의식을 공유하지 않는다. 인디스페이스 원승환 소장의 말처럼, 독립영화 전용관의 가장 중요한 기능이 있다면 그건 수익 창출을 또 다른 수익 창출로 확장시키는 데 있는 것이 아니라, 창출된 수익으로 자본으로부터 소외된 영화들에 배분하고 지원하는 구조를 정립하는 데 있다. 하지만 독립영화를 특정한 실체로 규정하고 그 실체를 소유할 수 있다고 믿는 저들의 비뚤어진 주인의식에서 과연 우리가 무엇을 기대할 수 있겠는가. 아니, 어쩌면 그들에게 무언가를 기대하고 일말의 희망을 거는 것 자체가 정당하지 않은 일인지 모른다. 패배자의 넋두리가 아니라, 희망을 걸 수 없는 곳에서 희망을 보려고 하는 것, 무엇이 이 시대를 이토록 어두컴컴하게 만들었는지를 보지 않고 그 어둠이 쉽게 밝혀질 것이라고 믿는 것, 그것은 환상이다. 시스템도 역사도 밀쳐두고 오직 환상의 거품을 즐긴 후의 대가를 이제 우리는 충분히 경험했다.

기존 독립영화계에 대한 저들의 비판이 독립영화의 정치성에 맞춰질 때마다, 그에 대한 대항 논리를 비정치성에서 찾는 건, 이미 그들의 틀을 승인하는 것과 다름없다. 그런 의미에서 독립영화는 오히려 더욱더 정치적이 되어야 한다. 단순히 정치적 이슈를 영화의 소재로 취하거나, 영화를 통해 직접적으로 정치적 발언을 시도해야 한다는 차원이 아니라, '영화의 정치'에 대한 사유로 나아가야 한다는 의미에서 말이다. 물론 모호하고 어려운 일이다. '영화의 정치'라는 것은 특정 실체를 지칭하는 말이 아닐 뿐더러 명징한 단어나 소재로 형상화되는 것도 아니기 때문이다. 다만 그것이 독립영화에 대한 고정된 정의로 환원되는 무엇이 아니라, 독립영화로 불리는 담론·사람들·역사·기억 등의 주변에서, 그 주변으로서 살아남아 이 세계에서 거부당하고 망각된 존재와 시간들을 현재로 불러들이는 행위가 아닐까 생각해본다.

이렇게 말해볼 수도 있겠다. 2009년 독립영화의 한편에는 자본주의가 향수하는 아름다운 '워낭소리'와 잃어버린 경험의 풍경(〈워낭소리〉)이 있고, 다른 한편에는 구원도 타락도 그 의미망을 잃어버린, 말하자면 질서와 언어 자체가 사라지고 오직 소멸의 노이즈만으로 존재하는 풍경(〈고갈〉)이 있었다. 전자는 '보편적인' 지지를 받았고, 후자는 제한상영가 등급을 받고 개봉 기회조차 박탈당할 뻔했다. 그러나 지금 이 자리에서 둘 중 어느 영화가 독립영화의 조건을 충족시키는지의 문제를 논하려는 것이 아니다. 각 영화의 미학과 윤리에 대해 비평하려는 것도 아니다. 다만 지금 우리는 두 영화 사이에 천국과 지옥만큼의 거리가 있다고 믿는 자들의 논조에 동의하는 대신, 이 시대 안에서 저 두 풍경이 교차되는 지점, 휴머니즘과 반휴머니즘이, 삶과 죽음이 서로를 잠재하고 있는 어떤 순간, 혹은 두 영화의 경계에 대해 성찰해볼 필요가 있다. 〈워낭소리〉와 〈고갈〉이라는 세계에 대한 양극단의 판타지가, 판타지라는 말이 적절하지 않다면 세계에 대한 형상화가 이 세계 안에서 어떤 지도를 그려내고 있는지를 보는 행위, 바로 그 행위에 독립영화가 있을 것이다.

전쟁,
퇴조하는 영화적 시선

안시환 | 영화평론가.
〈씨네21〉을 통해 영화평론을 시작했다. 1987년 이후 한국 역사영화 연구로 박사학위를 받았고, 동국대·세종대 등에서 강의하고 있다.

역사영화에서 우리가 염두에 둬야 하는 것은 영화가 재현하는 사건은 과거의 것이지만, 그 서술은 언제나 '현재의 입'을 통해 이뤄질 수밖에 없다는 사실이다. 그런데 '현재의 입'이라는 게 참으로 변덕스럽다 못해 때론 다중인격처럼 분열적이기까지 하다는 데 문제가 있다. 동일한 사건이 시간의 흐름에 따라 다르게 이야기되는가 하면, 동일한 현재의 시간에서도 그 평가가 이중적으로 나타나기도 하니까 말이다. 이런 이유에서 역사영화 비평은 '재현된 사건에 드리워진 현재의 욕망이 무엇인가'하는 질문을 던져야 한다. 이 글은 한국전쟁의 영화적 재현이 어떤 변화의 궤적을 그려 왔는지, 그 지도를 그려내는 것이 목적이다.

한국 영화에서 어떻게 한국전쟁이 재현돼 왔는지 이해하기 위해 군이 먼 과거로까지 거슬러 오를 필요는 없다. 1987년이면 족하다. 광주 민주화운동으로 촉발된 사회변혁의 기운과 함께 한국영화계 역시 변화의 움직임을 보였다. 이른바 '코리안 뉴웨이브'로 명명된 새로운 경향의 한국 영화는 이전까지 영화적 접근이 차단돼 있던 '금단의 영토'를 기웃거리기 시작한다. 임권택·박광수·장선우·정지영 등이 일군 코리안 뉴웨이브 영화는 '리얼리즘' 영화적 형식을 통해 역사를 성찰함으로써 국가 주도적인 역사의식에서 단절하려 한다. 이 영화들에서 한국전쟁이 결코 피해갈 수 없는 성찰의 대상이 되었음은 너무나 당연하다. 〈남부군〉(정지영·1990), 〈은마는 오지 않는다〉(장길수·1991), 〈그 섬에 가고 싶다〉(박광수·1993), 〈태백산맥〉(임권택·1994) 등은 선과 악, 피해자와 가해자로 단순히 이분화된 남북관계를 재검토하는 것에서 역사적 성찰을 시작한다. 코리안 뉴웨이브 이전의 한국전쟁 영화에서 북한은 단일국가 건설을 실패로 몰고 간 '유일한' 죄인이었다. 하지만 코리안 뉴웨이브 영화에 이르면 남한 역시 동일한 죄인 자리에 선다. 즉 자신의 죄를 인정하는 것이 코리안 뉴웨이브의 역사적 성찰의 시작이었던 셈이다.

탈이데올로기 시대의 자기 성찰

〈태백산맥〉이 궁극적으로 애도하려는 대상은 남북의 체제 이데올로기 사이에 끼어 희생된 자들이며, 이는 주로 영화 속 여성을 통해 구현된다. 무당 딸 소화(오정해)는 지주의 아들로 태어나 공산당 고위관리로 활동하는 정하섭(신현준)을 연모한다. 소화가 남한 경찰과 군인들에게 쫓기던 정하섭을 자신의 집에 머물도록 도와주면서 그녀는 이내 정하섭의 아이를 갖게 된다. 우리가 여기서 주목해야 하는 장면은 아이 유산 뒤 정하섭의 어머니가 소화를 찾아왔을 때다. 소화는 계급이 존속하는 남한에서 정하섭의 어머니에게서 그를 포기할 것을 종용받음으로써 '여성 · 아내 · 어머니'로서의 정체성을 빼앗긴다. 또한 정하섭은 소화에게 공산주의와 종교의 양립 불가능성을 이야기하며 무당의 위치를 포기하도록 요구한다. 소화는 남한에서는 여성과 관련한 정체성을, 북한에서는 무당과 관련한 사회적 정체성을 인정받지 못하는 자, 즉 남과 북 어디에서도 완전한 정체성을 주장할 수 없는 '사이에 낀' 존재로 위치한다. 〈태백산맥〉은 이런 소화의 위치를 통해 한국전쟁에 의한 역사적 희생이 단지 북한에 의해서만 이뤄진 것이 아님을 보여준다.

〈태백산맥〉은 마지막 장면에서 소화가 벌이는 굿판을 통해 두 국가의 체제 이데올로기 사이에 끼어 희생된 이들을 애도하고 위무하려 한다. 이와 같은 현실적 대립과 갈등을 넘어설 수 있는 힘으로서의 샤머니즘은 〈그 섬에 가고 싶다〉에서도 나타난다. 아버지 세대의 비극적 갈등에서 비롯된 아들 세대의 반목이 정점으로 치달으며 화해 가능성이 막다른 골목에 처할 무렵, 이 모든 것을 화해의 유토피아로 이끄는 것은 바로 '살풀이춤'이라는 샤머니즘적 제의다. 〈태백산맥〉과 〈그 섬에 가고 싶다〉는 민족의 알레고리인 샤머니즘적 제의를 통해 역사적 상처가 아물 수 있으리라고 이야기한다. 샤머니즘은 민족이 두 개의 국가로 찢기기 이전의 순수한 원형이다. 이 영화들이 민족주의를 바탕으로 유토피아적 통합의 서사를 그려냈다고 했을 때, 우리는 이런 통합의 서사가 남한 사회 내부에서 어떻게 작동했는지에 주목해야 한다. 1987년 민주화 항쟁 이후 제도적 민주주의가 점차 정착되면서 1980년대를 이끈 비판 담론은 급속히 위축된다. '민중'이라는 단어를 '대중'이라는 익명의 집단이 대체한 것처럼, 1990년대의 탈이데올기적 흐름은 1980년대의 시대정신을 낡은 것으로 만들어버렸다. 이런 시대 변화 속에서 1980년대 억압적 독재정권에 대한 비판과 저항의 정신을 표상한 민족주의 역시 동일한 것으로 남아 있을 수 없었다. 민족주의를 바탕으로 한 '통합 지향적 서사'는 사회의 적대와 갈등을 외면하기 위한 '탈이데올로기 시대의 이데올로기적 논리'이기도 했다. 결국 코리안 뉴웨이브는 억압적 정권에 저항한 1980년대 비판 담론의 자장 안에서 남한 사회의 죄를 성찰하는 성과를 보여주면서도, 역설적으로 그 시대의 종언을 알리는 '탈이데올로기 시대의 이데올로기' 영토로 발을 옮기고 만다.

〈오발탄〉(1961 · 한국) 스틸컷

2000년대 들어, 한국 영화는 리얼리즘적 양식을 벗어던진 채 스펙타클을 바탕으로 한 '장르적 화법'으로 한국전쟁을 재현하기 시작한다. 코리안 뉴웨이브가 샤머니즘을 통해 통합의 유토피아를 그려낼 수 있었다면, 이 시기의 영화들은 이런 도움 없이 장르의 관습만으로 남북 간 이데올로기적 대립을 넘어선다. 가령 〈웰컴 투 동막골〉(박광현·2005)에서 남북 군인의 대립을 소통 가능한 것으로 전환시키는 것은 샤머니즘이 아닌 판타지 장르의 특성을 통해서다. 〈태극기 휘날리며〉(강제규·2003)와 〈웰컴 투 동막골〉 등 이 시기의 영화에서 중요한 것은 역사에 대한 평가와 성찰이 아니라 그것을 어떤 스펙터클로 보여주는가 하는 문제다. 〈태극기 휘날리며〉의 소재로 활용된 한국전쟁은 영화의 목적이 아닌 수단이다. 한국전쟁은 할리우드에 필적할 수 있는 테크놀로지로 점철된 전쟁의 스펙터클을 보여주기 위한 수단에 불과하며, 그저 '표면적 차원'에서 한반도에 전쟁이 발생했다는 것을 보여주면 족하다.

이 영화들에서 감지되는 역사적 태도는 〈웰컴 투 동막골〉의 주민들을 통해서도 잘 드러난다. 실제로 동막골이 유토피아적 성격을 유지할 수 있는 것은 마을 주민들이 '무지에의 욕망'에 빠져 있기 때문이다. 동막골 주민은 외부 세계를 감히 알려고 하지 않는다. 이런 면에서 여일(강혜정)은 동막골의 성격을 표상하는데, 백치이기 때문에 순수성을 유지할 수 있는 그녀처럼, 동막골은 외부 세계에 대한 관심을 버림으로써, 그리고 외부 세계에 대한 앎을 포기함으로써 자신의 유토피아를 유지할 수 있다. 폐쇄적 나르시시즘에 가까운 동막골의 특성은, 이 작품이 '우리'와 '외부'(미국)의 이분법적 구분 하에 역사적 비극이 외부에서 온 것이라 말할 수 있는 이유기도 하다. 미국이 잉태한 비극을 보여주려 한다는 점에서 진일보한 역사의식이 없는 것은 아니지만, 그것이 희생자로서의 우리와 가해자로서의 외부(미국)라는 단순한 이분법에 의존한다는 사실은 역사적 성찰보다 나르시시즘적 태도에 가까워 보인다.

외부의 적을 통해 내부의 적대를 감추다

미국 브라운대학 교수인 레이 초우는 이런 나르시시즘이 문화적 황폐화의 징후일 수 있음을 지적했다. 그런 황폐화에 의해 내부에 틀어박혀, 외부 현실과의 연결보다는 자기 자신과의 연결을 찾게 되기 때문이다. 이런 면에서 보면, 〈웰컴 투 동막골〉은 1997년 국제통화기금(IMF) 구제금융과 더불어 본격화된 신자유주의의 압력과 불안의 산물처럼 보인다. 〈웰컴 투 동막골〉은 동막골 주민에게서 발견되는 무지에의 욕망을 순수함이라 말하면서, 이를 바탕으로 한 퇴행적인 나르시시즘을 한국 사회가 처한 지정학적 위기에 대한 처방으로 본다. 〈태극기 휘날리며〉와 〈웰컴 투 동막골〉은 주인공들을 희생자 자리에 위치시킨다. 〈태극기 휘날리며〉는 '전쟁'이라는 추상적 존재를 가해자 자리에 놓고, 〈웰컴 투 동막골〉은 '미국'이라는 외부 대상에서 파국의 원인이 잉태된다. 우리는 그저 무고한 희생자일 뿐이다. 코리안 뉴웨이브가 일정한 한계 속에서도 그 자신에게 향했던 역사적 성찰의 시선을 이 영화들에서는 찾을 수 없다. 역사는 장르 안에서 휘발되고, 그 죄는 외부 대상(또는 추상적 대상)에 전가된다. 아무것도 알려 하지 않은 동막골 주민처럼 말이다.

〈포화 속으로〉(이재한 · 2010)는 두말할 것도 없이 시대착오적인 작품이다. 마치 1987년 이전으로 회귀한 듯한, 하지만 그렇기 때문에 1987년 이전의 프로파간다적인 한국전쟁 영화가 북한이라는 외부의 적을 통해 남한 사회 내부의 적대를 어떻게 감춰왔는지 보여주는 좋은 사례가 된다. 〈웰컴 투 동막골〉에서는 미국에 이런 죄가 전가되기는 했지만, 오랫동안 한국 영화 속 북한은 남한 사회 내부의 적대와 불안, 공포 등을 위장전입할 수 있는 가장 좋은 장소였다. 남한 사회 '내부'의 적대 · 대립 · 갈등은 남한 사회와 그 외부인 북한 간의 문제로 전치된다. 이런 영화들은 '북한만 제거된다면……'이라는 가정 속에 사회 내부의 필연적인 적대와 모순을 감출 수 있다. 그 모든 것이 외부의 탓이니 말이다.

새로운 시작이거나, 역사의 탈색이거나

〈고지전〉(장훈 · 2011)은 살아남는 것이 삶의 목적인 자들에 대한 영화다. 그리고 아무 보호막 없이 신자유주의의 거친 물결에 내몰린 무의식적인 대중의 정서 구조와 조응하려는 2000년대 후반 한국 영화의 전반적인 특징이기도 하다. 〈고지전〉에서 군인들이 싸우는 대상은 북한(또는 남한)이 아니라 전쟁 그 자체다. 그곳에서 인물들은 오직 생존 본능에 길들여진 '전쟁 기계'가 된다. 죽은 자 뿐 아니라 살아남은 자, 심지어 살아남기 위해 누군가의 희생을 강요한 자들까지 모두 전쟁의 희생자일 뿐이다. 〈고지전〉은 희생자만 있을 뿐, 그 누구도 쉽게 가해자라 칭할 수 없는 '가치 평가의 회색지대'를 탐색하려 한다. 오직 전쟁이라는 추상적 대상만이 온전히 가해자 자리를 차지할 뿐이다. 〈고지전〉은 전쟁의 무의미함을 강조하는 (한국전쟁 영화 중) 대표적인 반전영화로 자리하는 데 성공한 것처럼 보인다. 하지만 〈고지전〉이 기존 한국전쟁 영화와 구별되는 지점은 단순히 전쟁의 무의미함이나 반전 메시지를 전달하는 점이 아니라, 한국전쟁의 특수성을 보편적 가치로 탈색시킨 대가로 이를 성취한 점에 있다.

〈고지전〉은 민족이나 이데올로기의 관점을 벗어던진 채 한국전쟁을 이야기한다. 이는 〈고지전〉이 한국전쟁의 발발 시점이 아닌 그 끝자락의 사건을 중심으로 한다는 것과 무관하지 않다. 이미 전쟁에 길들여진 군인들은 습관처럼 전쟁에 임한다. 영화 속 북한군 장교가 그렇듯, 전쟁에 처음 임했을 때의 이데올로기적 믿음 따위는 관성적으로 반복되는 전투 속에 사라진 지 오래다. 〈고지전〉은 그저 살기 위해 싸우는 전쟁 기계들을 보여줌으로써, 전쟁이라는 상황이 얼마나 극악한지 보여주는 것에 만족하려 한다. 〈고지전〉이 한국전쟁의 가장 특수한 상황을 바탕으로 '반전'이라는 전쟁영화의 가장 보편적인 주제로 나아갈 수 있는 이유는 바로 이 때문일 것이다. 이는 새로운 한국전쟁 영화의 시작일까, 아니면 역사의 탈색일까?

'서태지 데뷔 20년'
문화사적 의미

신세대 문화 출현, 디지털 문화 도래, 참여문화 확대, 신자유주의 통제 강화, 아이돌 팝의 독점, 스마트 테크놀로지 혁명……. 지난 20년은 그 어떤 20년보다 문화적 격변의 시대였다. 그룹 '서태지와 아이들'은 이런 새로운 시대 문화적 빅뱅의 첫 출발점이었다. 한국 대중문화에서 한 획을 그은 '서태지와 아이들' 데뷔와 그 이후 20년의 의미를 문화사적 측면과, 장르 및 산업적 측면으로 나눠 분석해봤다.

이동연 | 문화운동가 및 연구자.
문화연대 문화정책센터 소장. 영문학 박사. 저서로 〈문화자본의 시대〉(2010), 〈서태지는 우리에게 무엇이었나〉(1999) 등이 있다.

1992년 3월 23일은 '서태지와 아이들'의 데뷔 앨범 〈난 알아요〉가 발매된 날이다. 그로부터 어느덧 강산도 두 번이나 변해 이들의 데뷔 성인식이 지났다. 1996년 1월 해체된 뒤, 서태지는 돌연 미국으로 건너갔고, 양현석과 이주노는 당시 유행하기 시작한 힙합댄스 그룹의 제작자로 나섰다. 지나고 보면 '서태지와 아이들'의 해체 이면에는 다른 맥락이 있었다. 서태지의 숨은 연인 이지아가 있었고, 그가 솔로로 독립하기 위한 불가피한 결단이었다. 해체 자체는 그룹을 좋아하던 수많은 팬들에게는 비극이었지만, 더 늦기 전에 각자 자신의 길을 빨리 찾을 수 있는 계기이기도 했다. 양현석은 곧바로 연예기획사를 설립해 지누션 · 원타임 · 빅마마 · 휘성 · 거미 · 빅뱅 · 2NE1이라는 개성 강한 아이돌 그룹을 만들지 않았는가?

독보적인 문화사적 위치

 '서태지와 아이들'의 데뷔 20주년을 돌아보면 한국의 대중문화도 그동안 많은 변화를 겪었음을 알 수 있다. 신세대 문화 출현, 디지털 문화 도래, 참여문화 확대, 신자유주의 통제 강화, 아이돌 팝의 독점, 그리고 스마트 테크놀로지 혁명 등 '서태지와 아이들'이 데뷔한 뒤 지난 20년은 그 어느 시대의 20년보다 문화적 격변을 강하게 겪은 시대다. '서태지와 아이들'은 새로운 시대의 문화적 빅뱅의 첫 출발점이라고 할 수 있다.
 '서태지와 아이들'의 데뷔 20주년은 분명 그룹 멤버 3명의 성인식이지만, 시대를 대표하는 문화적 아이콘의 의미라는 관점에서는 그냥 서태지 자신으로 한정해도 큰 무리는 없을 것이다. 지금 말하려는 이야기에서는 '서태지와 아이들'의 리더 서태지로 한정하려 한다. 서태지는 '서태지와 아이들'의 줄임말이기도 하면서 이 그룹의 문화적 전위이고, 여전히 뮤지션으로 음악적 여정을 계속하고 있기 때문이다.

서태지는 1990년대 이후 한국 대중문화의 궤적을 대표하는 아이콘이다. 싫든 좋든 그가 선보인 혁신적인 음악 스타일과 선도적 활동의 독립성, 저항적 메시지, 견고한 팬덤 세력 등 아직까지 그의 문화적 위치와 의미를 넘어설 만한 뮤지션을 찾기란 불가능하다. 1990년대 말부터 아이돌 그룹이 한국 대중문화의 판도를 바꾸고, 유명 케이팝 스타들이 전 세계 팝 시장에서 인기몰이를 한다 해도, 그들은 여전히 서태지 문화의 자장 안에 있다. 그렇다면 서태지 혹은 서태지 음악의 문화적 의미를 어떻게 정의할 수 있을까? 한마디로 '문화의 경계에 서 있기'라고 할 수 있다. 서태지는 대중문화의 긍정적인 면과 부정적인 면의 경계에 서 있다. 그는 소비문화와 독립문화, 상업적인 것과 미학적인 것, 주류와 비주류, 소비문화와 저항문화의 경계에 서 있는 것이다. 그의 문화적 위치는 어느 한쪽으로 설명하기에는 양가적이고 혼종적이다.

서태지 문화의 네 분기점

나는 문화의 경계에 서 있는 서태지의 위치를 설명하기 위해 다음 네 가지 토픽을 말하려 한다. 먼저 말하고 싶은 것은 서태지의 세대문화적 특이성이다. 서태지의 등장은 신세대문화의 '탈구' 현상을 보여주는 징표였다. 1990년대 초반의 신세대문화는 '오렌지족'으로 대변되는 서울 강남 유학파 부유층 자녀들의 귀족문화와 1980년대 운동권 청년문화와는 다르게 새로운 감수성을 가진 10대들의 자유로운 문화로 상반되게 정의됐다. 전자가 소비문화의 전위라면, 후자는 독립문화의 씨앗이었다. 서태지의 등장으로 신세대문화는 청년문화에서 10대 청소년문화로 급격하게 하향 이동했지만, 다른 한편으로는 서태지의 스타일은 새로운 소비주체들의 욕망을 압축적으로 표현한 것이라는 상반된 해석도 가능했다.

어쨌든 서태지의 등장으로 1980년대 청년세대의 문화를 대변했던 대학문화는 서서히 하락하는 대신, 인디문화·하위문화가 소비문화 공간의 주변부 지대로 형성되기 시작했다. 또한 청년세대의 정체성은 정치적 변혁 주체에서 소비지향적 감성 주체로 이동하고, 그 기표 역시 '신세대'라는 말로 흡수됐다. 미디어는 '서태지와 아이들'의 등장 이후 신세대 혹은 신세대문화를 집중 조명하기 시작했다. 미디어는 이들을 낭만적 순정파보다는 개인적 이해타산이 빠른 현실파로 정의했다. 다양한 볼거리와 살거리를 보유한 이들은 자연스럽게 구속보다는 개방을, 종합보다는 차이를, 윤리보다는 개성을 선호하는 주체로 명명됐다. 서태지는 데뷔 초기 랩과 메탈의 결합이라는 새로운 장르로 자유로움을 추구하려 했지만, 다른 한편으로 그의 스타일은 새로운 소비를 원하는 세대의 욕망을 그대로 대변해주었다. 1990년대 초, 그의 문화정체성은 소비 욕망과 문화의 자율성 경계에 서 있었던 셈이다.

저항성과 독창성의 한계

두 번째 토픽은 서태지의 문화적 실천의 이중적 경계에 대한 것이다. 서태지는 3집 이후 사회적 메시지를 담은 노래를 잇달아 발표했다. 〈교실이데아〉는 한국 입시교육의 암담한 현실을 파격적인 랩메탈 형식으로 노래했고, 3집 타이틀 곡 〈발해를 꿈꾸며〉는 한반도 분단의 현실과 통일의 염원을 담았다. 4집에 수록된 〈컴 백 홈〉(Come Back Home)은 청소년들의 가출 문제를 다루었고, 〈시대유감〉은 부도덕한 권력층의 부패를 고발했다. 이 노래들만 놓고 보면, 서태지는 분명 1980년대 암울한 군사정권에 노래운동으로 맞선 '노래를 찾는 사람들'이나 '꽃다지'의 멤버 같아 보인다. 특히 〈시대유감〉은 '공연윤리위원회'로부터 가사가 불온하다는 판정을 받아 가사 수정 요청을 받은 곡이다. 서태지는 후에 항의 차원에서 가사 전체를 삭제하고 연주곡으로 재수정한 채 음반을 발매했고, 그 결과 팬들이 음반사전심의 철폐운동을 벌이는 일이 발생했다. 서태지 팬들의 헌신적 노력으로 결국 음반사전심의제는 폐지됐고, 서태지와 서태지 팬들은 1990년대 문화운동의 중심에 서 있기도 했다.

다른 한편으로 그의 저항적 메시지와 실천은 '음악적 주류'라는 프리미엄을 통해 얻은 것으로 시대의 문화전사로 일방적으로 찬사를 받기에는 분명한 한계가 있음이 지적됐다. 대표적으로 그의 음악적 저항은 하나의 유행하는 트렌드로서 문화적 진정성을 충분히 담지 못한다는 비판이 있었다. 서태지가 은퇴 뒤 복귀해서 6집 앨범을 내고 활동하던 2000년 초, 당시 서울 홍익대 앞 인디 펑크록을 대표하는 밴드 중 하나인 '노 브레인'은 서태지의 음악이 저항적 록의 상업화라고 선언하며 '안티 서태지 연대' 운동을 주도했었다. 서태지는 일반 대중적 음악팬들에게는 새로운 음악 트렌드를 만들어낼 뿐 아니라 현실의 모순에 대해서도 적극적으로 노래하는 문화전사 · 문화저항가로 인식되지만, 비주류 인디 음악팬들에게는 음악 트렌드를 유행시키고 사회적 메시지를 하나의 감성 트렌드로 제시하는 상업적 뮤지션에 불과하다. 문화적 실천에서도 그의 음악적 위치는 여전히 경계에 서 있다.

　세 번째 토픽은 두 번째와 연계되는 것으로, 그의 음악적 독창성의 경계에 대한 것이다. 많은 서태지 팬들은 서태지를 '음악천재', '문화대통령'으로 평가한다. 그도 그럴 것이 그들의 시선에서 서태지의 음악은 모두 혁신적이기 때문이다. 데뷔 앨범에 실린 〈난 알아요〉는 랩과 메탈을 접목한 생소한 곡이고, 2집의 〈하여가〉는 록과 국악이 접목된 곡이며, 4집 앨범에서는 강력한 갱스터랩을 구사하고, 그의 솔로 첫 앨범 〈테이크 시리즈〉는 인더스트리얼 록을, 무대 데뷔 앨범 6집은 하드코어 록, 혹은 핌프 록, 최근의 8집 앨범은 '네이처 파운드'라는 신생 에코 록을 선보인다. 그의 음악은 앨범이 나올 때마다 변신을 거듭했고, 그 음악적 변신은 결국 그에게 큰 부담을 가중해, '서태지와 아이들'이 조기 은퇴하는 원인이 되었다.

　그러나 자세히 살펴보면 그의 음악 스타일은 사실 독창적이라기보다는, 당시 미국과 유럽에서 유행하던 랩과 록 스타일을 많이 차용한 것이다. 1집 타이틀 곡 〈난 알아요〉와 〈너와 함께한 시간 속에서〉는 2인조 힙합그룹 밀리 바닐리의 노래와 흡사하고, 2집 〈하여가〉의 기타 솔로 연주는 테스타먼트의 〈퍼스트 스트라이크 이즈 데들리〉의 기타 솔로를 거의 모방했다. 4집 〈컴 백 홈〉은 사이프러스 힐의 〈인세인 인 더 브레인〉과 흡사하다. 이밖에 솔로 6집 앨범은 미국의 대표적 하드코어 밴드 '콘'의 곡을 표절했다는 의혹도 있다. 이렇듯 그의 음악은 창작과 표절의 경계에 서 있다. 어떤 사람은 그의 음악이 표절 혐의가 있는 곡들과 유사하지만 근본적으로는 창조적 변형을 이루었기에 표절로 단정하기는 어렵다고 주장하는 한편, 어떤 사람은 그의 음악적 원천 대부분이 단순 참고 수준을 넘어서 핵심적으로 해외 뮤지션들의 곡을 표절했다고 주장한다.

누구를 위한 문화자본인가

마지막 토픽은 그의 문화자본에 대한 이야기다. 서태지는 분명 지금의 최고 아이돌 그룹 슈퍼주니어, 소녀시대, JYJ, 빅뱅만큼 대중적 인기를 지속하지 못하고 있다. 그럼에도 그는 최고의 아이돌 그룹들이 갖지 못한 것을 보유하고 있다. 바로 문화자본이다. 서태지는 오래전부터 '시대의 문화적 아이콘', '문화대통령'으로 호칭되면서 그를 하나의 신화적 존재로 만드는 상징적 힘에 둘러싸여 있다. 긍정적이든 부정적이든 그를 오랫동안 평가했던 문화비평, 수많은 서적, 팬들의 오래된 경외심은 현재의 아이돌 그룹들이 누릴 수 없는 것으로 모두 한국 대중문화의 유산 안에서 평가된다. 이런 것들이 서태지의 문화자본을 형성하면서 그를 전설로, 신화로 추앙하게 만든다.

서태지의 문화자본은 그가 얼마나 음반을 많이 팔고, 얼마나 비싼 빌딩을 소유하고 있는지에 결정되는 것이 아니다. 과거의 힘에 의해 형성됐지만, 역설적으로 현재의 힘을 표현하는 어떤 문화적·상징적 힘에 관한 것이다. 서태지를 대신할 만한 혁신적 뮤지션이 출현하지 않는 이상, 여전히 그는 새로운 시대를 연 뮤지션으로, 새로운 문화를 대변한 아이콘으로 추앙받으며 현재의 힘을 보유하게 될 것이다. 몇 년 동안 활동하지 않아도 새로운 음반은 다시 문화적 반향을 일으키고, 그의 신비로운 정체성은 여전히 미디어의 초점이 되며, '아이돌 팝'이라는 대중적 코드와 상관없이 시대의 트렌드로 부각될 것이다. 그는 자신의 문화자본을 부정하고 싶지만, 그것을 부정할 수 없다. 그는 새로운 앨범이 나올 때마다 자신의 문화자본을 지워버리기 위해 '감성코어'니 '네이처 파운드'니 하는 개념을 만들어내지만, 그것은 곧바로 새로운 문화자본을 형성하는 트렌드가 된다. 문화자본을 부정하고 싶으면서도 새로운 문화자본을 만들고 싶은 것이 바로 서태지의 문화적 역설이다. 이런 문화적 역설과 모순의 경계에 서 있는 그의 이중적 정체성을 해소할 수 있는 유일한 길은, 그를 능가하는 새로운 문화전사가 출현하는 것밖에 없다.

인디 음악,
창작과 행동의 불일치를 넘어

서정민갑 | 대중음악 활동가.
한국대중음악상 선정위원. 공연 기획·연출자. 대중음악웹진 〈가슴〉 편집인. 〈보다〉 기획위원을 맡았다. 최근 '민중가요 기본콘텐츠 수집사업'을 기획·진행했다.

인디 음악에 대한 몇 가지 고정관념이 있다. 인디 음악은 홍익대 앞에만 있고, 인디 음악은 가난하며, 인디 음악은 저항적이고, 인디 음악은 독특하다는 것이다.

물론 많은 인디 뮤지션과 인디 레이블, 라이브 클럽은 홍익대 앞, 그러니까 상수동과 망원동, 신촌 쪽에 있지만 다른 지역에 없는 것은 아니다. 그리고 인디 뮤지션만 가난한 게 아니다. 사실 대부분의 예술인이 가난하다. 또한 인디 음악에 독특한 음악만 있는 것도 아니다. 가령 요조, 소규모아카시아밴드, 장기하와 얼굴들의 음악은 20~30대는 누구나 공감할 수 있는 팝 스타일의 음악이다. TV와 라디오 같은 주류 매체에서 쉽게 보고 들을 수 없을 뿐, 하늘에서 떨어진 듯 유별난 음악이 아니다.

비주류라면 진보적인가

이러한 고정관념은 인디 음악의 저항성 이미지로도 이어진다. 실제로 많은 이들이 인디 음악은 기존 체제에 대해 비판적이고 저항적이며 전복적이라고 생각한다. 과연 그럴까? 인디 음악에 드리워진 저항성 이미지는 사실 실체보다 과장된 것이다. 인디 음악이 저항적이라고 생각하는 것은 일단 인디 음악이 주류 대중음악 시장과는 다른 시스템으로 음악을 생산·유통하려는 시도를 했기 때문이다. 기존 주류 대중음악 시스템에 한계를 느끼고 여기에 반발해서 독자적인 시장을 구축하려던 한국 인디신의 출발은, 인디 음악을 단순히 음악 창작물이 아닌 일종의 문화운동적인 실천으로 바라보게 했던 것이다. 많은 뮤지션이 굳이 인디라는 범주를 선택한 것은 주류 음악 시장이 너무 협소했을 뿐 아니라 그곳에서는 자신만의 음악을 할 수 없기 때문이라는 현실의 이분법적 상황 때문이었지, 대안적인 지향과 목적을 굳건하게 실천하기 위한 의식적인 활동은 아니었다. 그럼에도 다른 방식의 활동이 공존하기 힘든 당시 상황은 주류에 대한 반발과 저항으로 인디 음악을 바라보게 했다. 그래서 지식인과 대학생은 인디 음악에 더 적극적인 호응을 보내기도 했다. 실제로 한국 인디신의 초창기에 참여한 기획자 중에는 좌파 문화운동이나 정치운동에 참여한 이가 적지 않았고, 인디신을 옹호한 비평가 역시 좌파적이며 대안적 문제의식을 갖고 인디신의 의미를 강조했던 것이 사실이다. 게다가 인디신 초기에 주목받은 장르가 주로 펑크 음악이다 보니, 한국 인디신의 저항적 이미지는 더욱 부각될 수밖에 없었다. '세상 다 엿 먹으라 그래'라는 식으로 거칠게 분노를 토해내는 펑크 음악은 인디신의 음악이 하위문화적이고 사회비판적이라는 신화를 강력하게 완성하기에 충분했다.

소박한 메시지와 줄어드는 역동성

그러나 인디신에는 거친 분노와 저항의 노래만 있는 것이 아니라 말랑말랑한 팝 음악과 침잠하는 포크 음악이 함께 있었고, 그밖에도 수많은 장르와 다양한 메시지가 함께 존재했다. 인디신의 역사가 15년을 넘긴 요즘 들어 비로소 대중의 각광을 받게 되고, 몇몇 인디 스타가 생겨난 것은 인디신 음악이 독특하기만 한 것이 아니라 쉽게 호감을 가질 수 있을 만큼 매력적임을 알게 된 덕분일 것이다.

그러므로 인디신의 음악이 저항적이라는 것은 지나치게 단편적인 인식이다. 최근 인기를 얻고 있는 인디신 뮤지션, 예를 들어 에피톤 프로젝트, 브로콜리 너마저, 시와, 이아립, 비둘기 우유, 국카스텐, 바드, 갤럭시 익스프레스 가운데 정치적 지향을 분명하게 담은 노래를 발표한 뮤지션은 단 한 명도 없다. 다만 몇몇 뮤지션이 촛불집회나 용산 참사, 콜트·콜텍 기타 노동조합의 투쟁, 두리반 철거 반대 현장에 가서 자신의 노래를 들려주었을 뿐이다. 물론 2008년 촛불집회 이후 많은 인디 뮤지션이 자신의 정치적 의견을 밝히고 사회문제의 현장에 가서 노래를 한 것은 유례없는 변화다. 전두환·노태우·김영삼 정권 때는 물론이고 김대중·노무현 정권 시절에도 사회적 문제에 기꺼이 자신의 태도를 밝힌 음악인은 대부분 민중음악인이나 민족음악인이었고, 거기에 강산에·신해철·윤도현 같은 일부 로커가 함께 했을 뿐이다. 하지만 두 번의 자유주의 우파 정부를 거치면서 사회문제에 자신의 의견을 밝히는 일은 그리 어렵고 어색하거나 튀는 행동이 아닐 만큼 부담 없이 쉬워졌다.

할 말 더 많은 인디를 기대하며

이런 변화 이후에 등장한 이명박 정부의 반민주적 통치는 정치에 큰 관심은 없지만 최소한 민주주의가 어떠해야 하는지는 아는, 일반인 같은 인디 뮤지션의 상식을 순식간에 짓밟아버림으로써 그들을 움직이게 했다. 그것은 인디 뮤지션이 특별히 사회적 교양이 높고 좌파적이기 때문이 아니라, 정부의 행동이 너무 계급적이며 몰상식했기 때문이다. 이런 상황에서는 최소한 반대 의견은 표명해야 하고 그 정도는 할 수 있다고 생각했기 때문에 많은 인디 뮤지션이 개별적으로 촛불집회에 참여했을 뿐만 아니라, 촛불집회 기간에 열린 촛불문화제에서도 선뜻 노래를 불렀다. 그리고 2008년의 촛불집회는 기존 조직된 운동권이 주도한 것이 아니라 '촛불'이라는 새로운 주체가 주도했기에 이전 집회 때보다 인디 뮤지션이 훨씬 더 쉽게 참여할 수 있었다. 반면 안타깝게도 노무현 정권을 거치면서 더욱 영향력이 약해진 시민사회운동과 민중가요는 2008년 촛불집회를 거치며 '촛불'에 완전히 압도당했을 뿐 아니라 대중적 영향력과 역동성을 상당 부분 잃어버렸다.

그 결과 촛불집회 이후 이런저런 사회적 현장에서는 여전히 꽃다지 · 노찾사 · 손병휘 · 안치환 · 연영석 같은 민중음악인이 참여하고 있지만, 이제는 소히 · 시와 · 윈디시티 · 이한철 · 킹스턴 루디스카 · 한음파 · 허클베리 핀 같은 인디 뮤지션의 이름을 더 자주 보게 된다. 이들은 사회적 주제를 담은 문화제에 자주 참여할 뿐 아니라 음악인 선언을 통해 정치적 의견을 표명하고, 이러한 문제의식을 담은 노래를 발표한다. 그래서 이제는 과거 민중음악인이 한 역할을 인디 음악인이 떠맡은 것처럼 보인다. 그러나 이들의 노래는 사회적 현안과 모순을 직접적으로 언급하거나 구체적으로 형상화하기보다는 기존 자신의 음악 스타일을 반복하는 것이 대부분이다. 문화제 같은 자리에 참여는 하지만, 아직 자신의 의지를 노래로 담아내지는 못하고 있다. 사실 이들의 문제의식은 대체로 소박한 이명박 반대로 절차적 민주주의 수호의 수준을 넘지 못하고 있다. 용산 참사 추모 문화제에도 참여하고, 4대강 사업 반대 문화제에도 참여하며, 동시에 노무현 추모 공연에도 참여하는 것은 바로 그

때문이다. 이들의 노래는 민중가요처럼 딱딱하지는 않지만, 동시에 사회문제에 대한 인식이 깊지 않고 이명박 반대 이상의 정치적 문제의식을 드러내지도 않는 것이다. 그래서 실제로 이들은 어디든 나타나지만 (예술 표현의 모호성을 인정한다고 해도) 정작 자신의 노래를 통해 보여주는 현실과 전망은 거의 없고, 좌파의 세계관을 가진 뮤지션 역시 거의 없는 것이 현실이다. 물론 모든 인디 뮤지션이 저항적인 음악을 할 필요는 없다. 하지만 예술이 현실을 노래하는 것이 당연하고 누군가는 불온한 상상력을 보여주는 역할을 해야 한다고 할 때 지금 문학이나 영화, 미술에서 보여주는 문제의식과 형상화에 비하자면 대중음악을 통해 보여주는 것은 미미하다고 말할 수밖에 없다. 이명박 정부 집권 이후 인디 뮤지션의 행동과 창작의 불일치를 넘어서는 것, 그것이 인디 음악이 진정으로 진보적인지 아닌지, 그리고 지난 시대 민중가요가 해낸 역할을 넘어설 수 있는지 없는지, 예술과 음악이 어떻게 만날 수 있는지를 가늠하는 잣대가 될 것이다. 아직은 과잉보다 부족이 더 문제다.

'연예인'이라는
이름의 민주시민

김창남 | 문화평론가. 한국대중음악학회 회원
월간 〈말〉, 〈사회평론〉, 계간 〈민족예술〉 등의 편집위원을 역임했다.
현재 성공회대학교 신문방송학과 교수로 재직 중이다. 저서로 〈삶의 문화, 희망의 노래〉,
〈대중문화와 문화 실천〉, 〈대중문화의 이해〉가 있고, 편저로 〈김민기〉, 〈노래운동론〉 등이
있다.

연예인은 요즘 가장 각광받고 동경의 대상이 되는 직업 가운데 하나다. 연예인의 삶이 그다지 행복하거나 화려하기만 한 게 아니라는 사실이 어지간히 알려졌음에도 그에 대한 젊은 세대의 동경이 사라지지 않고 있다. 연예인의 사회적 위치는 대단히 복합적이다. 연예인은 스타이면서 상품이고, 놀이 대상이면서 지식인 혹은 예술가라는 성격을 함께 갖고 있다.

숭배 대상이자 탐욕적 시선의 타자

우선, 연예인은 대중의 집중적인 관심을 받는 스타다. 스타는 대중의 숭배 대상이지만 다른 한편으로 대중의 타자로서 존재한다. 대중은 연예인을 통해 자신의 욕망을 투사하지만, 연예인도 남들과 똑같은 욕망이 있고 비슷한 실수를 하며 똑같은 인권을 가진 존재라는 사실은 쉽게 잊는다. 스타는 대중의 숭배 대상이 됨으로써 막강한 권력을 누리기도 하지만 동시에 대중의 탐욕적 시선 앞에 노출된 타자로 존재한다. 대중은 보고 스타는 보여진다. 시선은 권력이다. 과잉 노출은 과잉 소외를 낳는다. 보통 사람들이라면 쉽게 넘어갈 문제도 연예인이라면 결코 쉽게 넘어가지 않는 게 대중의 시선이다.

연예인은 문화산업이 판매대상으로 내놓는 상품이다. 왜 TV는 연예인들로 가득 차 있는가. 연예인이 시청률을 높이기 위해 동원할 수 있는 가장 손쉬운 상품이기 때문이다. 몇 년 전 모 광고회사가 연예인의 상품성을 분류한 이른바 '연예인 X파일'을 만들었다가 유출돼 큰 논란을 빚은 일이 있다. 이는 연예인을 인간적·직업적 주체가 아니라 상품으로 보는 문화산업의 시각을 그대로 보여준다. 문제는 연예인 스스로 자신을 상품으로 보는 시각을 내면화한 경우가 많다는 것이다. 자신의 인간적 면모를 보여주기보다 상품화된 이미지만을 드러내고 싶어한다. 연예인이 자신을 상품으로만 인식할 때 상품 가치가 떨어지면 이는 곧 인간적 가치 소멸로 받아들이게 된다. 우울증은 거기서 시작된다. 연예인 스스로 상품화의 덫에서 벗어나 인간적 가치를 회복하는 것은 그들의 주체적 삶을 위해서도 필요한 일이다.

연예인은 놀이 대상이기도 하다. 인터넷이 발달하면서 연예인은 인터넷상에서 가장 쉽게 가지고 놀 수 있는 대상이 되었다. 치고 빠지기 쉬운 인터넷 공간에서 네티즌은 쉽게 누군가를 스타로 만들기도 하고 나락에 빠뜨리기도 한다. 수많은 팬카페와 안티 사이트는 일종의 게임이자 놀이 공간이다. 연예인과 대중의 관계는 익명적이기 때문에 네티즌은 자신의 개인적 행위가 연예인에게 직접적 영향을 미칠 수 있다는 생각을 잘하지 못하며 그저 부담 없이 가지고 놀 대상 정도로 여기는 경우가 많다. 이런 가운데 연예인의 인권은 사정없이 침해된다.

하지만 그들도 지식인이자 예술가

연예인의 사회적 위치 가운데 간과되기 쉬운 것이 지식인 혹은 예술가로서의 위치다. 연예인은 어떤 식으로든 무엇인가 만들어내고 이를 통해 사회적으로 발언하는 예술인이며 정보 생산자다. 자신을 상품화하는 대부분의 연예인은 예술가로서의 자의식을 가지고 있지 않거나, 있어도 잘 드러내지 않으려 한다. 연예인이 사회봉사에 나서고 자선에 동참하거나 사회적 이슈에 적극적으로 발언하는 것은 스스로 포장된 상품에서 벗어나 한 사람의 독자적인 예술인이자 사회적 주체임을 드러내는 일이다.

미국이나 유럽에서 연예인의 사회·정치적 참여는 오래전부터 있었다. 1940년대 매카시즘 광풍이 몰아치던 때, 할리우드는 '친매카시즘파'와 '반매카시즘파'로 나뉘어 극심한 갈등을 겪었다. 친매카시즘 편에 서서 할리우드 내의 이른바 '적색 분자' 색출에 앞장섰던 대표적인 인물이 로널드 레이건과 월트 디즈니, 존 웨인, 게리 쿠퍼, 로버트 테일러 등이다. 이 가운데서도 레이건과 디즈니가 가장 적극적인 매카시즘 협력자였다. 레이건은 배우로서는 2류였지만 정치에는 열심이던 극우 반공주의자였고 배우협회 회장을 지내기도 했는데, 결국 미국의 제40대 대통령이 되었다. 디즈니도 레이건 못지않은 반공주의자여서 매카시즘에 적극 협력했을 뿐 아니라, 자신의 만화영화사 노동자들이 노동조합을 만들자 마피아까지 동원해 이를 방해했다. 마침내 노동조합이 파업에 돌입하자 디즈니는 이를 주도한 대부분의 뛰어난 만화가들을 '빨갱이'라며 고소했고, 결국 모조리 해고시켰다. 레이건이나 디즈니는 비록 보수적이고 반공주의적이긴 했지만 어쨌든 자신의 정치적 신념을 적극적으로 표출하고 실천한 셈이다. 물론 연예인의 정치·사회적 활동이 존경의 대상이 되고 역사적으로 기억되는 것은, 대체로 현실비판적이고 권력에 저항하는 실천을 보여주는 경우다. 매카시즘 시기에도 이에 저항하며 민주주의의 가치를 지키려 한 연예인이 적지 않았다. 〈멋진 인생〉, 〈어느 날 밤에 생긴 일〉의 감독으로 유명한 프랭크 카프라는 매카시즘의 첨병 노릇을 하던 반미활동조사위원회의 조사 대상이 되자 이에 협조하는 대신 영화 활동을 포기해버렸다. 〈카사블랑카〉로 유명한 필름 누아르 시대의 스타 험프리 보가트와 〈벤허〉의 윌리엄 와일러 감독, 〈말타의 매〉의 존 휴스턴 감독, 배우 그레고리 펙, 캐서린 헵

번 등 많은 연예인들이 미국 수정헌법 1조가 천명한 표현의 자유를 수호하기 위한 '제1수정조항 위원회'를 조직해 매카시즘에 저항했다. 그런가 하면 매카시즘에 굴복해 동료 연예인들을 적색분자로 고발하면서 살아남은 영화감독 엘리아 카잔도 있다. 〈워터프론트〉, 〈에덴의 동쪽〉 등 명작을 만든 카잔은 빛나는 영화적 성취에도 불구하고 평생 배신자의 낙인을 벗어나지 못했다. 그가 죽기 직전 아카데미 평생공로상을 받았을 때 객석에 앉은 스타들의 절반은 기립박수를, 나머지 절반은 야유를 보내는 진풍경이 연출되기도 했다.

1960~70년대는 서구사회가 베트남전과 인종 문제로 심한 갈등을 겪었고, 이 시기에 많은 연예인들이 반전운동과 흑인인권운동에 전면적으로 나섰다. 1963년 마틴 루터 킹 목사가 주도한 워싱턴 대행진에는 밥 딜런, 조앤 바에즈, '피터, 폴 앤드 메리' 등이 동참해 노래를 불렀다. 이 행진에는 배우 말런 브랜도도 참여했는데, 그는 인디언 차별에 항의하는 의미로 1972년 아카데미상 수상을 거부했다. 비틀스 멤버 조지 해리슨은 1973년 방글라데시 기아 난민을 돕기 위한 콘서트를 열었고, 1985년 아프리카 기아 난민을 돕기 위한 라이브 에이드(Live Aid) 공연에서는 수많은 팝 가수들이 함께 〈위 아 더 월드〉(We are the World)를 불러 세계적인 화제를 불러모았다. 비틀스의 또 다른 멤버 존 레넌은 베트남전에 반대하고 평화운동에 적극적으로 가담하면서 미국 닉슨 정부와 갈등을 일으켰고, 미국 연방수사국(FBI)의 사찰 대상이 되기도 했다. 이라크전쟁 때는 미국의 컨트리 그룹 딕시 칙스가 부시 대통령을 비판하는 발언을 해 곤욕을 치렀고, 배우 숀 펜, 가수 마돈나 등이 미국 정부의 이라크 침공을 공개적으로 비판했다. 아일랜드 록그룹 U2의 보노는 오래전부터 빈곤 퇴치와 평화

를 위한 활동을 해 노벨평화상 후보에 오른 것으로 유명하다.

서구에선 사회·정치적 참여 활발

서구 사회에서 유명 연예인의 사회활동과 정치 참여는 그리 특별한 일이 아니지만, 우리나라의 경우 연예인의 적극적인 사회활동과 정치적 발언이 흔한 일은 아니었다. 과거에 연예인의 정치참여가 있기는 했었다. 하지만 독재정권 시절 그것은 참여라기보다 '동원'이라고 표현하는 게 더 옳다. 1960년 3·15 부정선거가 있기 직전 연예계 권력자이자 정치계 깡패인 임화수는 당대의 인기 배우와 가수들을 총동원해 이승만의 당선을 기원하는 공연을 열었다. 대부분의 가수와 배우들이 협박에 못 이겨 이 자리에 나갔지만, 영화배우 장동휘는 온갖 협박에도 굴하지 않고 참석하지 않았다고 한다. 군사정권 시절 흔하게 열리던 반공궐기대회 같은 관제 행사에도 연예인은 맨 앞자리에 동원됐다. 당시 '대한뉴우스'에는 이런저런 관제 행사에 등장해 구호를 외치는 연예인의 모습을 자주 볼 수 있었다.

한국에선 독재정권의 '동원' 대상

민주화는 연예인의 사회적 발언이나 활동의 의미를 바꿔놓았다. 1987년 대선을 앞둔 시점 개그맨 김병조는 민정당 행사에 나가 "민정당은 국민에게 정을 주는 당, (당시 야당이던) 통민당(통일민주당)은 국민에게 고통을 주는 당"이라고 말해 엄청난 비난을 받고 사과해야 했다. 연예인이 더 이상 자신의 의지와 무관한 동원이 아니라 소신에 따라 사회적 발언과 참여를 보여주게 되는 것은, 이후 한국 사회가 빠르게 민주화되면서부터다. 안성기, 문성근, 명계남, 신해철, 정태춘 등 다양한 영역에서 나름의 방식으로 적극적인 사회참여 활동을 한 연예인의 이름을 기억할 수 있다. 비단 정치성을 띤 사회활동이 아니더라도 가수 김장훈이나 배우 문근영처럼 자선활동과 봉사활동을 통해 자신이 단지 상품으로서의 연예인이 아니라 사회적 인격체임을 보여준 연예인도 많다. 최근에는 김미화, 윤도현, 김제동, 김여진, 권해효, 박혜경 등 미디어를 통해 자주 접할 수 있는 인기 연예인들이 소신 있는 발언과 행동으로 주목받았고, 더러는 이로 인해 방송에서 하차하는 등 불이익을 받으면서 논란을 빚었다. 얼마 전 김여진과 박혜경은 서울 홍익대 청소노동자와 쌍용자동차 해고노동자의 투쟁 등에 함께 하면서 큰 화제가 되기도 했다. 이들의 행동은 강인한 신념이나 이념이 아니라 다른 사람의 아픔을 내 것으로 공감할 줄 아는 능력에서 비롯한다. 이런 공감의 능력이야말로 연예인이라면 당연히 남보다 강하게 갖고 있어야 한다. 이들의 활동은 이들이야말로 가장 연예인다운 능력과 감성의 소유자임을 말해준다. 한 가지 주목할 것은, 이들의 활동을 뒷받침하는 소셜미디어의 역할이다. 트위터 등 소셜미디어의 발전은 연예인의 사회활동에도 큰 의미가 있다. 과거 미디어 독점 구조에서는 실천적 연예인이 한 번 찍혀 퇴출되면 설 자리가 없었지만, 소셜미디어는 그들의 새로운 활동공간이 되며 지지세력이 되어준다.

실천적 연예인 출현과 SNS의 관계

한국 사회에서 연예인의 사회적 지위가 높아진 것은 단지 연예인이 돈을 많이 버는 직업이 되었기 때문만이 아니다. 분명한 주관과 소신으로 사회활동에 참여하고, 사회의 그늘진 곳을 위해 재능과 재산을 기부하는 연예인에 의해, 연예인에 대한 사회적 인식이 바뀌었기 때문이다. 연예인이 그저 재주를 팔아 돈이나 버는 '딴따라'가 아니라 지성과 주관을 갖춘 지식인일 수 있음을 보여준 연예인들이 있었기 때문이다.

사실 연예인을 포함해 어느 누구도 사회적이거나 정치적이지 않은 사람은 없다. 정치에 관심이 없다고 해서 그의 삶이 정치적이지 않은 건 아니다. 정치에 무관심하고 투표에 참여하지 않는 것도 이미 하나의 사회적 행동이며, 정치적 의미를 갖는다. 연예인이든 누구든 정치적으로 발언하고 행동하는 것은 민주주의 사회의 당연한 권리이자 의무이다. 따라서 연예인의 사회적 발언과 행동에 색안경을 들이대며 비난하고 불이익을 주는 것은 명백히 비민주적 처사일 뿐 아니라 반인권적·반상식적인 일이다.

10대들의 '팬덤',
그들만의 민주주의

박재범 사건에서 발현된 10대들의 고유한 '욕망의 정치학'
국가·시장 어디에도 포섭되지 않는 주체들의 발랄한 실천

이택광 | 경희대 영문과 교수. 문화평론가
저서로 〈이현세론: 영웅 신화와 소외성의 조우〉(1997), 〈들뢰즈의 극장에서 그것을 보다〉(2002), 〈한국 문화의 음란한 판타지〉(2002), 〈근대, 그림 속을 거닐다〉(2007) 등이 있다.

10대들은 과연 한국을 바꿀 수 있을까? 이 질문은 우문에 불과하다. 여기에서 '바꾼다'는 말은 '개선한다'는 의미를 감추고 있다. 모든 것은 변화한다. 그러므로 10대가 기성세대로 변화할 때, 한국도 그만큼 변화할 수밖에 없을 것이다. 문제는 변화의 정체를 예측하는 것이겠지만, 예측이 예언으로 변질하는 순간, 비평은 한낱 '약속의 수사학'으로 전락할 수밖에 없을 것이다.

10대들에 대한 관심은 한국에서 그렇게 높지 않았다. 〈88만원 세대〉 덕분에 20대 담론이 주류를 차지했지만, 조만간 '새로운' 20대로 진입할 10대에 대한 담론은 거의 전무하다고 해도 과언이 아니다. 10대들은 여전히 사회에서 '주체'로서 인정받을 수 없는 '몫 없는 자'의 무리인 것처럼 느껴지는 것이다. 문화사적으로 보더라도 10대의 출현은 최근에 발생한 사건이라고 할 수 있다. 이전까지 10대는 어른도 아니고 유아도 아닌 '어정쩡한' 세대였기 때문이다.

10대에 대한 주목을 가능하게 만든 것은 다른 무엇도 아닌 세계대전 이후에 밀어닥친 소비문화의 영향 때문이었다고 할 수 있다. 매스미디어에 기반을 둔 새로운 대중문화는 10대들을 '무언의 존재'에서 '소비의 주체'로 거듭나게 만들었다. 물론 10대들이 소비주의를 통해 독자적인 목소리를 내기 시작했다는 말은 아니다. 오히려 반대다. 10대들은 '아버지의 목소리'를 그대로 흉내내서 말하는 법을 익혔을 뿐이다.

서구와 구분되는 한국의 10대 문화

경제적 자립을 달성하기 어려운 10대들은 부모들의 지갑을 열게 만드는 마법사였다. 10대들은 또래 집단에서 요구하는 아이템들을 구하기 위해 해리 포터처럼 주문을 외웠다. 그리고 소비사회는 10대들을 훌륭한 어른으로 키워내기 위해 필수적이라며 현명한 부모의 소비를 장려했다. 이런 현상이 세계적인 차원에서 일어난 변화였다면, 한국의 경우는 다소 다른 양상을 띤다. 유례를 찾아보기 어려운 과도한 입시 경쟁이 자율적인 10대 소비문화의 발전을 지연시키고 있기 때문이다.

한국적 맥락에서 10대 문화라고 부를 수 있는 문화는 존재하지만, 과연 이 문화들을 서구적 개념에서 소비문화라고 지칭할 수 있는 것인지 애매하다. 음반이나 음원을 팔아서 수익구조를 만들어낼 수 없는 한국의 대중문화 시장에서 10대들의 소비 욕구는 자기표현을 획득하기 어렵다. 말하자면 한국에서 운위할 수 있는 '10대 문화'는 어른의 논리 바깥에 놓여 있는 것이라고 할 수 있다. 이 어른의 논리는 시장 또는 국가의 것이기도 하다. 어른은 10대들에게 시장에서 경쟁력 있는 사람으로 성장해 '국가'에 충성할 것을 요구한다. 겉으로는 10대들이 이런 요구에 충실한 것처럼 보이지만, 때때로 어른이 쳐놓은 노란 경계선을 넘어가기도 한다. '빠순이'라고 불리는 10대 소녀들의 팬덤은 이런 진실을 잘 보여준다. 이 팬덤은 시장 친화적인 것이라기보다 오히려 시장의 논리로부터 자신의 우상을 지키는 역할을 한다. 또한 이 팬덤은 국가에 충성하기보다 그 국가를 상대화하면서 자신의 것을 고집스럽게 주장한다.

최근 불거진 '2PM 박재범 사건'을 둘러싼 논란은 한국형 10대 문화의 대세인 팬덤 현상에서 우리가 무엇을 발견할 수 있는지 암시한다. 흥미롭게도 박재범을 미국으로 돌아가게 만든 원인은 애국주의 논리였다. 이 논리는 박재범이라는 아이돌 스타를 갑작스럽게 국가를 모욕한 역적으로 낙인찍게 만들었다. 마녀사냥이 벌어졌고 박재범은 쓸쓸하게 자신이 떠나온 미국으로 다시 돌아가야 했다.

해석을 압도하는 원색적인 분노

'한국인들은 정상이 아니다'라는 박재범의 말은 자신의 욕망을 기탁하는 국가라는 이미지를 전면적으로 부인하는 것처럼 한국인들에게 비쳤다. 재미동포라고 따뜻하게 맞이해준 팬들을 기만했다는 것이 분노의 주요 원인이었다고 볼 수 있다. 일종의 배신감이 박재범에 대한 분노에 묻어 있는 것이다. 철없던 시절에 친구의 마이스페이스에 남긴 사적인 발언에 불과하다는 논리적 옹호로부터, 원텍스트의 오역 문제 때문에 박재범에 대한 오해가 발생했다는 전문적 해명까지, 박재범의 무죄를 주장하는 목소리들은 많았다. 그러나 이런 목소리들을 모두 덮어버릴 정도로 분노는 노골적이었고 원색적이었다.

박재범을 비판하는 논리는 단순했지만 강력했다. 이 논리는 설득보다도 감정에 호소하는 정서적 교감의 힘을 통해 재규정된 것이라고 할 수 있다. 다시 말해서, 박재범이 미국으로 돌아가야 할 까닭에 대한 논리적 이유를 증명하는 것이라기보다, 그의 발언에서 발생한 분노와 배신감을 옹호하기 위해 개발된 논리라는 뜻이다. 김어준은 친절하게 이런 분노와 배신감의 주체들을 구분했지만(〈한겨레〉, 2009년 9월 16일자), 어디까지나 사견이 많이 들어가 있는 검증 불가능한 분류일 뿐이다. 애국주의는 그렇게 복잡하고 합리적인 방식으로 작동하지 않는다. 애국주의를 밀고 가는 힘은 민족주의에 있고, 이 민족주의는 정서적 동질감에 근거한다. 애국주의는 정서적 동질감보다 '국가'라는 구체적 기표에 대한 헌신성을 근거로 삼는 것이다.

따라서 박재범 논란을 초래한 '원초적 분노'는 민족주의에서 출발했다고 봐야 한다. 박재범의 발언으로 균열이 일어난 것은 한국인이라는 동질적 집단성이었지, 대한민국이라는 국가적 공간성이 아니다. 이런 사실은 김어준의 말을 그대로 인정하더라도 마찬가지다. 김어준의 말처럼, 박재범에 대한 분노가 '소비자의 반응'에 지나지 않았다면, 소비자에게 '우리 동네'로 비친 곳은 국가였던 셈이다. 그 소비자에게 국가를 '우리 동네'로 인준하게 해주는 것은 아이러니하게도 시장이 아니다. 엄밀히 말해서 시장은 '우리'라는 범주를 따지지 않는다. 우리를 넘어 공간의 확대를 이루는 것이 바로 시장의 이윤 논리이기 때문이다.

따라서 김어준이 지적하는 그 소비자의 반응은 시장의 논리를 통해 자동적으로 출현한 것이 아니라, 시장과 다른 차원에서 인입된 과잉의 산물인 것이다. 박재범에 대한 분노는 감정적인 것이고, 이런 감정의 전이는 정서적 공감을 통해 발생한다. 따라서 김어준이 언급하는 "소비자로서의 반응"은 박재범 축출을 유발한 시원적 광경이었다기보다, 분노라는 최초의 반응을 설명하기 위해 발명된 사후적 논리였던 것이다.

이처럼 한국사회에서 애국주의는 민족주의적 정서를 설명하기 위한 논리적 언술로 작동한다. 이 애국주의는 쾌락의 평등주의에 근거한 시장의 논리이기도 하고 경제주의를 자기규율의 철학으로 채택한 호모에코노미쿠스의 형이상학이기도 하다. 문제는 이런 시장 논리와 형이상학이 애국이라는 코드를 만났을 때, 적과 아를 가르는 로망스를 만들어낸다는 사실이다. 박재범 사건도 이 사실을 여실히 보여준 사례라고 할 수 있다. 대다수

한국인에게 박재범의 발언이 거부하는 것처럼 보인 것은 대한민국이라는 국가가 아니었다. 오히려 부재하는 민족이라는 외설적 현실이었다. 한국인은 정상이 아니라는 비판이나, 랩도 모르는 한국인이 자신의 노래를 듣고 잘한다고 칭찬한다는 비아냥거림을 통해 상처받은 민족적 자존심을 회복하기 위해 호출되는 것이 바로 애국주의라는 추상적 논리 체계인 것이다.

'만국의 빠순이'들은 단결할 수 없다

'우리 동네에서 장사하면서 우리 동네 욕해서' 쫓아냈다는 김어준의 발화는 이 사실을 여실히 보여준다. 김어준이 자명한 것으로 받아들이는 그 '우리 동네'라는 규정에서 '우리'가 누구인지 의문이 들지 않을 수 없기 때문이다. "해당 상품에 대한 충성도가 유난한 골수 소비자들이야 어떻게든 이해해주려 하겠지만 나머지 소비자 일반까지 그래야 할 의무는 없는 거다"라는 발언에서 짐작할 수 있듯이, 이렇게 자명하게 '우리'를 규정해주는 것은 '애국'이라는 범주가 아니라, 바로 '민족'이라는 범주다. 애국을 기준으로 삼았다면, '골수 소비자들'은 '우리'의 범주에 들어올 수 없을 것이기 때문이다. 결국 박재범을 지지하더라도 같은 우리·민족이라는 사실을 부정할 수 없다는 논리가 김어준의 발언에 숨어 있다.

한편으로 본다면, '우리 동네'라는 자명한 용법은 한국에서 민족주의와 애국주의를 분리하기 어렵다는 사실을 역설적으로 드러내는 증거라고 말할 수도 있다. 김어준이 '골수 소비자들'이라고 지칭한 '빠순이들'은 바로 민족주의와 애국주의 동맹에 균열을 발생시키는 주역이다. 이것을 임시적으로 '빠순이 민주주의'라고 부를 수 있을 것이고, 좀더 넓은 범주에 적용해서 말한다면 욕망의 정치학이라고 규정할 수 있을 것이다. 이 욕망의 정치학에서 중요한 것은 '모든 욕망은 평등하다'는 새로운 윤리다. '네가 즐기는 만큼 나도 즐겨야 한다'는 것이 한국 사회를 관통하는 욕망의 평등주의라면 이 '빠순이들'의 윤리는 '나도 즐겼으니 너도 즐겨라'는 방식으로 작동한다. 이런 논리에서 '우리 함께 즐기자'는 아이돌 스타 문화 특유의 연대감들이 만들어진다. 물론 이런 연대감은 제한적이고 일시적이다. '만국의 빠순이들이여, 단결하라'는 구호는 불가능한 것이다.

이렇게 덧없는 연대감이 만들어내는 '충성'은 분명히 애국주의 논리에서 강조하는 국가에 대한 충성과 다른 것이다. 이 '철없는 충성'은 국가도 시장도 모른다. 물론 이런 상황은 한국사회에서 10대 문화가 소비주의의 바깥에서 작동하고 있기에 가능한 일이다. 부모들은 교육을 위해 아낌없이 지갑을 열지만, 소비의 취향을 결정하는 일은 사사건건 간섭하기 마련이다. 그리고 이 간섭으로부터 자유로운 순간을 10대들은 아이돌 스타에 대한 충성에서 발견한다. 이런 팬덤을 밀고 가는 것은 사춘기의 불안일 수도 있고, 유년과 성년의 중간에 끼여 정체성을 확립하기 애매한 10대다운 욕망일 수도 있다. 이 욕망들은 서로 충돌하지만, 내 것을 지키고 보호해야 한다는 생각은 그 무엇보다 강렬하다. 심지어 그 대상이 국가나 민족이라는 거대한 '어른'일지라도 이들은 '오빠'를 지키고 자신의 '우상'을 찬양한다.

박재범의 귀환을 촉구하는 팬클럽의 활동은 불순한 시장의 상업주의에 놀아나는 의미 없는 빠순이들의 망동이 아니라, 자기가 좋아하는 것을 위해 행동할 줄 아는 10대들의 문화를 보여준다. 물론 이런 문화는 하늘에서 뚝 떨어진 것이 아니다. 이들에게 이런 '의식'을 심어준 것은, 달리 말하자면, 이들을 이렇게 주체화한 것은 바로 '근대적 학교'이다. 이 학교라는 근대적 교육의 패러다임과 신자유주의적 세계화라는 사회의 규율이 서로 부딪치는 어디쯤에서 10대들은 그들 자신의 민주주의를 만들어가고 있는 것이다.

참여하는 관객성, 친밀한 관음증
〈슈퍼스타 K〉의 오묘함

김성윤 | 문화사회연구소 연구원
사회학을 전공했고, 현재 중앙대와 한국예술종합학교 등에 출강하고 있다.

미국의 〈아메리칸 아이돌〉과 영국의 〈브리튼즈 갓 탤런트〉를 모방해 만든 〈슈퍼스타 K〉라는 대중문화 텍스트는 지금 한국 방송계 지각변동의 중요한 진원지가 되고 있다. 첫 번째 시즌은 주로 10대와 20대 초반이 시청했다면, 지금 두 번째 시즌은 20대와 30대, 나아가 40대에까지 저변을 확대하고 있다. 회를 거듭할수록 케이블 TV로서는 이례적인 시청률을 기록하고, 심지어 공중파인 문화방송에서 〈위대한 탄생〉이라는 유사한 포맷의 프로그램을 준비 중이다. 확실히, 지금 우리는 '탤런트 쇼'라는 형식에 대해 캐묻고 답할 단계에 와 있다.

다수의 사람들이 〈슈퍼스타 K〉를 보면서 기뻐하고 화내고 슬퍼하고 즐거워한다. 앞으로는 더 많은 사람들이 이 프로그램을 보면서 그렇게 될 것이다. 대체 어떤 프로그램이기에 이렇게 화제가 되는 것인가. 때때로 중요한 매듭이란 텍스트를 둘러싸고 벌어지는 구설과 논란 자체에 있을 수 있다. 일상적 대화와 미디어의 외설적 담론 속에 은폐돼 좀처럼 드러나지 않는 함의를 밝혀낼 필요가 있다는 것이다. 가령 이 프로그램을 보면서 우리는 어떤 의문에 빠지거나, 아니면 다른 이들과 토론한다. 대략적인 형식은 다음과 같다.

〈슈퍼스타 K〉는 〈아메리칸 아이돌〉의 모방에 불과한 것 아닌가, 콘테스트의 우승 기준은 가창력인가 대중성인가. 이때 시청자는 관람하는 것인가 참여하는 것인가. 참가자의 가족사 고백은 끈끈한 가족애의 발현인가 아니면 미디어의 사생활 관음증인가. 이 프로그램의 최종 승자는 결국 엠넷 미디어이거나 코카콜라인 것은 아닌가. 왜 상대적으로 존 박은 20대 여성에게 인기가 많고, 강승윤은 10대 여성에게, 그리고 장재인은 남성에게 더 인기가 있는가. 도전자들은 순수하게 꿈을 쫓는 것인가 아니면 세속적 성공을 위해 경쟁하는 것인가. 김그림은 탈락해 마땅한 것인가 아니면 마녀사냥을 당한 것인가 등등.

시청자는 이러저러한 논란 속에서 판단을 내리기 마련인데, 여기서 중요한 점은 그 판단이 어떻게 분포해 있는지가 아니라 왜 이런 논란이 산출되는지에 있다. 요컨대 응답이 중요한 게 아니라 질문 자체가 중요하다. 이런 논란에 주목한다면 그중에서도 대중성, 참여, 사생활, 가족애 같은 (유사) 언어에 주목할 필요가 있다(그 이외의 모방, 섹슈얼리티 등의 논점은 별도의 논의가 필요하다). 단적으로 말해, 시청자나 언론이 〈슈퍼스타 K〉를 보면서 이런 (명시적이거나 함축적인) 언어를 연상한다면, 이는 (너무나 당연한 이야기지만) 〈슈퍼스타 K〉라는 텍스트가 바로 그런 쟁점을 촉발하기 때문이다.

실제로 〈슈퍼스타 K 2〉가 막바지에 다다를수록 우리는 이 콘테스트의 우승자 선별 기준이 가창력에 있는지 대중성에 있는지 궁금할 수밖에 없게 된다. 슈퍼위크에 올 동안 10명 내지 11명을 뽑는 과정에선 심사위원들의 심사로만 판정하니까 그런 질문이 생기지 않지만, 시청자가 생방송 중에 '문자 투표'를 하는 동안에는 사정이 전혀 달라지기 때문이다. 어떤 시청자는 존 박에게서 성적 혹은 포스트식민적 매력을 느낄 수 있고, 또 어떤 시청자는 장재인에게서 동정적 혹은 성적 매력을 느낄 수도 있다. 실제로 노래 실력 이외의 다른 요소가 개입하기 시작하면, 이른바 '대국민 문자 투표'의 실체가 결국엔 인기투표가 아닌지 의문스러울 수밖에 없다.

특히 콘테스트 참가자들의 사생활이 인터뷰나 가족 출연의 형태로 영상화될 때면 시청자로선 가창력에 대한 심사보다는 주관적인 감정 몰입에 호흡을 빼앗기는 게 오히려 자연스럽다. 강승윤이 단체생활 속에서 빨래나 설거지를 성실하게 하는지, 김지수나 장재인이 숙소 생활 중에 규칙을 성실히 행하는지, 허각과 존 박 혹은 허각과 박보람 사이에는 우애가 돈독한지, 또 누구와 누구는 얼마나 애틋한 감정을 갖고 있는지 등 사생활 장면은 시청자가 참가자들과 맺게 되는 주관적 관계의 연결고리가 되기에 충분하다.

이렇게 전문성이 아닌 대중성, 그리고 공적 생활이 아닌 사생활이라는 강조점은 역으로 〈슈퍼스타 K〉가 시청자에게 민주성과 친밀성을 제공해주는 측면으로도 이해할 수 있다. 실제로 경제적인 것이 세상을 지배하는 유일한 원리가 되고 있기에, 대중의 생활 조건은 정치적 참여로부터는 소외되고 사회적 관계에서는 파탄을 맞는 것이 당면한 현실이다. 그런 이유 때문에 〈슈퍼스타 K〉라는 문제적 텍스트는 '전문성 대 대중성'뿐 아니라, '관객성 대 참여성', '관음증 대 가족애', '세속성 대 순수성', '성공 대 꿈' 등 대칭적 문제 설정을 대중에게 던져준다. 달리 말해, 참여와 친밀이 보장된 정치와 사회에 대한 갈망이 이 프로그램의 특정한 코드들과 조응하는 것이다.

〈슈퍼스타 K〉의 실체를 민주주의나 친밀성 등의 덕목으로 규정하기는 어렵다. 그러나 이 프로그램이 오늘날 대중에게 특정한 갈등적 상황을 동기화하는 것은 분명하다. 아니, 역으로 오늘날 대중이 양자택일적인 선택지 사이에서 항상 갈등하고 고민하고 있기에 이 프로그램은 대중적 인기를 구가하는 셈이다. 실제로 우리는 경제적인 것과 정치적인 것, 혹은 경제적인 것과 사회적인 것 사이에서 번민하고 있으며, 그 극단 사이 어디쯤을 선택해서 살고 있지 않은가. 그런 까닭에 오늘날 대표적 유행 형식인 리얼리티 프로그램은 대부분 이런 갈등 구조를 체현하고 있으며, 그중에서도 〈슈퍼스타 K〉와 같은 리얼리티 탤런트 쇼를 일컬어 '민주주의적 연예산업'(Democratic Entertainment)이라 부를 수도 있다.

　물론 문제는 여전히 남는다. 왜냐하면 〈슈퍼스타 K〉가 제공하는 민주주의적이고도 친밀한 감각이 TV 브라운관 앞을 떠난 삶의 나머지 영역에서도 일반화될 수 있는가 하는 문제는 해소되지 않기 때문이다. 물론 이 프로그램이 공공성을 표방하고 시청자 개인에게 공적 담론에 참여할 스펙터클한 장소를 제공해주는 것은 분명하다. 그러나 그것은 단지 민주주의적으로 기능할 뿐이지 민주주의 자체와는 구별돼야 한다. 오히려 시청자-참여자를 생산적 행위자라기보다는 여전한 문화소비자로서 재각인하고 동일화하는 시도임을 환기할 필요가 있다.

　그런 점에서 우리는 거의 동일한 원환의 출발점으로 다시 돌아오게 된다. 〈슈퍼스타 K〉는 참여하는 관객성, 친밀한 관음증, 순수한 세속성, 혹은 허울뿐인 민주주의에 지나지 않을 수 있기 때문이다. 질문을 던지는 우리의 감각은 진화하는 지배 논리에 전유되기 쉽다.

| 출처 |

· Superman et le 11-Septembre_Mehdi Derfoufi, Jean-Marc Genuite et Civan Gürel, 2006년 10월.

· 〈La Revanche des Sith〉, ou l'invention d'un bouddhisme pop_Slavoj Žižek, 2005년 5월.

· Le clip vidéo, fenêtre sur la modernité arabe (inédit)_Yves Gonzalez-Quijano

· La synthèse magique du cinéma indien_Elisabeth Lequeret, 2004년 8월.

· Fulgurant succès de la vidéo nigériane_Jean-Christophe Servant, 2001년 2월.

· laidoyer pour le rire - Comédies de crise_Ignacio Ramonet, 1976년 7월.

· L'invasion des morts-vivants_Sylvestre Meininger, 2008년 3월.

· Séries américaines, une si riche addiction_Martin Winckler, 2006년 7월.

· Au jeu du 〈grand vol de désirs〉 (inédit)_Stephen Duncombe.

· L'essor des fan fictions_Mona Chollet, 마니에르 드 부아 111호.

· Les Pieds Nickelés en Amérique latine_Philippe Videlier, 1986년 9월.

· New York, cité des bulles_Philippe Videlier, 1996년 12월.

· En Italie, le polar revisite les années de plomb_Serge Quadruppani, 2007년 7월.

· Pérennité du roman populaire_Evelyne Pieiller, 2002년 6월.

· Rêves en rose_Michelle Coquillat, 1998년 9월.

· Le Mal et l'enfant sauveur_Isabelle Smadja, 2002년 12월.

· La science-fiction, laboratoire du futur_Serge Lehman, 2009년 7월.

· Lucides anticipations_Yves Di Manno, 1977년 11월.

· Le trou noir qui avalait les dollars_Norman Spinrad, 1999년 7월.

· Le rock et les mystères du troisième type_Evelyne Pieiller, 2009년 7월.

- Le hard-rock, légende en pleine activité_Evelyne Pieiller, 2008년 12월.
- En France, le ghetto parle au ghetto (inédit)_Thomas Blondeau.
- Le flot babélien du rap africain_Jean-Christophe Servant, 2000년 12월.
- Le jazz, gardien de la conscience_Cornel West, 1983년 11월.
- Pulsations technos_Antoine Calvino, 2014년 6월.
- L'envoûtement brisé de la musique techno_Sylvain Desmille, 1999년 2월.
- Le raï, de l'euphorie au désenchantement (inédit)_Rabah Mezouane.
- 누가 독립영화를 식민화하나 _ 남다은, 한국판 2010년 1월
- 전쟁, 퇴조하는 영화적 시선 _ 안시환, 한국판 2011년 8월
- '서태지 데뷔 20년' 문화사적 의미 _ 이동연, 한국판 2012년 4월
- 인디 음악, 창작과 행동의 불일치를 넘어 _ 서정민갑, 한국판 2010년 6월
- '연예인'이라는 이름의 민주시민 _ 김창남, 한국판 2011년 6월
- 10대들의 '팬덤', 그들만의 민주주의 _ 이택광, 한국판 2009년 10월
- 〈슈퍼스타 K〉의 오묘함: 관객성과 관음증_ 김성윤, 한국판 2010년 10월

|부록1|

미국에서의
비디오게임 판매량 추이

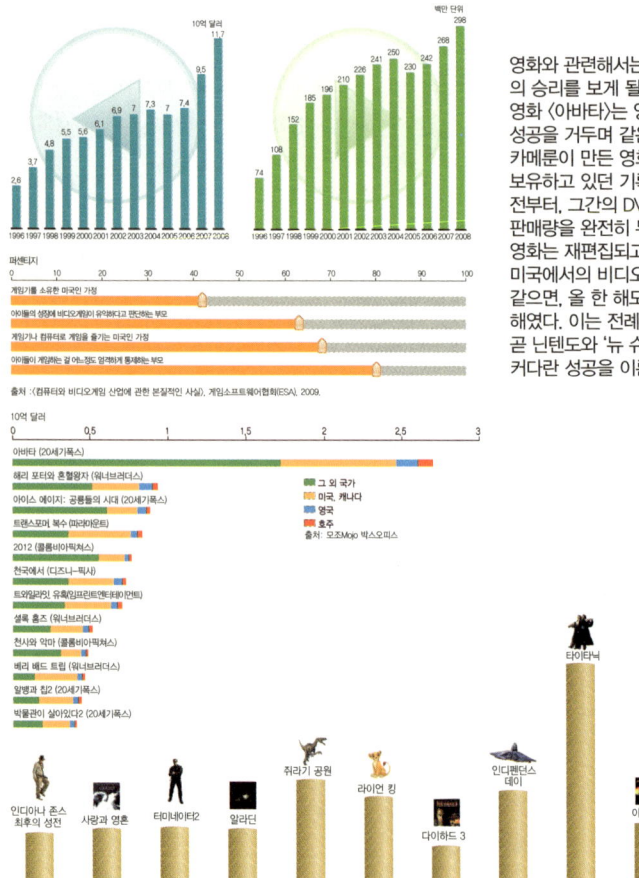

영화와 관련해서는 2009년엔 〈아바타〉의 승리를 보게 될 것 같다. 영화 〈아바타〉는 영화 역사상 가장 큰 성공을 거두며 같은 감독인 제임스 카메룬이 만든 영화 〈타이타닉〉이 보유하고 있던 기록을 깼다. 몇 주 전부터, 그간의 DVD와 블루레이 판매량을 완전히 무색케하려는 듯이 영화는 재편집되고 있다. 한편 미국에서의 비디오 게임으로 말할 것 같으면, 올 한 해도 아주 성공적인 해였다. 이는 전례없는 12월 때문이다. 곧 닌텐도와 '뉴 슈퍼 마리오 형제들'이 커다란 성공을 이룬 것이다.

Manière de voir

세계 영화 제작 현황

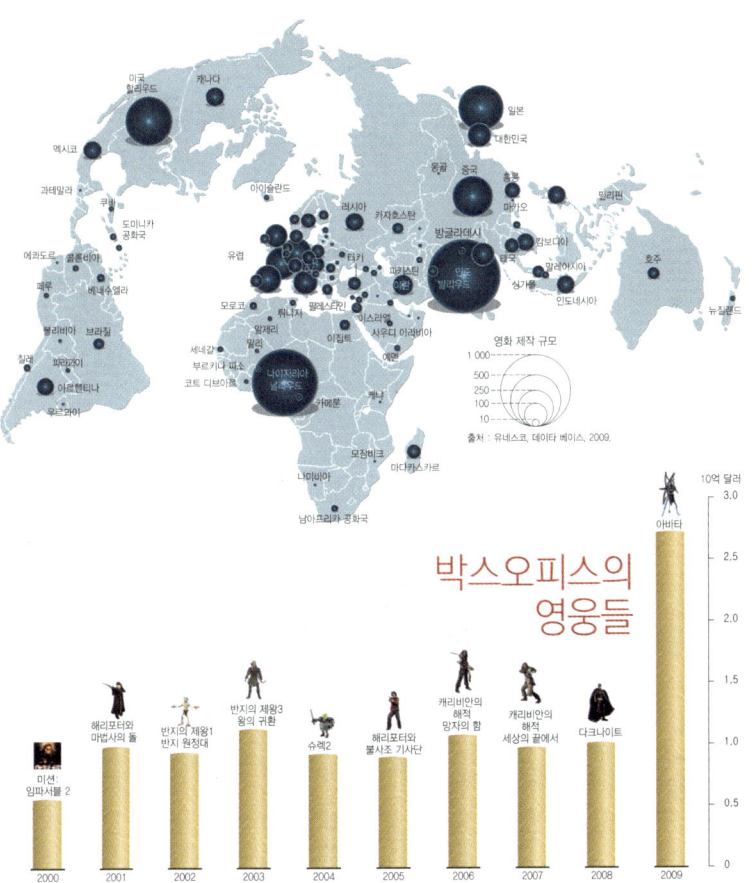

박스오피스의 영웅들

|부록 2|

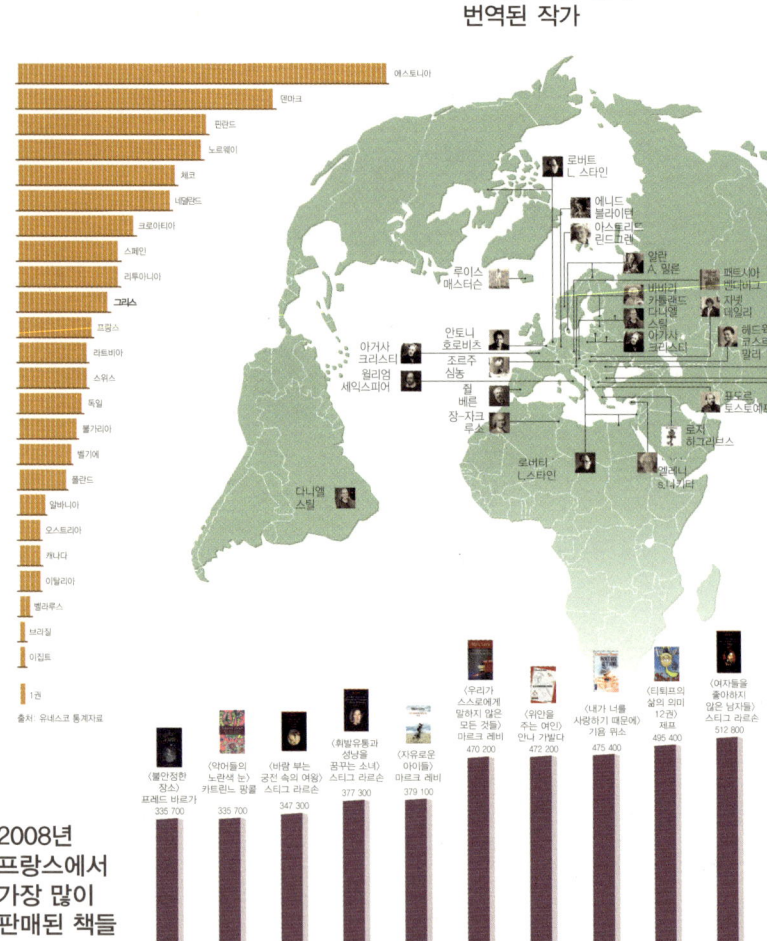

국가별 가장 많이 번역된 작가

출처: 유네스코 통계자료

2008년 프랑스에서 가장 많이 판매된 책들

프랑스에서 만화의 판매량은 지난 14년간 연속해서 상승했으나 2009년에는 조금 낮아졌다. 이런 추세는 일본 만화의 경우도 마찬가지다. 일본 만화의 판매량은 프랑스 만화 시장에서 약 35%를 차지한다(출처 : Du9.org). 소설의 경우는 할런 코벤과 댄 브라운이 복귀한 사실이 주목된다. 동시에 마르크 레비가 여전히 자신의 실력을 입증했다. 〈피가로〉에 의하면, 그는 두 권의 새 책을 출간해 1,735,000부를 판매했다.

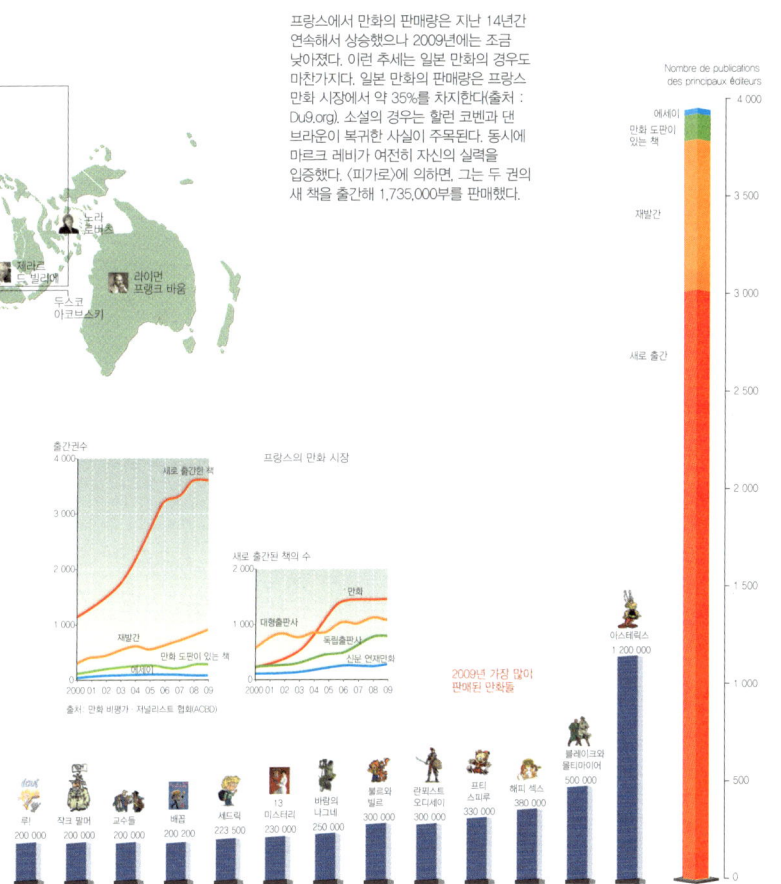

| 부록 3 |

전 세계 음반 판매

주민 1인당 달러
- 2달러 미만
- 2-20달러
- 20달러 이상
- 자료 없음

프랑스에서는 대형매장이 여전히 음악유통의 주요 채널이다. 온라인판매는 아직까지 경쟁이 되지 못한다. 그러나 CD 구매는 계속 감소(2009년 -10%)하는 반면 디지털 음원구매는 증가(+20%)하고 있다. 실황공연(콘서트, 투어, 페스티발)은 점점 더 호황을 누리고 있고, 작사가작곡가음악편집자협회(Sacem)에 음반과 비디오로 벌어들이는 것만큼의 수익을 올려주고 있다.

가장 많이 판매되는 음악 장르

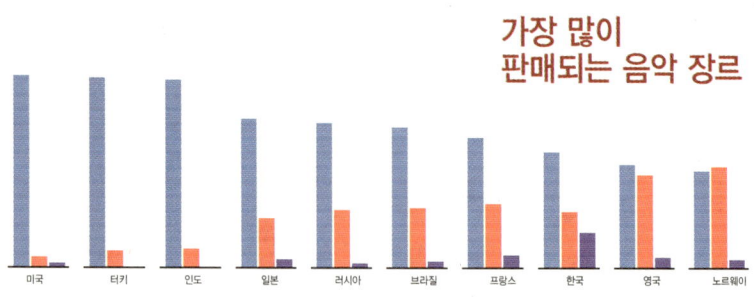

미국 / 터키 / 인도 / 일본 / 러시아 / 브라질 / 프랑스 / 한국 / 영국 / 노르웨이

Manière de voir

프랑스 음반시장

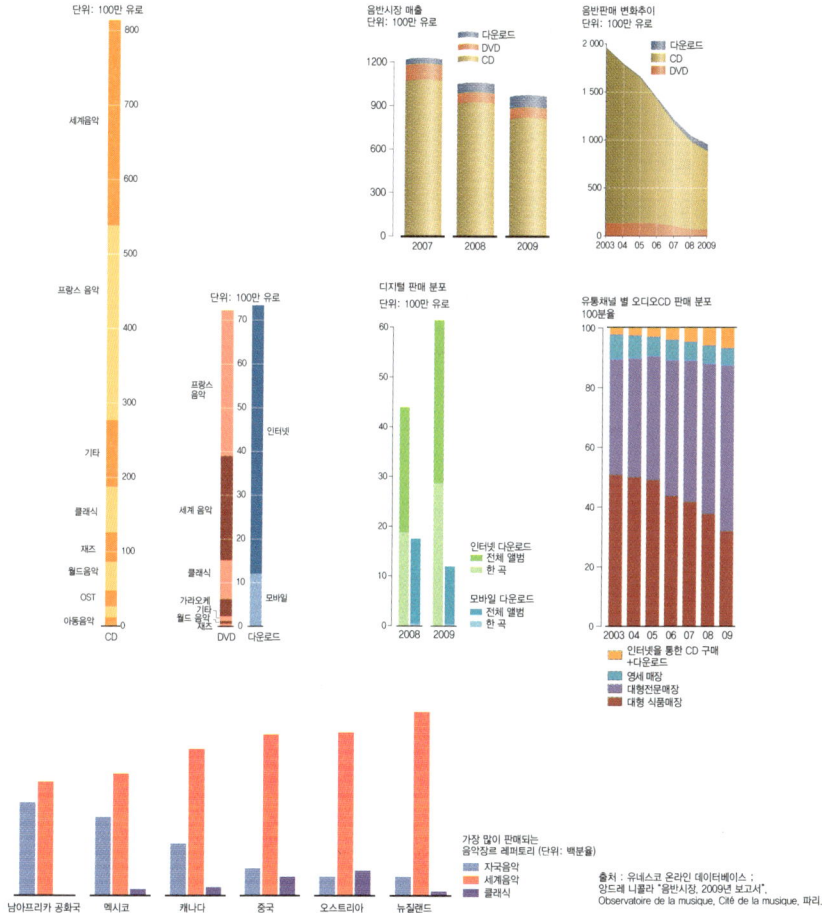

마니에르 드 부아 시리즈 2
나쁜 장르의 B급 문화

1판 1쇄 인쇄 2015년 6월 25일 · 1판 2쇄 발행 2016년 12월 19일
지은이 르몽드 디플로마티크

펴낸이 성일권 · **편집인** 이현웅 · **디자인** 최가영
번역감수 이진홍 · **교열** 이현웅 · **독자서비스** 서화열 · 조한아 info@ilemonde.com

인쇄 · 제작 (주)디프넷

ⓒ (주)르몽드 코리아
펴낸 곳 (주)르몽드 코리아
주소 서울특별시 서초구 사평대로 18길 5 위너스빌 3층
홈페이지 www.ilemonde.com
출판등록 제2014-000119호(2009년 9월)

ISBN 979-11-954179-4-0 94300 | 979-11-954179-1-9 94300 (세트)

ⓒ 이 책의 한국어판 판권은 (주)르몽드 코리아에 있습니다.
저작권법에 따라 보호를 받는 저작물이므로 무단 전재와 복제, 광전자 매체 수록 등을 금합니다.
이 책의 전부 또는 일부를 이용하려면 반드시 (주)르몽드 코리아의 동의를 받아야 합니다.

이 도서의 국립중앙도서관 출판시도서목록(CIP)은 e-CIP 홈페이지(www.nl.go.kr/ecip)와
국가자료공동목록시스템(www.nl.go.kr/kolisnet)에서 이용하실 수 있습니다.
CIP 2014035611